MÉMENTOS LMD

Droit des obligations

4e édition

D1728877

Corinne RENAULT-BRAHINSKY

est Docteur en droit.

Du même auteur

Collection Fac-Universités
- Mémento Droit civil : les personnes – 2ᵉ édition
- Mémento Droit civil : les obligations – 3ᵉ édition
- Mémento Droit de la famille – 5ᵉ édition
- Exercices corrigés Droit patrimonial de la famille – 1ʳᵉ édition
- Mémento Procédure pénale – 7ᵉ édition
- Mémento Droit des régimes matrimoniaux – 1ʳᵉ édition
- Mémento Droit des successions – 2ᵉ édition
- Manuel Droit des obligations – 3ᵉ édition
- Manuel Procédure pénale – 1ʳᵉ édition
- Manuel Droit de la famille – 1ʳᵉ édition

Collection Carrés «Rouge»
- L'essentiel du droit des personnes – 2ᵉ édition
- L'essentiel du droit de la famille – 4ᵉ édition
- L'essentiel du droit des obligations – 3ᵉ édition
- L'essentiel de la procédure pénale – 6ᵉ édition
- L'essentiel du droit des régimes matrimoniaux – 2ᵉ édition
- L'essentiel du droit des successions – 2ᵉ édition
- L'essentiel du droit des peines – 1ʳᵉ édition

Collection QCM
- QCM Droit des obligations – 2ᵉ édition
- QCM Droit des personnes – 3ᵉ édition
- QCM Procédure pénale – 3ᵉ édition
- QCM Droit des biens – 1ʳᵉ édition

Retrouvez tous nos titres

Defrénois - Gualino - Joly

LGDJ - Montchrestien

sur notre site

 www.eja.fr

© Gualino éditeur, EJA – Paris – 2006
ISBN 2 - 297 - 00142 - 8

MÉMENTOS LMD

Droit des obligations

4e édition

Corinne RENAULT-BRAHINSKY

Gualino éditeur

Plusieurs séries de livres pour les **étudiants des facultés de droit, des sciences politiques, économiques et de gestion** ainsi que pour les **candidats aux concours de la Fonction publique** (catégorie A) :

– **Manuels**
– **Mémentos**
– **Les textes fondamentaux**
– **Panorama**
– **Abrégés illustrés**
– **Exercices corrigés**
  (collection en partenariat avec LGDJ)
– **AnnaDroit LMD**
  (édition annuelle des sujets d'examen)
– **Carrés Rouge**
– **Les glossaires**
– **QCM et QRC**

Catalogue général adressé gratuitement
sur simple demande :

Gualino éditeur
Tél. 01 56 54 16 00
Fax : 01 56 54 16 49
e-mail : gualino@eja.fr
Site Internet : www.eja.fr

Présentation

Cet ouvrage présente l'ensemble des connaissances indispensables qu'un étudiant en **deuxième année de licence en Droit** ou un **candidat aux divers concours de la fonction publique** (Ecole nationale de la magistrature, Centre de formation des avocats, etc.) comportant une épreuve de Droit civil doit avoir sur le *droit des contrats* et la *responsabilité civile*.

Il fait suite au livre du même auteur « *Droit des personnes* » consacré au programme de Droit civil de première année de licence.

Le présent ouvrage développe, après un premier chapitre consacré à la notion d'obligation :

- *l'acte juridique* : variété, consentement, objet, cause, forme, annulation, effets, inexécution… ;
- *le fait juridique* : dommage, lien de causalité, responsabilité du fait personnel, responsabilité du fait d'autrui, responsabilité du fait des choses, accidents de la circulation, quasi-contrats ;
- *le régime des obligations* : modalités, cession, extinction.

Chaque chapitre, rédigé d'une façon claire et structurée, est complété par une bibliographie qui recense les principaux développements doctrinaux existant sur chaque thème.

Sommaire

Chapitre 11 Les effets du contrat

Chapitre 12 Les effets du contrat

Partie 2 • Le fait juridique

TITRE 1   La responsabilité civile

TITRE 2   Les quasi-contrats

Partie 3 • Le régime des obligations

Liste des principales abréviations

AJ famille	Actualité juridique famille
AJDI	Actualité Juridique de Droit Immobilier (Dalloz)
Al.	Alinéa
ALD	Actualités législatives Dalloz
Arch. phil. dr.	Archives de philosophie du droit
art.	Article
Ass. plén., Ch. mixte, Ch. réunies	Arrêt de la Cour de cassation siégeant en Assemblée plénière, en Chambre mixte, toutes Chambres réunies
BICC	Bulletin d'informations de la Cour de cassation
Bull. civ.	Bulletin des arrêts des Chambres civiles de la Cour de cassation
Bull. crim.	Bulletin des arrêts de la Chambre criminelle de la Cour de cassation
C.	Code
C. assur.	Code des assurances
CCH	Code de la construction et de l'habitation
C. fam.	Code de la famille et de l'aide sociale
CGI	Code général des impôts
chron.	Chronique
C. civ.	Code civil
C. com.	Code de commerce
C. consom.	Code de la consommation
Comm.	Commentaire
Comm. com. électr.	Communication, commerce électronique
concl.	Conclusions
Cons. const.	Conseil constitutionnel
C. pén.	Code pénal
Contrats, conc. consom.	Revue Contrats, concurrence et consommation
CE	Arrêt du Conseil d'état
C. rur.	Code rural
CSS	Code de la sécurité sociale
D.	Recueil Dalloz
DA	Recueil analytique de jurisprudence et de législation Dalloz
DC	Recueil critique de jurisprudence et de législation Dalloz
Defrénois	Répertoire général du notariat
D. aff.	Dalloz Affaires

DH	Recueil hebdomadaire de jurisprudence Dalloz
DP	Recueil périodique et critique mensuel Dalloz
Dr. enfance et fam.	Droit de l'enfance et de la famille
Dr. adm.	Droit administratif
Dr. Famille	Revue Droit de la famille (Éditions du juris-classeur)
Dr. et patr.	Droit et patrimoine
et s.	Et suivants
Gaz. Pal.	La Gazette du Palais
Grands Arrêts	Grands arrêts de la jurisprudence civile (cf. Bibliographie générale)
IR	Recueil Dalloz-Informations rapides
JCP	La Semaine Juridique
JCP E	JCP édition Entreprise
JCP N	JCP édition Notariale
Jour. not.	Journal des Notaires
JO	Journal Officiel
Jur.	Jurisprudence
L.	Loi
LPA	Les Petites Affiches
NCPC	Nouveau Code de procédure civile
obs.	Observations
p.	page
préc.	Précité
rapp.	Rapport
Req.	Arrêt de la Cour de cassation, chambre des requêtes
Resp. civ. et assur.	Revue Responsabilité civile et assurance
RD bancaire et fin.	Revue de droit bancaire et financier
RDI	Revue de droit immobilier
Rev. jur. eco. sport	Revue juridique et économique du sport
Rev. huissiers	Revue des huissiers de justice
RGAT	Revue générale des assurances terrestres
RGDA	Revue Générale du Droit des Assurances
RDC	Revue des contrats
RDP	Revue de droit public
RDSS	Revue de droit sanitaire et social
RIDC	Revue internationale de droit comparé
RJDA	Revue de jurisprudence de droit des affaires
RJPF	Revue juridique personnes et famille
RLDC	Revue Lamy de droit civil
RRJ	Revue de recherche juridique et de droit prospectif
RS morales et politiques	Revue des sciences morales et politiques

RTD civ.	Revue trimestrielle de droit civil
RTD com.	Revue trimestrielle de droit commercial et de droit économique
S.	Recueil Sirey
Soc.	Arrêt de la Cour de cassation, Chambre sociale
Somm.	Sommaire
TGI	Jugement du tribunal de grande instance

CHAPITRE 1

*L*a notion d'obligation

L'obligation est un lien de droit, un rapport juridique entre deux personnes en vertu duquel l'une d'elles, le créancier, a le pouvoir d'exiger de l'autre, le débiteur, l'accomplissement d'une prestation.

1 • LES CARACTÈRES DE L'OBLIGATION

Le rapport d'obligation a un *caractère personnel* : il met en rapport deux personnes désignées. Le créancier possède un droit contre le débiteur. Aujourd'hui, cette personnalisation est moins importante qu'à l'origine, dans le droit romain. On admet aujourd'hui que le débiteur puisse changer. Le rapport d'obligation est personnel, par opposition à un droit réel[1].

Le rapport d'obligation a un *caractère patrimonial* : il porte sur l'ensemble du patrimoine du débiteur. Néanmoins, l'admission de la réparation du préjudice moral apporte une limite au caractère purement patrimonial du rapport d'obligation. Le patrimoine comprend des droits de créance (passif) et des droits réels (actif).

Le rapport d'obligation a un *caractère transmissible* : il s'agit d'une atténuation du caractère personnel. Il existe 2 types de transmissions :
– *transmission active* du côté du créancier ;
– *transmission passive* du côté du débiteur ;

Le rapport d'obligation a un *caractère mobilier* : le rapport d'obligation est à l'actif du patrimoine du créancier parmi les biens mobiliers incorporels.

2 • LA FORCE JURIDIQUE DE L'OBLIGATION

Le lien unissant le débiteur au créancier a deux composantes :
– le devoir ;
– le pouvoir de contrainte.

---

1. Les droits réels constituent des pouvoirs sur les choses tandis que les droits personnels ou droits de créance permettent à une personne d'exiger une prestation d'une autre.

A - Le devoir

Le débiteur a un devoir vis-à-vis du créancier : il doit exécuter la prestation à laquelle le créancier a droit. Le devoir du débiteur envers le créancier est précis. Le créancier reçoit la prestation alors que le débiteur la fournit. Le rapport d'obligation se distingue en cela du simple devoir légal dans lequel il n'y a pas de créancier.

Exemple : le Code de la route : les piétons doivent traverser au passage piéton ; il s'agit d'une obligation mais il n'y a pas de créancier.

Le pouvoir de contrainte est également indispensable pour qu'existe l'obligation.

B - Le pouvoir de contrainte

Il s'agit de l'aspect coercitif du droit.

1) La nature de la contrainte

À l'origine, la contrainte s'exerçait à l'égard de la personne humaine du débiteur. Aujourd'hui, la contrainte s'exerce indirectement sur le débiteur, c'est-à-dire à travers ses biens. La façon dont le débiteur peut être contraint dépend de la nature même de l'obligation

2) La nécessité de la contrainte

La contrainte est nécessaire à l'existence d'une obligation civile. À défaut, l'obligation n'est pas parfaite. Il y a des **obligations civiles** (= parfaites) et des **obligations naturelles** (= imparfaites). L'obligation naturelle est dépourvue de sanction, le créancier ne possède pas le pouvoir de contrainte. Certains ont parlé « *d'obligation civile dégénérée* ».[1]

a) Notion d'obligation naturelle

Il existe deux théories relatives à l'obligation naturelle :

– première théorie dite **théorie objective** : une obligation naturelle est imparfaite car éteinte (dette prescrite), ou nulle, d'une nullité qui ne heurte pas l'ordre public ;

– deuxième théorie dite **théorie subjective**[2] : l'obligation est un devoir moral, un devoir de conscience particulièrement fort mais qui n'est pas sanctionné par le droit. Certains auteurs ont parlé de « *devoir moral qui monte vers l'obligation civile* ».[3]

Exemple : il n'y a pas d'obligation civile de verser des aliments entre frères et sœurs, mais il peut exister une obligation naturelle car il s'agit d'un devoir moral.

L'obligation naturelle est une obligation juridique qui n'a pas toutes les composantes de l'obligation civile. Elle possède le devoir, non la contrainte.

b) Les effets de l'obligation naturelle

L'exécution volontaire de l'obligation empêche la répétition de ce qui a été versé : n'étant pas un lien de droit, l'obligation naturelle ne peut faire l'objet d'un paie-

---

1. Ripert, *La règle morale dans les obligations civiles*, 4e éd., LGDJ, 1949, n° 187.
2. Ripert, *La règle morale dans les obligations civiles*, op. cit.
3. Ripert, *op. cit.*, n° 187.

ment forcé, mais si elle a été payée volontairement, cet engagement est valable et celui qui a payé ne peut obtenir remboursement (art. 1235, al. 2, C. civ.).

L'obligation naturelle peut être transformée en obligation civile : on dit traditionnellement qu'elle peut être novée par la promesse d'exécution du débiteur de l'obligation naturelle. Cette explication donnée par la jurisprudence est contestable puisqu'il n'existe pas d'obligation civile ancienne qui s'éteigne et donc pas de novation possible[1]. Il semble plutôt que l'exécution ou la promesse d'exécution d'une obligation naturelle constitue un engagement unilatéral de volonté. Dans un arrêt du 10 octobre 1995[2], la Cour de cassation a considéré que la transformation, improprement qualifiée novation, d'une obligation naturelle en obligation civile, repose sur un engagement unilatéral d'exécuter l'obligation naturelle et ne nécessite donc pas qu'une obligation civile ait elle-même préexisté à celle-ci.

3 • LA CLASSIFICATION DES OBLIGATIONS

Il y a plusieurs classifications possibles.

A - Les classifications des obligations en fonction de leur objet

Il s'agit de se demander à quoi est tenu le débiteur envers le créancier : c'est ce que peut exiger le créancier. La prestation peut prendre des formes variées, être plus ou moins astreignante pour le débiteur : il y a trois sortes de distinctions :

1) La distinction entre les obligations de donner, de faire ou de ne pas faire

L'article 1101 du Code civil définit le contrat comme : « *une convention par laquelle une ou plusieurs personnes s'obligent, envers une ou plusieurs autres, à donner, à faire ou à ne pas faire quelque chose.* »

a) L'obligation de « donner »

« Donner » signifie transférer la propriété d'un bien.

Il y a deux catégories d'obligations de transférer la propriété (tableau ci-après).

---

1. Sur la novation, cf. Chapitre 24.
2. Civ. 1re, 10 octobre 1995, *Bull. civ.* I, n° 352, *D.* 1996, Somm. p. 120, obs. Libchaber et *D.* 1997, Jur. p. 155 note Pignarre. Pour un exemple récent, cf. Civ. 1re, 17 novembre 1999, *D.* 2000, Somm. p. 419, obs. Lemouland, *JCP* 2001, II, 10458, note S. Chassagnard, *Dr. Famille* 2000, n° 19, note Lécuyer, *RTD civ.* 2000, p. 297, obs. J. Hauser.

	Définition	Exemple	Régime de transfert
Corps certain ou choses non fongibles	Objets nettement individualisés.	Une maison.	La propriété se transfère par le simple contrat : l'obligation de donner n'existe que théoriquement puisqu'elle est exécutée au moment où elle nait.
Choses de genre ou choses fongibles	Objets interchangeables, qui se pèsent, se comptent, ou se mesurent.	Du riz.	Le contrat ne suffit pas pour transférer la propriété. Le transfert se fait par comptage, pesage ou mesurage : il faut une opération d'individualisation de la chose.

b) Les obligations de faire ou de ne pas faire

Obligation de faire : elle impose au débiteur une attitude positive autre qu'une dation ;

Exemple : effectuer un travail pour le salarié, livrer une chose pour le transporteur…

Obligation de ne pas faire : elle oblige le débiteur à s'abstenir de faire un acte particulier. Pour certains auteurs, il s'agit d'une forme d'obligation de faire ;

Exemple : une clause de non-concurrence.

Quel est l'intérêt de cette distinction entre les 3 types d'obligations ?

L'intérêt réside dans le fait que **seules les obligations de donner sont susceptibles d'une exécution forcée, directe en nature.** Les obligations de faire ou de ne pas faire ne le sont pas car elles mettent en jeu la personne même du débiteur. Selon l'article 1142 du Code civil : « *Toute obligation de faire ou de ne pas faire se résout en dommages et intérêts, en cas d'inexécution de la part du débiteur.* »

2) La distinction entre les obligations en nature et les obligations pécuniaires

a) Les obligations pécuniaires

Ce sont celles dont l'objet réside dans le versement d'une somme d'argent. Il s'agit d'une variété d'obligations de donner. L'obligation pécuniaire consiste à transférer la propriété d'une certaine quantité de monnaie. Elle a deux particularités :

– son régime d'**exécution forcée** : il est simple puisqu'il consiste dans la saisie des biens du débiteur qui permet au créancier de recevoir la somme d'argent qui lui était due ;

– les obligations pécuniaires sont **sensibles aux variations de la monnaie.** Si le pouvoir d'achat de la monnaie augmente, quand le débiteur s'exécutera, le créancier obtiendra plus qu'il n'espérait au départ, et inversement en raison du principe du nominalisme monétaire (art. 1895, C. civ.). Pour se prémunir contre les variations de valeur de la monnaie, les créanciers imposent souvent à leur débiteur l'indexation du montant de la dette (*cf.* chapitre 11).

La dette de valeur se situe entre l'obligation pécuniaire et l'obligation en nature : elle est apparue en raison des phénomènes de dépréciation de la monnaie. Schématiquement, il s'agit de verser une somme d'argent dont le montant n'est pas fixé à l'avance, c'est-à-dire variable. Cette somme sera évaluée en fonction d'une « valeur » qui sera appréciée au jour de l'échéance.

Exemple : art. 555, al. 3, C. civ. : en cas de construction sur le terrain d'autrui, celle-ci appartient au propriétaire du sol. Ce dernier doit indemniser le constructeur en fonction du coût des matériaux et du prix de la main-d'œuvre à la date du paiement.

b) Les obligations en nature

Ce sont toutes les obligations non pécuniaires, c'est-à-dire les obligations de faire, de ne pas faire et de donner autre chose que de la monnaie. Elles ne sont pas sensibles aux variations de la monnaie. L'exécution forcée est possible pour les obligations de donner seulement.

B - Les classifications des obligations en fonction de leurs effets : obligations de moyens et obligations de résultat

Cette distinction est due à Demogue dans le but de résoudre la contradiction qui découlerait des articles 1147 et 1137 du Code civil.

L'article 1147 du Code civil ne fait état, comme condition de la responsabilité du débiteur, que de l'inexécution de son obligation. Il ne parle pas de faute du débiteur. Le débiteur n'est exonéré qu'en cas de force majeure. Il ne peut pas s'exonérer en prouvant qu'il n'a pas commis de faute.

L'article 1137 du Code civil prévoit que le débiteur d'une obligation de conservation d'une chose doit s'occuper de la chose comme le ferait un bon père de famille. Cette référence renvoie à l'idée de faute.

C'est pour échapper à cette contradiction que l'on a créé la distinction entre *obligation de moyens* (art. 1137, C. civ.) et *obligation de résultat* (art. 1147, C. civ.).

L'article 1147 prévoit que la condition de la responsabilité est l'inexécution tandis que l'article 1137 considère qu'il s'agit de la faute.

La distinction paraît reposer sur une évidence tirée de la psychologie du créancier : il vise toujours à obtenir un certain résultat. Ce résultat attendu par le créancier n'est pas toujours l'objet de l'obligation. Ce n'est pas toujours la prestation due par le débiteur. Le débiteur n'est pas toujours tenu de le fournir. *Lorsque le résultat est promis, on dit qu'il y a obligation de résultat*. Si le résultat promis n'est pas fourni, il y a inexécution du contrat et le débiteur est responsable. *Lorsque le résultat n'est pas promis parce que le débiteur s'engage simplement à faire son possible pour y parvenir, on dit qu'il y a obligation de moyens* comme c'est le cas pour l'obligation de conservation d'une chose dont parle l'article 1137. Lorsque le résultat n'est pas fourni, le débiteur n'est pas automatiquement responsable, il l'est seulement s'il n'a pas fait tout son possible c'est-à-dire s'il a commis une faute.

Certains auteurs préfèrent la distinction entre **obligation déterminée** (= résultat) et **obligation de prudence et de diligence** (= moyens).

Cette distinction présente surtout un intérêt en cas d'inexécution de l'obligation. Quand il y a inexécution et que celle-ci cause un préjudice au créancier, il y a mise en œuvre d'un mécanisme de responsabilité civile contractuelle. Les conditions de mise en œuvre de la responsabilité sont différentes selon que l'obligation est de résultat ou de moyens. S'il s'agit d'une obligation de résultat, pour que la responsabilité du débiteur soit engagée, il suffit de constater que le débiteur ne s'est pas exécuté. S'il s'agit d'une obligation de moyens, il faut que le créancier prouve non seulement que le résultat atteint n'est pas celui escompté mais aussi que le débiteur n'a pas mis en œuvre tous les moyens possibles. Le créancier doit prouver que le débiteur a commis une faute.

C - Les classifications des obligations en fonction de leurs sources

Le Code civil donne une classification des différentes obligations en fonction de leur source.

1) Les distinctions du Code civil

Le Code civil distingue 4 sources différentes des obligations (art. 1370, C. civ.) :

– *la convention ou contrat* ;

– *la loi* ;

– *les quasi-contrats* (art. 1371, C. civ.) : faits purement volontaires de l'homme dont il résulte un engagement envers un tiers et parfois un engagement envers les parties (gestion d'affaires, paiement de l'indu, enrichissement sans cause) ;

– *les délits et quasi-délits* : faits illicites qui, lorsqu'ils ont provoqué un dommage, donnent naissance à l'obligation pour leur auteur de réparer le dommage (dommages-intérêts). Les délits sont les comportements et faits intentionnels. Les quasi-délits sont les comportements et faits d'imprudence.

Dans le Code civil, le contrat est prédominant par rapport aux autres sources. Les obligations qui découlent d'un contrat font l'objet de 270 articles dans le Code civil alors que la réglementation du mécanisme de la responsabilité civile délictuelle ne fait l'objet que de 5 articles. Le Code civil a oublié de mentionner les actes unilatéraux et les actes collectifs (cf. Chapitre 2).

2) La distinction des actes juridiques et des faits juridiques

Le fait juridique est un fait que la loi prend en considération pour y attacher un effet de droit. On distingue :

– *les faits involontaires* : ils se produisent indépendamment de la volonté de ceux qu'ils concernent ;

Exemple : la naissance.

– les faits volontaires : ces faits sont voulus par leur auteur. Ils peuvent être licites ou illicites :

■ *licites* : plusieurs faits volontaires licites peuvent être distingués : gestion d'affaires, paiement de l'indu, enrichissement sans cause ou possession ;

■ *illicites* : il s'agit des faits générateurs de responsabilité.

L'acte juridique est une opération produite en vue d'obtenir une modification dans l'ordre juridique. Il s'agit d'une opération à la base de laquelle on trouve la volonté du sujet de droit. Celle-ci doit être exprimée et exempte de vices. Le sujet de droit doit également être capable. L'acte juridique a pour conséquence d'engager la personne qui a exprimé sa volonté.

Exemple : le contrat.

BIBLIOGRAPHIE

BELLISSENT (J.), *Contribution à l'analyse de la distinction des obligations de moyens et des obligations de résultat*, LGDJ, Coll « Bibliothèque de droit privé », 2001.

BRUNEAU (C.), *La distinction entre les obligations monétaires et les obligations en nature*, Thèse ronéot. Paris II, 1974.

CATHALA (P.), « Bref aperçu sur l'avant-projet de réforme du droit des obligations », *D.* 2006, Chron. p. 535.

COURDIER-CUISINIER (A.-S.), « Nouvel éclairage sur l'énigme de l'obligation de donner », *RTD civ.* 2005, p. 521.

DUPEYROUX (J.-J.), « Les obligations naturelles, la jurisprudence et le droit », in *Mélanges Maury*, 1960, Tome 2, Dalloz-Sirey, p. 321.

FABRE-MAGNAN (M.), « Le mythe de l'obligaton de donner », *RTD civ.* 1996, p. 85.

FROSSARD, *La distinction des obligations de moyens et des obligations de résultat*, LGDJ, 1965.

GINOSSAR, « Pour une meilleure définition du droit réel et du droit personnel », *RTD civ.* 1962, p. 573.

GOBERT, *Essai sur le rôle de l'obligation naturelle*, 1957.

HAGECHAHINE, « Essai d'une nouvelle classification des droits privés », *RTD civ.* 1982, p. 705.

HUET (J.), « Des différentes obligations et, plus particulièrement, de l'obligation de donner, la mal nommée, la mal aimée », in *Mélanges Ghestin*, LGDJ, 2001.

MAZEAUD (H.), « Essai de classification des obligations : obligations contractuelles et extra-contractuelles, obligations déterminées et obligations générales de prudence et diligence », *RTD civ.* 1936, p. 1.

MAZEAUD (H.), « L'obligation générale de prudence et de diligence et les obligations déterminées », *RTD civ.* 1936, p. 1.

MOLFESSIS (N.), « L'obligation naturelle devant la Cour de cassation : remarques sur un arrêt rendu par la première Chambre civile, le 10 octobre 1995 », *D.* 1997, Chron. p. 85.

NÉRAC-CROISIER (R.), « Soliloque sur la responsabilité du transporteur de personnes », *D.* 1995, Chron. p. 35.

Perreau (E.-H.), « Les obligations de conscience devant les tribunaux », *RTD civ.* 1913, p. 503.

Plancqueel (A.), « Obligations de moyens, obligations de résultat », *RTD civ.* 1972, p. 334.

Raynaud, « Les dettes de valeur en droit français », in *Mélanges Brèthe de la Gressaye*, p. 611.

Rotondi (M.), « Quelques considérations sur le concept d'obligation naturelle et son évolution », *RTD civ.* 1979, p. 1.

Sériaux (A.), « La notion juridique de patrimoine », *RTD civ.* 1994, p. 801 ; « La notion de contrat synallagmatique », in *Mélanges Ghestin,* LGDJ, 2001.

Sousi (G.), « La spécificité de l'obligation de sommes d'argent », *RTD civ.* 1982, p. 514.

Tallon (D.), « Le surprenant réveil de l'obligation de donner », *D.* 1992, Chron. p. 37.

Tunc (A.), « La distinction des obligations de résultat et des obligations de diligence », *JCP* 1945, I, 449.

*L'*acte juridique

CHAPITRE 2

Les différents actes juridiques

L'acte juridique est un acte de volonté destiné à produire des effets de droit. *Le contrat* est l'acte juridique majeur, le plus courant ; mais il en existe d'autres : *l'acte juridique unilatéral* et l'*acte juridique collectif.* Les développements qui suivront (Chapitres 3 à 12) concernent le contrat mais également les autres actes juridiques.

1 • L'ACTE JURIDIQUE UNILATÉRAL

Il s'agit de la manifestation de volonté d'une seule personne par laquelle elle détermine des effets de droit.

Exemple : renonciation à une succession (art. 784, C. civ.), renonciation à une prescription acquisitive (art. 2220, C. civ.), testament (art. 895, C. civ.), acte constitutif d'une société unipersonnelle à responsabilité limitée (art. 1832, al. 2, C. civ.)…

L'acte unilatéral se distingue du contrat unilatéral, qui est un accord de volontés entre plusieurs personnes, mais qui fait naître des obligations à l'égard d'une seule d'entre elles.

A - Les conditions de validité de l'acte unilatéral

La volonté unilatérale peut-elle engager son auteur ? Le Code civil ne répond pas à cette question qui engendre encore aujourd'hui des controverses.

Les auteurs classiques refusaient de faire produire des effets aux actes juridiques unilatéraux en se fondant sur l'article 1101 du Code civil, qui prévoit que « *le contrat est une convention par laquelle une ou plusieurs personnes s'obligent, envers une ou plusieurs autres, à donner, à faire ou à ne pas faire quelque chose* », ainsi que sur l'article 1370 du Code civil qui ne cite pas l'acte juridique unilatéral comme une source d'obligation.

Au XIXe siècle, un courant impulsé par Saleilles commence à montrer qu'il n'y a aucune raison de refuser que l'acte juridique unilatéral soit considéré comme une source générale des obligations comme l'est le contrat. Aujourd'hui, l'acte juridique unilatéral est considéré comme étant créateur d'obligations[1].

---

1. Toulouse, 2e ch., 14 février 1996, *RTD* civ. 1996, p. 397, obs. J. Mestre, *D.* 1997, Somm. p. 168, obs. D. Mazeaud.

L'acte juridique unilatéral ne peut assurément pas créer des obligations à la charge d'autrui. Il ne permet pas à celui qui s'engage de se délier ensuite : l'engagement est irrévocable.

B - Le régime juridique de l'acte juridique unilatéral

Deux principes :

– on transpose aux actes juridiques unilatéraux le régime des contrats sauf les règles qui supposent l'existence de deux ou plusieurs parties ;

– le régime juridique des actes juridiques unilatéraux n'est pas uniforme : il n'y a pas de théorie générale de l'acte unilatéral.

2 • LES ACTES JURIDIQUES COLLECTIFS

Il s'agit d'un accord de volontés entre soit deux groupes de personnes, soit un groupe de personnes et un individu.

Il se présente sous deux aspects :

– la manifestation de volontés de plusieurs personnes, volontés qui sont toutes tendues vers le même but ;

Exemple : décisions prises à la majorité par les membres d'une collectivité (« actes uni-latéraux collectifs ») ;

– la manifestation de volontés qui consiste en un accord de volontés soit entre deux collectivités, soit entre une collectivité et un individu (= « contrats collectifs »). Ces actes ne sont pas collectifs dans leur formation mais dans leurs effets puisqu'ils enga-gent d'autres personnes que celles qui ont donné leur accord ou manifesté leur volon-té. Ils dérogent par conséquent au principe de l'effet relatif des contrats ;

Exemple : conventions collectives de travail (art. L. 135-2, C. trav.).

Il n'y a pas de droit commun c'est-à-dire de théorie générale de l'acte collectif, chacun d'eux faisant généralement l'objet d'une réglementation spécifique.

3 • LE CONTRAT

Selon l'article 1101 du Code civil, « *le contrat est une convention par laquelle une ou plusieurs personnes s'obligent, envers une ou plusieurs autres, à donner, à faire ou à ne pas faire quelque chose* ».

Cette définition fait ressortir à la fois que le contrat est un acte juridique, un acte juridique particulier, et une convention.

A - Contrat et acte juridique

Il s'agit d'un acte juridique à plusieurs points de vue :

– *par sa finalité* : c'est un accord entre deux ou plusieurs personnes. Il y a manifestation d'au moins deux volontés. Le contrat s'oppose à l'acte unilatéral ;

– *par son but* : en cas d'accord entre deux ou plusieurs personnes, on suppose que chacune de ces personnes, que chacune de ces parties au contrat a recherché dans l'opération ses propres intérêts. On dit que le contrat réalise une conciliation entre des intérêts contradictoires. À travers cet aspect-là, le contrat s'oppose à l'acte juridique collectif du premier type (= actes unilatéraux collectifs). Par ses effets, en principe, le contrat ne produit d'effets qu'entre les personnes qui ont consenti. En cela, le contrat s'oppose aux actes juridiques collectifs du deuxième type (= contrats collectifs).

B - Contrats et conventions

Le contrat est un accord de volontés, une convention, mais une convention particulière car parmi l'ensemble des conventions, c'est celle qui crée des obligations. La convention est un accord de volontés destiné à produire n'importe quel effet de droit et par conséquent pas forcément des obligations. Cette distinction entre convention et contrat est peu utilisée, les deux termes étant considérés comme synonymes.

BIBLIOGRAPHIE

ENCINAS DE MUNAGORRI (R.), *L'acte unilatéral dans les rapports contractuels*, LGDJ, Coll. « Bibliothèque de droit privé », 1995.

FAGES (B.), « Quelques évolutions du droit français des contrats à la lumière des Principes de la Commission Lando », *D.* 2003, Chron. p. 2386.

GHESTIN (J.), « L'utile et le juste dans les contrats », *D.* 1982, Chron. p. 1.

GHESTIN (J.), « La notion de contrat », *D.* 1990, Chron. p. 147.

IZORCHE (M.-L.), *L'avènement de l'engagement unilatéral en droit privé contemporain*, Presses Universitaires d'Aix-Marseille, 1995.

JAMIN (Ch.), MAZEAUD (D.), *La nouvelle crise du contrat*, Actes du colloque du 14 mai 2001, Dalloz, Coll. « Thèse et commentaires », 2003.

Le contrat, Questions d'actualité, Numéro spécial, *LPA,* 5 mai 2000.

LECOURT (B.), « Les loteries publicitaires, la déception a-t-elle un prix ? », *JCP* 1999, I, 155.

MARTIN (J.), *L'acte juridique unilatéral*, Thèse Toulouse, 1951.

ROUAST (A.), *Essai sur la notion de contrat collectif,* Thèse Lyon, 1905.

ROUJOU DE BOUBÉE (G.), *L'acte juridique collectif*, LGDJ, 1961.

SÉRIAUX (A.), « La notion juridique de patrimoine », *RTD civ.* 1994, p. 801.

SÉRIAUX (A.), « L'engagement unilatéral en droit positif actuel, in *L'unilatéralisme et le droit des obligations*, 1999.

THIBIERGE-GUELFUCCI (C.), « Libres propos sur la transformation du droit des contrats », *RTD civ.* 1997, p. 357.

TRISSON-COLLARS (P.), « La contribution du droit du travail au nouvel essor de la théorie de l'engagement unilatéral », *JCP* 1945, I, 449.

WORMS, *De la volonté unilatérale considérée comme source d'obligation*, Thèse Paris, 1891.

CHAPITRE 3

*L*a classification des contrats

Il existe des distinctions contenues dans le Code civil et des distinctions créées par la doctrine.

1 • LES CLASSIFICATIONS TIRÉES DU CODE CIVIL

A - La distinction contrats synallagmatiques/contrats unilatéraux

1) La distinction

L'article 1102 énonce que le *contrat synallagmatique ou bilatéral* est celui qui fait naître des obligations réciproques à la charge de chacune des parties.

Exemple : contrat de vente, contrat de bail (obligation pour le bailleur de mettre quelque chose à la disposition du locataire tandis que le locataire doit payer un loyer).

L'article 1103 dispose que le *contrat unilatéral* est celui qui ne crée des obligations qu'à la charge de l'une des parties.

Exemple : donation : seul le donateur s'engage.

Il faut distinguer *contrat unilatéral* et acte juridique unilatéral. Dans le second cas, une seule volonté se manifeste. Dans un contrat unilatéral, il y a accord de deux ou plusieurs volontés.

2) L'intérêt de la distinction

Il est multiple :

– *sur le plan de la preuve* : dans le contrat synallagmatique, parce qu'il y a pluralité d'obligations réciproques, l'écrit probatoire sous seing privé doit être rédigé en autant d'originaux qu'il y a de parties (art. 1325, C. civ.). Dans le contrat unilatéral, un seul original suffit. On suppose qu'il sera remis au créancier. Dès lors, il existe un risque de voir le créancier, qui a l'écrit probatoire en sa possession, le modifier à son avantage. L'article 1326 du Code civil exige que sur cet écrit sous seing privé figure la mention manuscrite par le débiteur du montant de son engagement (« bon pour ») ;

– *quant au fond* : dans le contrat synallagmatique, on dit que les obligations de chacune des parties sont interdépendantes, elles se servent mutuellement de cause.

Cette interdépendance entre les obligations de chacune des parties explique un certain nombre de mécanismes propres aux contrats synallagmatiques et qui s'appliquent en cas d'inexécution par l'une des parties de ses propres obligations[1] : il y a l'exception d'inexécution qui permet à chacune des parties de refuser d'exécuter ses obligations tant que l'autre n'exécute pas les siennes. Il existe également la résolution judiciaire (art. 1184, C. civ.) : si l'une des parties ne s'exécute pas, que cette inexécution apparaisse définitive ou pas, l'autre partie peut obtenir du juge d'être déliée de son engagement. Lorsque l'inexécution par l'une des parties est due à un événement de force majeure, on parle de théorie des risques.

La distinction entre ces deux contrats comporte certaines nuances : cette distinction n'est pas liée à un type de contrat, elle peut également dépendre de la volonté des parties. Le contrat de donation est la plupart du temps unilatéral mais il peut devenir synallagmatique si une « charge » est imposée au donataire : c'est la donation avec charges (le montant de l'engagement du donataire étant inférieur à la valeur du bien donné, il s'agit toujours d'une donation). Un contrat unilatéral à l'origine peut devenir synallagmatique en cours d'exécution.

Exemple : contrat de dépôt à titre gratuit : il y a deux parties, le déposant et le dépositaire. Le dépositaire doit restituer la chose à la fin du contrat : il s'agit d'un contrat unilatéral. Si le dépositaire fait, par exemple, des frais pour conserver la chose, le déposant doit les lui rembourser. Il y a une obligation qui pèse sur le déposant : c'est un contrat synallagmatique imparfait.

B - La distinction contrats commutatifs/contrats aléatoires

1) La distinction

Le contrat est commutatif lorsque la prestation due par chacune des parties est certaine, déterminée à l'avance et considérée comme équivalente à celle que doit fournir l'autre partie (article 1104, C. civ.)

Exemple : contrat de vente conclu avec un prix ferme.

Le contrat est aléatoire lorsque la prestation de l'une des parties est incertaine, soit dans son principe, soit dans son montant.

Exemple : le contrat d'assurance : l'assuré paie les primes tandis que l'assureur paie la valeur, par exemple, de la maison incendiée : on ne sait pas si un jour l'assureur devra indemniser l'assuré.

Exemple : contrat de vente avec paiement du prix sous forme de rente viagère : on ne sait pas quelle somme payera l'acquéreur car on ne sait pas pendant combien de temps il versera sa rente.

Dans le contrat aléatoire, les deux parties ont accepté à l'avance qu'il n'y ait pas équivalence des prestations[2].

---

1. *Cf.* Chapitre 12.
2. La tontine constitue un contrat aléatoire et non une donation, *cf.* Civ. 1re, 14 décembre 2004, *D.* 2005, Jur. p. 2264, note C. Le Gallou.

Cette distinction est une sous-distinction dans la catégorie des contrats synallagmatiques.

2) L'intérêt de la distinction

L'intérêt de la distinction est lié au problème de la lésion[1] (cf. Chapitre 7). Le contrat aléatoire n'est pas rescindable[2] pour lésion. Néanmoins, un mouvement récent tend à reconnaître éventuellement l'existence d'une lésion dans les contrats aléatoires[3] dans la mesure où il est désormais possible de déterminer une valeur « normale » dans un contrat aléatoire, par exemple à l'aide des tables de mortalité dans les contrats de rente viagère[4].

C - La distinction contrats à titre gratuit/contrats à titre onéreux (art. 1105 et 1106, C. civ.)

1) La distinction

Le contrat à titre gratuit ou de bienfaisance est celui dans lequel l'une des parties procure à l'autre un engagement purement gratuit (art. 1105, C. civ.).

Exemple : donation pure et simple.

Le contrat à titre onéreux est celui qui assujettit chacune des parties à donner ou à faire quelque chose (art. 1106, C. civ.) : cette définition est quasiment celle du contrat synallagmatique. La doctrine s'est demandée si la distinction n'était pas la même que celle entre contrat synallagmatique et contrat unilatéral mais il y a des différences : il existe des contrats synallagmatiques à titre gratuit.

Exemple : la donation avec charge au profit du donateur.

Il existerait des contrats unilatéraux à titre onéreux.

Exemple : le prêt à intérêts avec versements d'intérêts par l'emprunteur dans l'analyse qui en fait un contrat de restitution.

La différence entre les distinctions reste marginale ; c'est la raison pour laquelle il est très difficile de donner un critère précis de ce qui différencie le contrat gratuit et le contrat onéreux. Le critère résiderait dans l'intention libérale.

2) Les intérêts de la distinction

Ils sont multiples :

– *au point de vue de la formation du contrat* : les règles de formation sont en général plus strictes pour les contrats à titre gratuit : les incapacités sont renforcées, des règles de forme sont imposées… ;

---

1. Lésion : déséquilibre entre les prestations de chacune des parties dans un contrat synallagmatique *cf.* chapitre 7.
2. Rescindable : qui peut être détruit en raison de la lésion (sanction semblable à la nullité), *cf.* chapitre 7.
3. V. Deprez, « La lésion dans les contrats aléatoires », *RTD civ.* 1955, p. 1.
4. Klein, « Aléa et équilibre contractuel dans la form1ation du contrat de vente d'immeuble en viager », *RTD civ.* 1979, p. 13.

– *au point de vue des effets du contrat* : en général, celui qui est engagé à titre onéreux est tenu plus fermement que celui qui est engagé à titre gratuit ;

Exemple : dans le contrat de donation, le donateur n'est pas garant des vices cachés de la chose ; c'est le contraire pour le contrat à titre onéreux.

D - La distinction contrats nommés/contrats innommés (art. 1107, al. 1, C. civ.)

Cette disctinction **n'est pas énoncée mais seulement supposée** par le Code civil.

Le contrat nommé fait l'objet d'une réglementation particulière : c'est le cas de la vente, du louage, du bail, de la location, du dépôt, du contrat d'assurance, du contrat de promotion immobilière… Ce sont des contrats auxquels la loi ou l'usage ont donné une dénomination particulière.

Les contrats innommés sont ceux que la loi n'a pas explicitement prévus et réglementés, tels que le contrat de déménagement.

2 • LES CLASSIFICATIONS EXTÉRIEURES AU CODE CIVIL

Elles ont été inventées par la doctrine qui a tenu compte de l'évolution de la pratique contractuelle.

A - La distinction contrats consensuels/contrats non consensuels

Les contrats consensuels sont ceux qui se forment par le seul échange des consentements. Il n'y a pas besoin d'autres formalités. Il s'agit des contrats les plus courants.

Exemple : la vente.

Les contrats non consensuels sont ceux qui ne peuvent pas se former par le simple échange des consentements. Il existe d'abord des contrats solennels : ce sont ceux qui doivent respecter certaines formalités pour être valables. La formalité est exigée à peine de nullité. La formalité imposée est souvent la rédaction d'un acte authentique. De plus en plus souvent, la loi exige la rédaction d'un écrit sous seing privé.

Exemple : contrat de promotion immobilière (art. 1831-1 à 1831-5, C. civ.) : l'article L. 222-3, al. 3 du Code de la construction et de l'habitation rend le contrat solennel.

Les contrats réels ne se forment que par la remise de la chose qu'ils ont pour objet.

Exemple : contrat de prêt (il n'y a obligation que lorsque le prêteur a prêté la chose), contrat de dépôt, contrat de gage.

La distinction a un intérêt sur le plan des formalités : l'absence de la formalité ou de remise de la chose, lorsqu'elle est exigée, entraîne la nullité du contrat.

B - Les contrats à exécution instantanée/les contrats à exécution successive

Les contrats à exécution instantanée sont ceux qui font naître des obligations qui s'exécutent en un trait de temps.

Exemple : contrat de vente.

Les contrats à exécution successive sont ceux qui supposent des exécutions successives qui se succèdent en s'échelonnant dans le temps.

Exemple : contrat de bail, contrat de travail…

Pour les contrats successifs, il existe une sous-distinction :

– *contrats à durée déterminée* : on sait à l'avance quand il prendra fin, on connaît l'échéance, le terme. Ils sont parfois renouvelables par tacite reconduction. Ils ne peuvent pas être perpétuels (art. 1780, C. civ.) ;

– *contrats à durée indéterminée* : on n'a pas prévu leur date d'échéance. Dans ces contrats, chaque partie peut mettre fin au contrat par volonté unilatérale, par sa seule volonté.

L'intérêt de la distinction réside dans les effets de l'annulation ou de la résolution. Dans les contrats instantanés, ces mécanismes sont rétroactifs et donnent lieu à la restitution des prestations éventuellement fournies. Pour les contrats successifs, la rétroactivité n'est pas possible : les effets du contrat ne sont anéantis que pour l'avenir, c'est-à-dire qu'il y a résiliation du contrat.

C - La distinction contrats de gré à gré/contrats d'adhésion

Les contrats de gré à gré sont ceux qui font l'objet d'une libre discussion, d'une négociation entre les parties. On les appelle aussi contrats négociés.

Les contrats d'adhésion sont ceux dont les stipulations sont fixées à l'avance par l'une des parties mais qui ne peuvent être discutées par l'autre partie. Le consentement de l'autre partie consiste en une adhésion pure et simple au contrat proposé.

Les contrats de gré à gré correspondent à l'optique des rédacteurs du Code civil. Les contrats d'adhésion sont un phénomène récent, ils correspondent au développement de la consommation de masse.

D - La distinction contrats individuels/contrats collectifs

Les contrats individuels sont ceux qui sont passés par des personnes physiques ou morales et dont les effets sont limités aux personnes qui les ont passés (art. 1165 et s., C. civ.).

Les contrats collectifs sont ceux qui, passés par un groupement (personne morale) produisent leurs effets à l'égard des membres du groupement qui eux, ne sont pas parties au contrat et parfois même à l'égard de personnes non membres du groupement.

Exemple : conventions collectives du travail.

E - La distinction contrats simples/contrats conjonctifs

Dans *le contrat simple,* chacune des parties est composée d'une seule personne. Dans *le contrat conjonctif*, les parties sont constituées par un groupe de personnes.

BIBLIOGRAPHIE

AMAR-LAYANI (B.), « La tacite reconduction », *D.* 1996, Chron. p. 143.

BERLIOZ (G.), *Le contrat d'adhésion,* 1974 ; *Les contrats d'adhésion et la protection du consommateur,* 1979.

BRIÈRE DE L'ISLE, « De la notion de contrat successif », *D.* 1957, Chron. p. 153.

FAVERO (M.), « *La standardisation contractuelle, enjeu de pouvoir entre les parties et de compétition entre systèmes juridiques* », *RTD com.* 2003, p.429.

GRUA (F.), « Les effets de l'aléa, et la distinction des contrats aléatoires et des contrats commutatifs », *RTD* civ. 1983, p. 263.

GRILLET-PONTON (D.), *Essai sur le contrat innommé*, Thèse Lyon, 1982 ; « Nouveau regard sur la vivacité de l'innommé en matière contractuelle », *D.* 2000, Chron. p. 331.

HOUIN (R.), *La distinction des contrats synallagmatiques et des contrats unilatéraux,* Thèse Paris, 1937.

MOULIGNER (N.), « Le contrat réel dans l'évolution du droit des contrats », *RRJ* 4/2004, p. 2233.

TESTU (F.-X.), « Le juge et le contrat d'adhésion », *JCP* 1993, I, 3673.

CHAPITRE 4

*L'*autonomie de la volonté

Les règles du droit des contrats sont le reflet de conceptions philosophiques. Il existe une théorie traditionnelle expliquant le fondement du contrat : la théorie de l'autonomie de la volonté. Elle est aujourd'hui en déclin.

1 • LE CONTENU DE LA THÉORIE DE L'AUTONOMIE DE LA VOLONTÉ

L'autonomie de la volonté n'est pas une règle juridique mais un principe philosophique. Le Code civil n'y fait aucune allusion directe.

A - Le principe de l'autonomie de la volonté

Cette philosophie a pris naissance au XVIIIe siècle et trouve certainement son fondement dans la philosophie des Lumières. Il s'agit d'une théorie parfois attribuée à Kant.

La théorie de l'autonomie de la volonté est avant tout une théorie de l'engagement contractuel : elle vise d'abord à expliquer l'engagement qui découle du contrat. Cette théorie part de l'idée que la volonté de l'homme est souveraine, autonome : *la volonté est à elle-même sa propre loi.* Seul un acte de volonté de la personne peut faire qu'elle soit engagée. On est engagé si on l'a voulu et dans la mesure où on l'a voulu.

La doctrine a parfois développé l'idée selon laquelle la théorie de l'autonomie de la volonté était une justification économique et morale du contrat. Le contrat ne peut être qu'équitable car il a été voulu : « *Toute justice est contractuelle, qui dit contractuel dit juste* » (Fouillée, disciple de Kant). La recherche par chacun de ses propres intérêts dans le contrat correspond à l'intérêt général. Cette théorie, pour ses partisans, dépasse le simple engagement contractuel mais atteint les règles de la vie en société et les mécanismes juridiques du droit privé. Elle est parfois liée à la théorie du contrat social.

B - Les conséquences juridiques de la théorie de l'autonomie de la volonté

1) La primauté du contrat comme source d'engagement

Puisque seul un acte de volonté libre peut justifier l'engagement, la source principale des obligations ne peut résider que dans l'accord de volonté, c'est-à-dire dans le contrat. Les autres sources d'engagement ne peuvent être qu'exceptionnelles. L'engagement unilatéral de volonté ne peut pas être retenu dans la mesure où il viserait l'engagement d'autrui. Lorsqu'il s'agit de son propre engagement, on ne peut pas l'admettre car ce que la volonté a fait, elle doit pouvoir le défaire. Selon cette théorie, la responsabilité civile ne peut être une source d'obligation car elle donne naissance à des engagements indépendants de la volonté : c'est seulement quand il y a une faute que la responsabilité devrait pouvoir être engagée.

2) Les règles techniques de l'engagement contractuel

a) Les règles de formation

La règle essentielle est celle de la liberté contractuelle qui se présente sous deux aspects, la liberté de contracter ou de ne pas contracter :

– il faut qu'il y ait dans le contrat un consentement qui s'exprime clairement et librement (intégrité du consentement). Le consentement suffit pour qu'il y ait contrat, c'est le principe du consensualisme. Loysel, au XVIIe siècle disait : « *On lie les bœufs par les cornes et les hommes par la parole* » ;
– la liberté de déterminer le contenu du contrat : les lois d'ordre public doivent demeurer très exceptionnelles.

b) Les effets du contrat

L'autonomie de la volonté implique plusieurs principes :

– principe de la **force obligatoire du contrat** : lorsque le contrat a été conclu, il doit être respecté. Les parties ne peuvent renoncer au contrat unilatéralement. Le contrat s'impose au juge ;
– principe de l'**effet relatif du contrat** : le contrat n'engage que les parties.

2 • LE DÉCLIN DE LA THÉORIE DE L'AUTONOMIE DE LA VOLONTÉ

Faisant écho à ce déclin, le Conseil constitutionnel a décidé que le principe de l'autonomie de la volonté n'avait pas valeur constitutionnelle[1].

---

1. Cons. constit., 20 mars 1997 (déc. n° 97-388DC), *JCP* 1997, I, 4039, obs. Fabre-Magnan.

A - La critique de la théorie de l'autonomie de la volonté

1) Sur le terrain des principes

La doctrine a parfois contesté que la volonté soit à elle seule la mesure et la source de l'engagement. Si la volonté peut créer un engagement, c'est parce que la loi le permet, la loi le juge socialement utile. C'est la loi qui est la source première de l'engagement. Le fondement de l'engagement contractuel devrait être recherché dans des considérations de justice et d'utilité sociale. On n'est engagé par sa volonté que dans la mesure où cet engagement est juste et socialement utile.

2) Sur le terrain des réalités économiques et sociales

L'autonomie de la volonté et son corollaire juridique, la liberté contractuelle, étaient bien loin d'assurer et de garantir la justice sociale et économique. Au contraire, le contrat a été très souvent un moyen d'asservissement des personnes : « *Entre le fort et le faible, c'est la volonté qui asservit et la loi qui libère* » (Lacordaire). L'idée de base n'est pas de nier le rôle de la volonté dans le contrat mais d'en limiter la souveraineté.

B - Le droit positif et son évolution

1) Le Code civil

La plupart des règles juridiques du droit des contrats paraissent influencées par la théorie de l'autonomie de la volonté, par les idées libérales. Par exemple, l'article 6 du Code civil dispose que l'« *On ne peut déroger, par des conventions particulières, aux lois qui intéressent l'ordre public et les bonnes mœurs* ». De même, l'article 1134 du Code civil impose le principe de la force obligatoire des contrats.

Le Code civil (2220 articles) est un ensemble de dispositions qui, même quand elles sont supplétives (≠ impératives) de volonté, participent à un certain ordre public car elles visent à faire respecter un certain ordre social. Ces dispositions sont loin d'être la pure et simple recherche par la loi de la volonté individuelle. En définitive, c'est surtout la doctrine du XIXe siècle qui a cru pouvoir expliquer les règles du Code civil par l'autonomie de la volonté. Les règles actuelles du droit des contrats ne peuvent plus être exclusivement expliquées par cette théorie.

2) L'évolution postérieure au Code civil

a) L'interventionnisme législatif

Depuis la fin du XIXe siècle, on a assisté à un fort développement des règles d'ordre public, c'est-à-dire impératives (= celles qui s'appliquent de manière absolue, sans que l'on puisse y déroger). Dans le même temps, cet ordre public s'est transformé : l'ordre public traditionnel se subdivise en ordre public politique, ordre public familial, ordre public « moral ». Cet ordre public traditionnel est un ordre public négatif, c'est-à-dire d'interdiction. Il existe aujourd'hui un ordre public nouveau qui est un ordre public économique et social, qui est apparu avec l'intervention de l'État dans le domaine économique. Cet ordre public économique et social est souvent un ordre public positif, de prescription : on distingue l'ordre économique *stricto sensu* ou ordre public de direction et l'ordre public social ou ordre public de protection. S'il y a atteinte, dans un contrat, à une règle d'ordre public social et économique, la sanction sera la nullité relative.

Exemple : le SMIC est une règle impérative qui est à l'origine une protection du salarié mais aujourd'hui, il s'agit d'un instrument économique, de direction.

b) Les conséquences techniques dans le droit des contrats

• Les atteintes à la liberté contractuelle

– *Les atteintes à la liberté de contracter ou de ne pas contracter* : phénomène des contrats forcés ;

Exemple : art. 417-11 C, rur. : le contrat de metayage se transforme obligatoirement en contrat de bail rural à la demande du métayer.

– *Les atteintes à la liberté de fixer le contenu du contrat* : phénomène des contrats dirigés, des contrats d'adhésion.

• Les atteintes au principe du consensualisme

Elles se traduisent par l'augmentation du formalisme car le respect de certaines formes permet de protéger l'une des parties au contrat.

• Les atteintes au principe de l'effet relatif des contrats

Exemple : lois réglementant les conventions collectives du travail.

• Les atteintes à la force obligatoire des conventions

Exemple : possibilité de rétractation du contrat en cas de démarchage ou de vente à domicile (art. 3 de la loi du 22 décembre 1972) ; possibilité pour le juge de réduire une clause pénale manifestement excessive ou dérisoire (art. 1152, al. 2, C. civ.).

Le contrat aujourd'hui, dans notre droit positif, reste un accord de volontés mais est étroitement surveillé par la loi qui impose des conditions précises. Il arrive que la loi intervienne pour rétablir un équilibre contractuel entre les parties, c'est-à-dire pour restaurer les conditions d'un engagement libre.

BIBLIOGRAPHIE

Le contrat. Liberté contractuelle et sécurité juridique, Colloque du 94e congrès des notaires de France, Lyon, 17/20 mai 1998, *LPA* 1998, n° du 6 mai.

ARMAND-PRÉVOST (M.) et Richard (D.), « Le contrat déstabilisé – De l'autonomie de la volonté au dirigisme contractuel », *JCP* 1979, II, 2952.

ATIAS (C.), « Restaurer le droit du contrat », *D.* 1998, Chron. p. 137.

BATIFFOL (H.), « La « crise du contrat » et sa portée », *Arch. phil. dr.*, 1968.

CHABAS (F.), *De la déclaration de volonté,* Thèse Paris, 1931.

COUTURIER (G.), « L'ordre public de protection, heurs et malheurs d'une vieille notion neuve », in *Mélanges Flour*, p. 95.

GOUNOT, *Le principe de l'autonomie de la volonté en droit privé, étude critique de l'individualisme juridique*, Dijon, 1912.

HEBRAUD (Ph.), « Rôle respectif de la volonté et des éléments objectifs dans les actes juridiques », in *Mélanges Maury*, Tome 2, p. 419.

JAMIN (Ch.), « Théorie générale du contrat et droit des secteurs régulés », *D.* 2005, chron. p. 2342.

MORIN, (G.), « La désagrégation de la théorie contractuelle du Code », *Arch. phil. dr.*, 1940.

RANOUIL (V.), *L'autonomie de la volonté, naissance et évolution d'un concept,* Préface J.-P. LÉVY, PUF, 1980.

RIEG, *Le rôle de la volonté dans l'acte juridique en droit civil français et allemand*, 1961.

Saleilles, *De la déclaration de volonté.*

SAVATIER (R.), « L'ordre public économique », *D.* 1965, Chron. p. 37.

SAVAUX (E.), *La théorie générale du contrat, mythe ou réalité*, LGDJ, Coll. « Bibliothèque de droit privé », 1997.

TERRÉ-FORNACCIARI (D.), « L'autonomie de la volonté », *RS morales et politiques,* 1995, p. 255, 264.

THIBIERGE-GUELFUCCI (C.), « Libres propos sur la transformation du droit des contrats », *RTD civ.* 1997, p. 357.

TISON (V.), *Le principe de l'autonomie de la volonté dans l'Ancien Droit français,* Thèse Paris, 1931.

VASSEUR, « Un nouvel essor de concept contractuel. Les aspects juridiques de l'économie concertée contractuelle », *RTD civ.* 1964, p. 5.

CHAPITRE **5**

*L'*existence du consentement

L'article 1108 du Code civil pose quatre conditions principales pour la validité des contrats :

– *consentement ;*
– *capacité ;*
– *condition relative à l'objet ;*
– *condition relative à la cause.*

L'exigence du consentement est prévue à l'article 1108 du Code civil. Cette exigence du consentement est double. Il doit exister et être intègre.

L'existence d'un véritable consentement suppose préalablement la **capacité de contracter.** La capacité est l'aptitude d'une personne à passer des actes juridiques, en particulier des contrats. Les articles 1108 et 1123 du Code civil sont les deux textes qui subordonnent la possibilité de contracter à la capacité du contractant.

Il y a plusieurs sortes d'incapacités. On distingue incapacité de jouissance et incapacité d'exercice :

– *l'incapacité de jouissance* est l'inaptitude à être sujet de droits et d'obligations, à être partie à un acte juridique. Il n'y a pas d'incapacité générale de jouissance, c'est-à-dire portant sur tous les actes juridiques et sur tous les droits. En effet, l'incapacité de jouissance est sans remède et conduirait à la négation de la personnalité si elle était générale ;

Exemple : le tuteur ne peut acquérir les biens du mineur (art. 450, al. 3, C. civ.) ;

– *l'incapacité d'exercice* est l'inaptitude à exercer et à mettre en œuvre les droits dont on est titulaire. Ces droits peuvent être exercés par l'intermédiaire d'un représentant. Elle peut par conséquent être générale ou spéciale ;

Exemple : le majeur sous tutelle ne peut acquérir un bien sans autorisation.

D'une manière générale, la capacité est une aptitude à contracter liée aux qualités de la personne. L'incapacité s'explique par des défauts de la personnalité, elle doit être distinguée des situations dans lesquelles une personne n'a pas le droit de contracter non pas à cause de considérations liées à sa personne mais en raison de considérations objectives tirées soit de la situation juridique de la chose sur laquelle elle a contracté, soit de sa propre situation juridique. Ainsi, il faut distinguer l'incapacité de *l'indisponibilité réelle.*

Exemple : quand un bien est aliéné, il se peut que celui qui l'acquiert le fasse sous condition d'inaliénabilité (art. 900-1 et s., C. civ.).

De même, l'incapacité doit être distinguée du **défaut de pouvoir.**

Exemple : en application de l'article 1599 du Code civil, la vente de la chose d'autrui est nulle ; dans le régime matrimonial de la communauté légale, les biens communs ne peuvent pas être vendus par l'un des époux seul.

La distinction entre l'incapacité et ces autres situations objectives où il n'y a pas inaptitude à passer un acte juridique se répercute sur la sanction : la sanction de l'indisponibilité réelle ou du défaut de pouvoir réside en principe dans l'inopposabilité du contrat ou de l'acte aux tiers protégés par le défaut de pouvoir. La sanction de l'incapacité est la nullité relative, la rescision pour lésion ou la réduction.

La volonté de contracter suppose chez chacune des parties la conscience de l'opération juridique et de plus l'intention de voir se produire les effets juridiques du contrat :

– la volonté doit être réelle et non seulement apparente ;

Exemple : la volonté d'une partie atteinte de troubles mentaux n'est pas réelle (art. 489, al. 1er, C. civ.) ;

– la volonté exprimée doit être sérieuse et effective ;

Exemple : il ne doit pas s'agir d'une plaisanterie, ni d'un engagement « sur l'honneur ».

1 • L'OFFRE

L'offre est une décision unilatérale de volonté dans laquelle une des personnes fait savoir son intention de conclure un contrat dans des conditions déterminées, à une autre ou plusieurs autres. L'offre manifeste l'initiative contractuelle. L'offre peut être susceptible d'acceptation pure et simple ou peut être un appel aux pourparlers c'est-à-dire une offre de négocier un contrat. Par conséquent, il convient de distinguer l'**offre de contrat** de l'**offre de contracter.**

A - L'offre de contracter

L'offre de négocier un contrat est une offre de contracter. Il s'agit d'une proposition d'entrer en pourparlers afin de déterminer quel sera le contenu définitif du contrat. Il s'agit de la phase pré-contractuelle. L'offre de contracter est généralement faite à une personne déterminée mais ce n'est pas une caractéristique décisive. L'appel à discuter peut être général et indifférent (« étudierait toute proposition », « prix à débattre ».) Cette offre de négocier implique que les volontés se cherchent et peuvent se trouver incomplètement. De la première proposition à la conclusion du contrat, il peut s'écouler un laps de temps plus ou moins long pendant lequel peuvent avoir lieu des discussions. Ces discussions prennent la forme de pourparlers contractuels. Ils peuvent donner lieu à des contrats préparatoires. Dans certains cas, même si les discussions sont terminées, le contrat n'est pas toujours conclu.

1) Les pourparlers contractuels

Cette période va de la prise de contact jusqu'à la conclusion du contrat. Pendant cette phase, chacun des partenaires est libre d'arrêter ou de continuer la discussion. Toutefois, la jurisprudence considère que dans certains cas, la rupture des pourparlers peut être fautive et peut engager la responsabilité de son auteur[1]. Il peut y avoir faute quand la rupture est sans raison légitime ou quand on a laissé croire aux partenaires que le contrat allait se conclure[2]. La responsabilité est alors délictuelle[3].

2) Les contrats préparatoires

Parfois, cette période est ponctuée d'accords entre les intéressés sans que la discussion ne soit pour autant achevée.

a) Les lettres d'intention, accords préparatoires, contrats temporaires, contrats de négociation

Ils organisent le déroulement des négociations. Il existe une obligation contractuelle de poursuivre la négociation et de la mener de bonne foi. Il y a obligation de résultat quant à la poursuite des négociations mais seulement obligation de moyens quant à les mener à bien. Des dommages-intérêts pourraient être octroyés dans ce cadre.

= accordés

b) Les accords de principe ou « punctation »

Il s'agit d'accords par lesquels les partenaires dressent le bilan des points sur lesquels ils sont d'ores et déjà d'accord. Le contrat est réputé formé dès lors qu'il y a accord sur les éléments essentiels (chose et prix). Si l'accord ne vaut pas ainsi conclusion d'un contrat définitif, il constitue un accord partiel. Il s'agit d'une étape dans l'élaboration du contrat et le refus de poursuivre les négociations équivaudrait à une rupture fautive des pourparlers. Cependant, ces pourparlers ne doivent pas aboutir obligatoirement à la conclusion du contrat mais les parties se sont engagées à ne pas revenir sur certains éléments de la négociation et à faire de leur mieux pour compléter l'accord partiel. Cette obligation de moyens peut donner lieu à des dommages-intérêts.

3) Les promesses de contrat

Elles constituent des avant-contrats qui préparent le contrat définitif. Les accords de principe sont différents : tous les éléments du contrat définitif sont fixés dans l'avant-contrat mais l'une des deux parties (voire les deux) ne donne pas son consentement définitif. Elle n'entend pas que le contrat soit formé. Si l'une des parties s'engage, il y a promesse unilatérale de contrat. Si les deux parties s'engagent, il y a promesse synallagmatique de contrat.

a) La promesse unilatérale de contrat

La promesse unilatérale de contrat la plus usitée est la promesse unilatérale de vente.

---

1. Paris, 25e ch. B, 10 mars 2000, *JCP* 2001, II, 10470, note F. Violet ; Schmidt (J.), « La sanction de la faute pré-contractuelle », *RTD civ.* 1974, p. 46 ; « La période pré-contractuelle », *RID comp.* 1990, p. 545.
2. Com., 20 mars 1972, *JCP* 1973, II, 17543, obs. J. Schmidt, *RTD civ.* 1972, p. 779, obs. G. Durry ; Civ. 1re, 19 janvier 1977, *D.* 1977, Jur. p. 593, note J. Schmidt.
3. Com., 11 janvier 1984, *JCP* 1984, IV, 86 ; Com., 7 janvier et 22 septembre 1997, *D.* 1998, Jur. p. 45, note P. Chauvel.

1. La notion de promesse unilatérale de contrat

La promesse unilatérale de contrat est un contrat unilatéral dans lequel le promettant accorde son consentement à un contrat futur et déterminé, alors que le bénéficiaire garde le choix de lever ou non l'option ainsi consentie dans un délai déterminé ou non.

= donner son accord

• *La promesse unilatérale de contrat est un contrat*

C'est parce qu'elle est un contrat que la promesse unilatérale de contrat se distingue de l'offre unilatérale de contrat. Elle s'en distingue en ce qu'il y a accord de volontés et pas seulement manifestation unilatérale de volonté. L'offrant peut, dans l'offre unilatérale de contrat, retirer son offre. Le promettant est irrévocablement engagé.

• *La promesse unilatérale de contrat n'est pas le contrat définitif*

Seul le promettant est engagé. Il s'agit d'un contrat unilatéral car une seule personne est engagée : le promettant, qui a accordé une option au bénéficiaire. Le bénéficiaire de la promesse dispose d'un choix : il peut décider de ne pas contracter. Le bénéficiaire a consenti à la promesse en tant que telle mais pas au contrat. Dans certains cas, le bénéficiaire de la promesse s'engage à payer l'engagement, le service que lui rend le promettant cocontractant : c'est l'indemnité d'immobilisation. La promesse de vente est dans ce cas un contrat synallagmatique.

• *L'indemnité d'immobilisation*

L'existence d'une indemnité d'immobilisation ne fait pas disparaître le caractère unilatéral de la promesse mais donne un caractère synallagmatique au contrat qui la renferme sauf si elle est trop élevée car le bénéficiaire se sentirait alors obligé d'acheter. Elle est acquise au promettant si le bénéficiaire de la promesse renonce à acheter, ou vient en déduction du prix. Sa validité a été reconnue par la jurisprudence[1].

2. Le régime de la promesse unilatérale de contrat

Parce qu'elle est un contrat, elle obéit à toutes les conditions générales des contrats. Elle doit contenir les éléments essentiels du contrat définitif. Parfois, la loi soumet la promesse unilatérale de contrat à des conditions de forme. Lorsque la promesse unilatérale se rapporte à un contrat définitif, solennel, elle doit elle-même respecter les conditions de forme du contrat définitif.

3. Les effets de la promesse unilatérale de contrat

Le promettant est tenu de maintenir son offre pendant le délai prévu quand il y en a un. En l'absence de délai d'option, l'obligation se perpétue en principe pendant 30 ans, délai de la prescription extinctive. À la différence de l'offre, la promesse est irrévocable pendant ce délai (cependant, le promettant peut mettre le bénéficiaire en demeure d'exercer l'option dans un délai raisonnable à l'expiration duquel il sera dégagé).

extinctive

---

1. Com., 23 juin 1958, *D*. 1958, Jur. p. 581, note Ph. Malaurie, *Grands arrêts* n° 172. Une loi n° 2000-1208 du 13 décembre 2000, entrée en vigueur le 1er juin 2001, organise dans son article 72 un renforcement de la protection de l'acquéreur non professionnel d'un bien immobilier : il crée un délai de réflexion/rétractation de 7 jours et limite le versement de sommes d'argent dans le cadre notamment de la promesse de contrat.

Le bénéficiaire n'est pas engagé avant la levée de l'option et il ne bénéficie pas non plus des droits que confère le contrat définitif. S'il se décide à passer le contrat définitif, c'est au moment de la levée de l'option que se forme le contrat définitif.

Dans l'hypothèse où le bénéficiaire décide de passer le contrat définitif, on considérait traditionnellement qu'il était possible de contraindre le promettant à passer le contrat définitif car il était tenu d'une obligation : le bénéficiaire pouvait demander sa condamnation en justice et cette condamnation tenait lieu de contrat définitif. Si le promettant avait contracté avec un tiers, rendant le contrat définitif impossible, la jurisprudence décidait que le tiers pouvait être considéré comme co-responsable de la promesse du contractant lorsqu'il était de mauvaise foi et le tiers pouvait être condamné à verser des dommages-intérêts au bénéficiaire. À titre de sanction, le contrat passé avec le tiers pouvait être déclaré inopposable au bénéficiaire. Un arrêt du 15 décembre 1993[1] a décidé que « *tant que les bénéficiaires n'avaient pas déclaré acquérir, l'obligation de la promettante ne constituait qu'une obligation de faire et la levée de l'option, postérieure à la rétractation de la promettante, excluait toute rencontre des volontés réciproques de vendre et d'acquérir* ». La Cour de cassation écarte toute possibilité d'exécution forcée, seule une exécution par équivalent, c'est-à-dire des dommages-intérêts sont envisageables. Cette solution a été confirmée en 1996[2].

b) La promesse synallagmatique de contrat

La promesse unilatérale de contrat se distingue de la promesse synallagmatique de contrat : cette dernière est un contrat par lequel les parties donnent d'ores et déjà leur consentement au contrat définitif. Selon l'article 1589 du Code civil, elle vaut vente : « *La promesse de vente vaut vente lorsqu'il y a consentement réciproque des deux parties sur la chose et sur le prix* ». Cette solution a été confirmée par la jurisprudence sauf dans deux cas. D'une part, le principe concerne les contrats consensuels mais pas les contrats réels ou solennels puisque le contrat définitif est alors soumis à la remise de la chose ou à l'accomplissement d'une formalité. D'autre part, les parties peuvent également marquer leur volonté de solenniser le contrat en subordonnant son existence à l'accomplissement d'une formalité particulière : c'est le cas de nombreuses clauses, dans les contrats synallagmatiques de vente, qui prévoient que la vente sera ultérieurement réalisée ou régularisée ou réitérée par acte notarié. S'il apparaît que les parties ont entendu par cette clause faire de l'acte authentique un élément constitutif de leur contrat, cette volonté opère une dissociation entre la promesse consensuelle et le contrat définitif ainsi solennisé. Dans ce cas, les parties sont tenues, jusqu'à l'accomplissement de la formalité, d'une obligation de faire, qui, en cas d'inexécution, se résout en dommages-intérêts. Cette volonté doit cependant être clairement établie. En l'absence de volonté contraire avérée, c'est le principe de l'assimilation qui s'applique. L'acte authentique ne constitue qu'une « *modalité d'exécution du contrat de vente ultérieurement et définitivement formé* »[3]. Il en est ainsi quelle que soit la

---

1. Civ. 3e, 15 décembre 1993, *Bull. civ.* III, n° 174, *JCP* N 1995, Doctr. p. 194, note Terrasson, *JCP* N 1995, Jur. p. 31, note Mazeaud, *Defrénois* 1994, art. 35845, n° 61, obs. Delebecque, *RTD civ.* 1994, p. 587, obs. J. Mestre.
2. Civ. 3e, 26 juin 1996, *Defrénois* 1996, p. 1371, obs. *D. Mazeaud, D.* 1997, Somm. p. 169, obs. D. Mazeaud.
3. Req., 4 mai 1936, *DH* 1936, p. 313.

fonction plus précisément dévolue à cette modalité : peu importe en particulier que les parties aient conçu la rédaction de l'acte comme une simple nécessité de preuve ou de publicité ou qu'elles aient érigé cette formalité en terme suspensif retardant jusqu'à accomplissement le transfert de la propriété de l'immeuble[1]. Dans les hypothèses où l'une des parties refuse à se prêter à l'établissement de l'acte, l'autre partie peut obtenir une décision judiciaire remplaçant le titre qui fait défaut.

La promesse de contrat se distingue du pacte de préférence, par lequel une personne s'engage, si elle décide de contracter, à le faire avec telle ou telle personne déterminée.

B - L'offre de contrat

L'offre de contrat est une offre qui n'est susceptible que d'acceptation pure et simple et qui ne laisse par conséquent aucune place à la négociation. On parle parfois de « *coup de foudre contractuel* »[2]. L'offre de contrat se manifeste aujourd'hui en réalité par le phénomène des contrats de masse, voire des contrats d'adhésion. Il y a trois éléments dans un contrat d'adhésion : la supériorité économique de l'une des parties envers l'autre, la généralité de permanence de l'offre (l'offre est faite au public en général pour toute une série de contrats semblables) et le contenu du contrat qui est l'œuvre exclusive ou quasi-exclusive de l'une des parties.

1) Les caractères de l'offre de contrat

L'offre susceptible d'acceptation pure et simple est une offre simple de contrat. C'est le domaine du prêt à contracter. Le contrat est élaboré avant sa conclusion définitive : il ne lui manque que l'individualisation de l'autre partie. L'offre du contrat est alors générale et indifférenciée. Ce type d'offre peut également être fait à personne dénommée. Il faut alors que l'offre soit ferme. Il n'est pas indispensable qu'une contre-proposition soit exclue mais on doit pouvoir s'en passer. L'acceptation d'une offre de contrat est généralement pure et simple. Si le cocontractant émet une contre-proposition, il devient le pollicitant et fait alors une offre de contracter. Dans les contrats d'adhésion, cette contre-proposition est impossible.

On considère traditionnellement que l'offre doit revêtir un certain nombre de caractères à défaut desquels il s'agit seulement d'une invitation à entrer en pourparlers.

a) La précision de l'offre

L'offre doit être précise. Doivent être précisés les éléments essentiels du contrat[3] envisagé. Ces éléments ne sont pas vraiment déterminés sauf pour la vente où le Code lui-même prévoit qu'il s'agit de la chose et du prix[4]. En dehors de ces cas, le critère est vague. Pothier disait qu'il s'agit de « *ceux qui impriment à un contrat sa valorisation propre et en l'absence desquels ce dernier peut être caractérisé* ». La jurisprudence est importante en la matière.

---

1. Civ. 3e, 5 janvier 1983, *D.* 1983, Jur. p. 617, note P. Jourdain, *RTD civ.* 1983, p. 550, obs. Rémy.
2. Mousseron, « La durée dans la formation des contrats », in *Mélanges Jauffret*, 1974, p. 509.
3. Civ. 3e, 1er juillet 1998, *D.* 1999, Jur. p. 170, note L. Boy.
4. Civ. 3e, 1er juillet 1998, préc.

b) L'extériorisation de l'offre

L'offre doit être extériorisée, elle peut l'être par divers moyens : écrit (lettre, catalogue, affiche, annonce…), la parole, les attitudes purement naturelles.

Exemple : exposition en vitrine d'un objet ou de son prix.

c) La fermeté de l'offre

L'offre doit être ferme : elle doit manifester l'intention de son auteur de s'engager, ce qui n'est pas le cas quand elle est assortie de réserves. La seule acceptation suffit à former le contrat. S'il y a réserve, la proposition n'est pas une invitation à entrer en pourparlers. Il y a deux sortes de réserves : si les réserves sont précises, la proposition reste une offre[1] ; si les réserves sont générales et permettent au proposant de modifier le contenu de ses propositions ou de choisir son cocontractant, il ne s'agit plus d'une offre véritable. Ces réserves générales peuvent être soit expresses, soit tacites[2].

d) Le destinataire de l'offre

L'offre peut être destinée à une autre personne déterminée, à plusieurs personnes en particulier ou au public. Pour la Cour de cassation, il n'y a pas lieu de distinguer entre ces différents types d'offres. Selon un arrêt de la 3e Chambre civile du 28 novembre 1968[3], l'offre faite au public lie l'offrant à l'égard du premier acceptant dans les mêmes conditions que l'offre faite à une personne déterminée.

e) Autres caractéristiques

L'offre peut être tacite ou expresse. Elle peut être faite avec ou sans délai. L'offre ne doit pas être équivoque.

2) L'offrant peut-il retirer son offre ?

L'offre peut être retirée avant toute acceptation sauf s'il y a un délai. Dans ce cas, la jurisprudence a décidé que l'offrant devait alors maintenir l'offre[4]. S'il n'y en a pas, l'offre doit être maintenue pendant un délai raisonnable pour être reçue et soumise à réflexion. Ce délai varie selon les circonstances : il est apprécié par les juges du fond. Parfois, ce délai est d'origine légale[5]. L'offre peut devenir caduque parce qu'elle comporte une limite de délai ou une limite de quantité, ou en cas d'incapacité ou de décès de l'offrant. En revanche, le décès ou l'incapacité de l'offrant ne constitue pas un obstacle à son acceptation. L'offre peut être en principe reprise par son auteur si elle ne tombe pas d'elle-même sauf dans certains cas prévus par la loi ou la jurisprudence.

---

1. Exemple : vente de marchandises limitée à une quantité déterminée.
2. Exemple : contrat présentant un caractère *intuitu personae*.
3. Civ. 3e, 28 novembre 1968, *Bull. civ.* III, n° 507, p. 389, *JCP* 1969, II, 15797, *RTD civ.* 1969, p. 348, obs. G. Cornu, p. 555, obs. Y. Loussouarn.
4. Civ. 1re, 17 décembre 1958, *D.* 1959, Jur. p. 53.
5. Offre de prêt pour l'achat d'un immeuble (art. L. 312-10, al. 1er C. consom.).

a) Cas prévus par la loi

La loi prévoit dans certaines hypothèses que le contrat est formé dès lors que l'acceptation intervient dans le délai fixé, ceci même si l'offre a été retirée[1].

b) Cas prévus par la jurisprudence

La jurisprudence oblige parfois le pollicitant à maintenir son offre notamment lorsqu'il fixe un délai précis ou lorsqu'a été fixé « *implicitement un délai raisonnable d'acceptation* »[2]. Le retrait de l'offre pendant ce délai sera sanctionné par l'octroi de dommages-intérêts.

3) Le choix du cocontractant

L'hypothèse d'une offre à personne dénommée doit être mise à part ainsi que celle dans laquelle le contrat n'est possible qu'en un seul exemplaire. Lorsque l'offre est générale et indifférenciée c'est-à-dire faite à tout venant : l'auteur de l'offre peut choisir son cocontractant mais les professionnels sur qui pèse le devoir légal de contracter ont l'obligation d'accepter pour cocontractant, c'est-à-dire pour client, toute personne qui remplit les conditions exigées implicitement par l'offre. De plus, l'exclusion d'un cocontractant ne doit pas avoir pour effet de contrevenir aux lois relatives à la discrimination (art. 227-1 et suivants, C. pén.).

2 • L'ACCEPTATION

Il s'agit de la manifestation de volonté du destinataire de l'offre de conclure le contrat aux conditions proposées par l'offrant. Pour que l'acceptation de l'offre soit valable, il faut qu'elle soit en concordance avec l'offre au moins sur les points essentiels du contrat. Sinon, l'acceptation n'est qu'une simple contre-proposition. Les deux parties sont liées quand le contrat est formé ; elles ne peuvent plus alors se rétracter.

Il convient de déterminer comment, quand et où intervient l'acceptation. Il s'agit d'analyser d'une part les formes de l'acceptation (A), et d'autre part le problème des contrats entre absents (B).

A - Les formes de l'acceptation

1) La manifestation de volonté expresse

La manifestation de volonté est expresse lorsque la personne extériorise sa volonté par un langage : il peut être oral, gestuel ou écrit.

2) La manifestation de volonté tacite

Elle est tacite lorsque l'expression du consentement résulte du simple comportement, de l'attitude de l'intéressé, de laquelle on induit la volonté de contracter.

---

1. Exemple : offre de prêt pour l'achat d'un immeuble (art. L. 312-10, al. 1er c. consom.)
2. Civ. 3e, 10 mai 1972, *Bull. civ.* III, n° 297, p. 214, *RTD civ.* 1972, p. 773, obs. Y. Loussouarn.

Exemple : si un taxi stationne à l'emplacement réservé, gaine du compteur non mise, l'ouverture de la portière forme le consentement au contrat.

Elle peut résulter également du commencement d'exécution du contrat.

Exemple : tacite reconduction du bail (art. 1738, C. civ.).

Avec le consentement tacite, l'existence de la volonté interne est beaucoup moins certaine qu'avec la manifestation de volonté expresse : la loi impose parfois une manifestation de volonté expresse.

Exemple : contrat de cautionnement (art. 2015, C. civ.) ; dispense de rapport à succession (art. 843, C. civ. ; formalisme atténué).

3) Le comportement passif : le silence

Le silence est l'absence totale de toute manifestation de volonté même tacite, l'absence de toute réaction de la part du destinataire du contrat.

On ne peut pas tirer du silence une volonté de contracter. La Cour de cassation a décidé en 1870[1] que le silence ne valait pas manifestation de volonté : une banque avait fait une proposition de souscription d'actions, le client n'a pas répondu mais la banque a débité le compte du client du prix des actions. Les entreprises ont demandé au client de payer les actions lorsque la banque a fait faillite. La cour d'appel l'avait condamné. La Cour de cassation décide que le silence ne vaut pas consentement.

Le silence est par nature entièrement équivoque, il peut être interprété dans les deux sens. Si la Cour de cassation avait décidé le contraire, cela aurait porté atteinte à la liberté individuelle.

Il existe des exceptions :

• La loi décide parfois que le silence vaut consentement

Exemple : art. 1738, C. civ. : « *Si, à l'expiration des baux écrits, le preneur reste et est laissé en possession, il s'opère un nouveau bail dont l'effet est réglé par l'article relatif aux locations faites sans écrit.* »

• La jurisprudence a également admis que le silence valait consentement dans certains cas

Trois hypothèses :

– lorsqu'il existe entre les parties des relations d'affaire antérieures au contrat en cause ;

Exemple : rapport fournisseurs/clients : lorsque le fournisseur a l'habitude, par commande, d'envoyer des marchandises, si le fournisseur n'envoie pas la marchandise sans avoir refusé la commande, il est censé avoir accepté cette commande ;

– lorsqu'il existe des usages commerciaux en vertu desquels le silence est considéré comme acceptation ;

Exemple : facture des commerçants : s'il n'y a pas de protestation dans un certain délai, la facture est considérée comme acceptée ;

---

1. Civ., 25 mai 1870, *D.* 1870, p. 257, *S.* 1870, 1, p. 241.

– quand l'offre de contrat est faite dans l'intérêt exclusif du destinataire ;

Exemple : arrêt de la Chambre des requêtes du 29 mars 1938[1] : il s'agissait d'un propriétaire qui ne parvenait pas à se faire payer ses loyers. Il fait une offre de remise partielle de loyer : les locataires n'ont pas répondu, le bailleur les a assignés en justice en leur demandant la totalité du loyer. La chambre dit qu'ils n'avaient pas à payer la totalité car ils étaient censés avoir accepté la première proposition.

B - Les contrats entre absents

Dans certains cas, au moment de l'accord définitif, les contractants ne sont pas en présence l'un de l'autre. C'est le cas dans les contrats par correspondance.

1) Les intérêts de la détermination de la date et du lieu de formation du contrat entre absents

a) La date

Il y a 4 intérêts à la fixation de cette date :

– à partir du moment où le contrat définitif est conclu, les parties ne peuvent plus se rétracter ;

– c'est à partir de la date de formation du contrat que commencent à se produire les effets de ce contrat ;

– c'est à la date de formation du contrat que l'on se place pour déterminer la loi applicable au contrat ;

– la date de formation du contrat constitue le point de départ du délai pour intenter l'action en nullité de ce contrat.

b) Le lieu

Les intérêts à le fixer sont très minces. Jusqu'en 1975, le lieu de formation du contrat servait souvent à déterminer le tribunal territorialement compétent. L'article 46 du nouveau Code de procédure civile interdit que par contrat, soit prévue attribution de compétence au tribunal de lieu de formation du contrat. Le seul intérêt qui subsiste aujourd'hui concerne les contrats internationaux : la loi applicable au contrat pour ce qui concerne les conditions de forme de celui-ci est celle du lieu où a été conclu le contrat (« Le lieu régit l'acte »).

2) Les solutions

Il faut se reporter à la loi et au Code civil. Le Code civil se révèle alors inutile ici. Deux articles (932 et 1985, al. 2) donnent des solutions contradictoires :

– **art. 932** : dans le contrat de donation, ce n'est pas l'acceptation mais la notification de la donation au donateur qui donne naissance au contrat ;

---

1. *D.* 1939, 1, p. 5, note Voirin.

– **art. 1985, al. 2** : s'agissant du mandat, l'acceptation de l'offre pouvant être tacite, le contrat est formé du jour où le mandataire a accompli le premier acte d'exécution, même si le mandant l'ignore. C'est le système de l'émission qui l'emporte.

La doctrine et ses auteurs sont partagés entre deux approches principales :

– **selon une première théorie** : le contrat se forme au moment et au lieu où intervient l'acceptation.

Il existe deux variantes :

■ *théorie de la déclaration* : le contrat se forme au lieu où naît la volonté d'accepter ;

Exemple : rédaction de la lettre d'acceptation ;

■ *théorie de l'émission* : le contrat se forme au moment et au lieu où se manifeste cette volonté.

Exemple : remise de cette lettre à la poste.

– **selon une deuxième théorie** : le contrat se forme au moment et au lieu où l'offrant connaît l'acceptation. Il faut deux volontés concordantes qui se connaissent réciproquement.

Il existe deux variantes :

■ *théorie de la réception* : le contrat est formé au moment et au lieu où est reçue l'acceptation ;

Exemple : la lettre d'acceptation est dans la boîte aux lettres de l'offrant ;

■ *théorie de l'information :* le contrat est formé au moment et au lieu où l'offrant prend connaissance de l'acceptation ;

Exemple : il ouvre la lettre.

La jurisprudence considérait traditionnellement que les juges du fond avaient un pouvoir souverain d'appréciation. Cependant, dans une décision remarquée, la Cour de cassation s'est prononcée pour la théorie de l'émission en l'absence de manifestation de volonté contraire des parties[1]. Cette solution a été confirmée en 1981[2]. En revanche, la convention de Vienne sur la vente internationale de marchandises a privilégié la théorie de la réception.

BIBLIOGRAPHIE

ALBERTINI (J.-A.), « Les mots qui nous engagent... », *D.* 2004, Chron. p. 230

AUBERT (J.-L.), *Notions et rôles de l'offre et de l'acceptation dans la formation du contrat*, LGDJ, 1970.

AZÉMA (G.), *Promesses et compromis de vente*, Encyclopédie Delmas pour la vie des affaires, Coll. « Ce qu'il vous faut savoir », 1996.

---

1. Req., 21 mars 1932, *DP* 1933, 1, p. 65, note E. Sallé de la Marnière, *S.* 1932, 1, p. 278, *Gaz. Pal.* 1932, 1, p. 910, *Grands arrêts* n° 81.
2. Com., 7 janvier 1981, *Bull. civ.* IV, n° 14, p. 11, *RTD civ.* 1981, p. 849, obs. F. Chabas, *Grands arrêts* n° 82.

AZENCOT (M.), « La promesse unilatérale de vente : aggiornamento », *AJDI* 2001, p. 968.

BAILLOD (R.), « Les lettres d'intention », *RTD com.* 1992, p. 547.

BARRÉ (X.), *La lettre d'intention. Technique contractuelle et pratique bancaire,* Economica, 1995.

BOCCARA (B.), « De la notion de promesse unilatérale », *JCP* 1970, I, 2357.

BOURRIER (Ch.), « La faiblesse d'une partie au contrat », Academia, Hors collection, 2004.

BROSSES (Antoine de), « La rupture fautive des relations commerciales établies », *Dr. et patr.* 2003, n° de juin, p. 50.

CHARBONNEAU (C.) et PANSIER (F.-J.), « Du renouveau de la notion de partie », *Defrénois* 2000, 1, p. 284, art. 37110.

CONTE (Ph.) et MONTANIER (J.-C.), « Les actes patrimoniaux du mineur non émancipé », *JCP* 1986, N Doctr. p. 40 ;

DE VITA (M.), « La jurisprudence en matière de lettres d'intention. Étude analytique », *Gaz. Pal.* 1987, 2, Doctr. p. 667.

DIDIER (Ph.), *De la représentation en droit privé,* Thèse Paris II, 1997.

DAURY-FAUVEAU (M.), « La faute de l'aliéné et le contrat », *JCP* 1998, I, 160.

FRAIMOUT (J.-J.), « Le droit de rompre des pourparlers avancés », *Gaz. Pal.* 31 mai-1er juin 2000, p. 2.

FRISON-ROCHE (M.-A.), « Remarques sur la distinction de la volonté et du consentement en droit des contrats », *RTD civ.* 1995, p. 573.

GENINET (M.), *Théorie générale des avant-contrats en droit privé,* Thèse Paris II, 1985.

GRYNBAUM (L.), « Contrats entre absents : les charmes évanescents de la théorie de l'émission de l'acceptation », *D.* 2003, Chron. p. 1706.

JUARISTI (A.) et BROSSES (A.), « Le préjudice lié à la rupture fautive de relations commerciales établies », *Dr. et patr.* 2003, n° de juin, p. 60.

LITTMAN (M.-J.), *Le silence dans la formation des actes juridiques,* Thèse Strasbourg, 1969.

MAINGUY (D.), « L'efficacité de la rétractation de la promesse de contracter », *RTD civ.* 2004, p. 1.

MAZEAUD (D.), « Variations sur une garantie épistolaire et indemnitaire : la lettre d'intention », *Mélanges Jeantin* ; « Mystères et paradoxes de la période pré-contractuelle », in *Mélanges J. Ghestin,* LGDJ, 2001.

MESTRE (J.), « La période pré-contractuelle et la formation du contrat », *LPA,* numéro spécial, *Le contrat : questions d'actualité,* 5 mai 2000, p. 7.

MONTANIER (J.-C.), « Les actes de la vie courante en matière d'incapacités », *JCP* 1982, I, n° 3076.

MOUSSERON (P.), « Conduite des négociations contractuelles et responsabilité civile délictuelle », *RTD com.* 1998, p. 243.

NAJJAR (I.), « La rétractation d'une promesse unilatérale de vente », *D.* 1997, Chron. p. 119.

PERREAU (E.H.), « Courtoisie, complaisance et usages non obligatoires », *RTD civ.* 1914, p. 503.

PIERRE (Ph.), « Le prix de l'exclusivité dans les promesses de vente onéreuses (à propos de l'arrêt de la première Chambre civile de la Cour de cassation du 5 décembre 1995) », *JCP* 1996, I, 3981.

SCHMIDT-SZALEWSKI (J.), « La force obligatoire à l'épreuve des avant-contrats », *RTD civ.* 2000, p. 25.

STAPYLON-SMITH (D.), « La sanction de la faute pré-contractuelle », *RTD civ.* 1994, p. 46 ; « La période pré-contractuelle », *RID comp.* 1990, p. 545.

STAPYLON-SMITH (D.), « La promesse unilatérale de vente a-t-elle encore un avenir ? », *AJDI* 1996, p. 568.

STORCK (M.), *Essai sur le mécanisme de la représentation dans les actes juridiques,* LGDJ, 1982.

TERRASSON (A.), « Sanction de la rétractation du promettant avant levée de l'option par le bénéficiaire d'une promesse unilatérale de vente », *JCP* N 1995, Doctr. p. 194.

Testu (F.-X.), « Le juge et le contrat d'adhésion », *JCP* 1993, I, 3673.

Tomassin (D.), « La valeur des promesses unilétarales de vente », *Administrer* 1996, n° d'octobre, p. 15.

Viallard, « L'offre publique de contrat », *RTD civ.* 1971, p. 750.

Yung, « L'acceptation par le silence de l'offre de contracter », in *Mélanges Sécrétan*, p. 343.

CHAPITRE **6**

*L*es vices du consentement

Il ne suffit pas que le consentement existe pour que le contrat soit formé valablement, il faut également que celui-ci revête certaines qualités. Le Code civil a abordé le sujet par les vices du consentement (art. 1109, C. civ.).

Il y a trois sortes de vices du consentement :

– *l'erreur ;*
– *la violence ;*
– *le dol.*

L'article 1118 semble ajouter la lésion. En réalité, il ne s'agit pas d'un vice du consentement mais d'un déséquilibre objectif entre les prestations de chacune de parties dans un contrat synallagmatique (*cf.* Chapitre 7, relatif à l'objet).

Il n'existe véritablement que deux vices du consentement : le consentement n'a pas été éclairé (*erreur*), ou il n'a pas été donné librement, sous l'effet d'une contrainte résultant d'une crainte (*violence*). Le dol n'est pas en soi un vice du consentement, mais l'origine de ce vice du consentement. Le consentement ne doit pas avoir été vicié par erreur sinon le contrat est nul. L'erreur peut être spontanée ou provoquée. Dans le premier cas, il s'agit d'une erreur, dans le second, il s'agit d'un dol.

1 • L'ERREUR

L'erreur, vice du consentement, réside dans une appréciation inexacte de la réalité. Toute erreur n'est pas forcément cause d'annulation du contrat.

A - Les différents types d'erreurs

1) Les erreurs prises en considération

a) Les erreurs prévues par le Code civil

Il y a deux sortes d'erreurs :

• *L'erreur sur la substance ou sur les qualités substantielles (art. 1110, al. 1er, C. civ.)*

« *L'erreur n'est une cause de nullité de la convention que lorsqu'elle tombe sur la substance même de la chose qui en est l'objet* ». Il existe deux conceptions de la substance de la chose :

– **conception objective** : la substance est la matière dont est constituée la chose objet du contrat ;

Exemple : j'achète des chandeliers en bronze alors que je pensais acheter des chandeliers en argent (Pothier) ;

– **conception subjective** : la substance réside dans la qualité de la chose qui a été principalement envisagée par les parties au contrat : on parle de qualité essentielle substantielle. La qualité substantielle est celle dont l'absence, si elle avait été connue, aurait empêché la conclusion du contrat ;

Exemple : achat d'un tableau : la qualité substantielle n'est pas la matière mais l'authenticité du tableau.

Cette deuxième conception permet de retenir ce type d'erreur plus souvent que la conception objective. Cette conception est retenue par la jurisprudence depuis un arrêt de la Chambre civile de la Cour de cassation du 28 janvier 1913[1] : « *L'erreur doit être considérée comme portant sur la substance de la chose lorsqu'elle est de telle nature que, sans elle, l'une des parties n'aurait pas contracté.* »

Les cas d'erreur sur la substance sont d'autant plus nombreux aujourd'hui que pour déterminer la qualité substantielle, la jurisprudence retient la méthode d'appréciation *in concreto*, c'est-à-dire selon les données de l'espèce. Dans chaque contrat, il s'agit de se demander quelle a été la qualité déterminante pour la partie au contrat. Il ne s'agit pas de la qualité qui est habituellement dominante. Les qualités substantielles ont été peu à peu définies par la jurisprudence : matière de la chose, aptitude de la chose à remplir l'usage auquel elle est destinée, authenticité d'une œuvre d'art…

La jurisprudence ne distingue pas selon que l'erreur porte sur la prestation reçue, fournie ou sur la chose achetée. Ainsi, dans la célèbre affaire du « Poussin »[2], le couple vendeur avait cru vendre un tableau de l'École des Carrache alors qu'il s'agit d'un Poussin, ce qui avait été exclu par l'expert du couple lors de la vente. Elle ne distingue pas non plus si l'erreur est de fait ou de droit[3]. Enfin, peu importe que l'erreur porte sur un bien corporel ou non[4].

• *L'erreur sur la personne (art. 1110, al. 2, C. civ.)*

Ce n'est pas une cause de nullité dans tous les contrats. Ce n'est une cause de nullité que dans les contrats conclus en considération de la personne, c'est-à-dire pour les contrats conclus *intuitu personae* :

---

1. Civ., 28 janvier 1913, *S.* 1913, 1, p. 487, *JCP* 1971, II, 16913, note Ghestin.
2. Civ. 1re, 22 février 1978, *D.* 1978, Jur. p. 601, note Ph. Malinvaud, *RTD civ.* 1979, p. 127, obs. Y. Loussouarn, *Grands arrêts* n° 85 ; Civ. 1re, 13 décembre 1983, *D.* 1983, Jur. p. 940, note J.-L. Aubert, *JCP* 1984, II, 20184, Concl. Gulphe, *Grands arrêts* n° 86.
3. Erreur sur l'existence, la nature ou l'étendue des droits sur lesquels porte le contrat.
4. Cession de fonds de commerce ou d'office ministériel, cession de droits successifs…

– contrats à titre gratuit ;

– certains contrats onéreux : mandat rémunéré, contrat de travail, contrat d'entreprise passé par exemple avec un peintre, vente à crédit dans certains cas…

Il peut s'agir d'une erreur sur l'identité physique ou civile du cocontractant ou sur certaines de ses qualités substantielles. L'erreur sur la solvabilité n'est pas retenue par la jurisprudence qui la considère comme une forme d'erreur sur la valeur.

b) L'erreur en dehors du Code civil

D'autres erreurs sont considérées comme cause d'annulation. Elles sont particulièrement graves et s'analysent plus comme des absences de consentement : ce sont des hypothèses d'erreurs obstacles. On en compte généralement deux :

– *l'erreur sur la nature du contrat*

Exemple : une personne vend un bien alors que l'autre croit prendre un bail[1] ;

– *l'erreur sur l'objet du contrat*

Exemple : une partie pense vendre une certaine partie d'un terrain alors que l'autre pense que c'en est une autre.

2) Les erreurs indifférentes

– *Erreur portant sur une qualité non substantielle, accessoire*

Exemple : couleur d'une voiture d'occasion.

– *Erreur sur la personne pour des contrats qui ne sont pas conclus intuitu personae*

– *Erreur sur la valeur*

Exemple : un objet est estimé plus cher qu'il ne vaut sans se tromper sur les qualités de cet objet (≠ erreur sur l'unité monétaire).

Cependant, l'erreur sur la valeur est proche de l'erreur sur les qualités substantielles. On peut dire que l'erreur sur la valeur est une cause de nullité lorsqu'elle est la conséquence d'une erreur sur les qualités substantielles. Ainsi, dans l'affaire du « Poussin », lorsque le tableau a été vendu comme étant de l'école des frères Carrache, il y a erreur sur les qualités substantielles qui se traduit par une erreur sur la valeur du tableau.

– *Erreur sur les motifs étrangers à la chose objet du contrat :* en l'absence de stipulation expresse, l'erreur sur un motif du contrat extérieur à l'objet de celui-ci, même lorsque ce motif a été déterminant, est indifférente.[2]

Exemple : un fonctionnaire qui pense qu'il va être muté à Nice y achète un appartement mais en réalité, il ne sera jamais muté.

---

1. Civ. 3e, 1er février 1995, *Bull. civ.* III, n° 36, p. 233, *RTD civ.* 1995, p. 879, obs. J. Mestre.
2. Civ. 1re, 13 février 2001, *Bull. civ.* I, n° 31, *JCP* 2001, I, 330, nos 5 et s., obs., Rochfeld, *Defrénois* 2002. 476, note Robine, *RTD civ.* 2001, p. 352, obs. Mestre et Fages ; Civ. 3e, 24 avril 2003, *Bull. civ.* III, n° 82, *D.* 2004, Jur. p. 450, note Chassagnard, *JCP* 2003, II, 10135, note Wintgen, *Dr. et patr.*, sept. 2003, p. 116, obs., Chauvel, *LPA* 4 juin 2004, note D. Martin, *RDC* 2003, p. 42, obs. D. Mazeaud, *RTD civ.* 2003, p. 699, obs. Mestre et Fages, *RTD civ.* 2003, p. 723, obs. Gautier.

B - L'annulation pour erreur

1) Les caractères de l'erreur cause de nullité

L'erreur ne doit pas être grossière, inexcusable. Si la victime de l'erreur s'est trompée parce qu'elle s'est montrée négligente, elle ne peut demander la nullité, ceci afin de sauvegarder les intérêts du cocontractant. Le caractère excusable ou inexcusable de l'erreur s'apprécie *in concreto*, selon l'aptitude de la personne ;

L'erreur doit porter sur un élément connu de l'autre partie : l'erreur doit être « commune ». Quand il s'agit d'une erreur sur la personne, il n'y a pas de problème. Le problème se pose pour l'erreur sur la qualité substantielle. Il faut que le contractant de la victime ait connaissance de cette qualité substantielle. Il faut qu'il sache que telle qualité de la chose était déterminante pour le contrat.

2) La preuve de l'erreur

L'erreur doit être prouvée par la victime qui l'invoque. C'est un fait juridique, elle se prouve par tout moyen. La victime doit aussi prouver que telle qualité était déterminante : cette preuve est souvent difficile à faire, elle peut se faire elle aussi par tout moyen. Les juges du fond apprécient le caractère déterminant de l'erreur. La doctrine considère que si la qualité est objectivement substantielle, c'est-à-dire substantielle aux yeux de tous, cette qualité sera présumée comme substantielle. Si elle n'est substantielle qu'aux yeux du demandeur, celui-ci devra prouver que cette qualité était substantielle pour lui. Autrement dit, si la qualité est substantielle aux seuls yeux du demandeur, il devra faire la preuve de ce que l'erreur est bien commune, mais si la qualité est objectivement substantielle, il y a une présomption d'erreur commune (même solution que pour la détermination du caractère substantiel).

L'erreur s'apprécie au moment de la conclusion du contrat.

Exemple : Un tableau intitulé « Le Verrou » est vendu comme étant « attribué à Fragonard »[1], or, il s'avère plus tard qu'il s'agit d'un authentique Fragonard. Dans cette affaire, il n'y a pas de vérité au moment de la vente donc pas d'erreur possible. Au moment de la vente, chacun des cocontractants accepte l'éventualité que le tableau soit authentique ou non : au moment de la vente, chacun croit que le tableau n'a pas un auteur connu avec certitude. Il y a acceptation d'un aléa. Dans l'affaire du Poussin précitée, la Cour d'appel d'Amiens déclare que l'exposition du tableau au Louvre et l'article déclarant que le tableau était de Poussin étaient largement postérieurs à la vente et donc la discordance entre réalité et conviction du vendeur étaient bien différentes au moment de la vente. Cependant, la vente a ensuite été annulée parce que les vendeurs avaient la conviction qu'il ne s'agissait pas d'un Poussin, ce qui n'était pas le cas de l'acheteur : il n'y avait pas d'aléa inséré au contrat, à l'inverse du Fragonard. Seul peut être pris en compte le motif qui constitue une condition du contrat. La Cour de cassation semble vouloir étendre l'exception à l'hypothèse d'une stipulation

---

1. TGI Paris, 21 janvier 1976, *D.* 1977, Jur. p. 478, note Malinvaud ; Civ. 1re, 24 mars 1987, *D.* 1987, Jur. p. 489, note J.-L. Aubert, *JCP 1989*, II, 21300, note Vieville-Miravet.

contractuelle expresse qui aurait fait entrer ce motif dans le champ contractuel en l'érigeant en condition de ce consentement[1].

3) La sanction de l'erreur

La sanction est la nullité relative mais la doctrine et la jurisprudence parlent parfois de nullité absolue dans les cas d' « erreur-obstacle » car il y avait absence de consentement.

a) L' « erreur-obstacle »

La doctrine classique considérait que le consentement faisant défaut, la nullité devait être absolue dans l'hypothèse d'une « erreur-obstacle ». La doctrine moderne retient une nullité relative dans la mesure où seuls les intérêts particuliers des parties au contrat seraient lésés et non pas l'intérêt général. À l'inverse, la jurisprudence a considéré dans un premier temps qu'il s'agissait d'une nullité relative puis dans un second temps que la nullité devait être absolue. La Cour de cassation se montre largement favorable à l'annulation puisqu'elle ne retient pas le caractère inexcusable de l'erreur en cas d' « erreur-obstacle ».

b) L' « erreur ordinaire »

La nullité ayant pour objectif de protéger l'intérêt de l'une des parties au contrat, la nullité en cas d'erreur vice du consentement est une nullité relative. Le délai de cinq années pendant lesquelles la victime et ses ayants droit peuvent invoquer cette nullité court à compter de la découverte du vice. L'erreur s'apprécie au moment de la formation du contrat. En principe, le contrat est totalement annulé mais dans certaines hypothèses, les juges se contentent d'annuler une seule clause du contrat ou de la modifier[2].

La victime de l'erreur peut obtenir, en plus de la nullité, des dommages-intérêts du fait de la nullité du contrat[3]. Il faut que l'erreur résulte alors d'une faute d'imprudence du cocontractant.

2 • LE DOL

Il s'agit, selon l'article 1116 du Code civil, d'*une manœuvre de l'une des parties destinée à induire l'autre partie en erreur et ainsi à l'amener à contracter*. On parle aussi d'« erreur provoquée » (≠ erreur spontanée). Il s'agit en réalité plutôt de la cause de l'erreur.

Exemple : Colmar, 30 janvier 1970[4] : une mère consent une donation d'actions à l'un de ses enfants qui l'avait cantonnée dans sa chambre. Cette donatrice agissait en connaissance de cause mais elle voulait changer ses conditions de vie : il s'agit ici d'un dol.

---

1. Civ. 1re, 13 février 2000, *JCP* 2000, I, 330, nos 5 et s., obs. J. Rochfeld, *JCP* 2000, IV, 1641.
2. Req., 6 février 1945, *Gaz. Pal.* 1945, 1, p. 116, *RTD civ.* 1945, p. 288, obs. Boitard ; Civ., 12 octobre 1955, *Bull civ.* I, n°338, p. 279 ; Civ., 15 février 1898, *DP* 1898, 1, p. 192, S. 1898, 1, p. 445 ; Ph. Simler, *La nullité partielle des actes juridiques*, Thèse Strasbourg, 1969.
3. Civ. 3e, 29 novembre 1989, *D.* 1989, Jur. p. 301.
4. *D.* 1970, Jur. p. 299, note Alfandari.

Le dol ne doit pas être confondu avec la fraude : il s'agit d'une fraude mais celle-ci est commise dans la conclusion du contrat.

A - Les éléments constitutifs du dol

Il y a deux éléments :

1) L'élément intentionnel

Le dol est une manœuvre, une faute intentionnelle, c'est-à-dire qu'elle a été commise dans l'*intention de tromper l'autre partie.* Il peut s'agir d'une véritable mise en scène mais également d'un simple mensonge ou d'un silence. La jurisprudence n'exige pas de véritables manœuvres frauduleuses mais accepte de tenir compte d'un simple mensonge. Cependant, elle ne tient pas compte de tous les mensonges : en effet, la victime a pu être imprudente et doit vérifier les allégations de l'autre partie. Il n'est pas nécessaire que l'auteur du dol ait voulu créer un préjudice à l'autre partie.

2) L'élément matériel

Il faut qu'il y ait des manœuvres pour qu'il y ait dol mais on n'exige pas une mise en scène, de simples mensonges suffisent. Il y a une distinction à faire entre le bon dol c'est-à-dire un mensonge avec une exagération (« *dolus bonus* »), qui est normal, et le mauvais dol. De même, on ne tient pas compte du mensonge trop exagéré car il est peu probable qu'il ait déterminé le consentement.

La question s'est posée de savoir si la simple *réticence* (fait de garder le silence) sur un élément important, si elle est intentionnelle, peut constituer un dol, cause de nullité. Après une longue période de refus, la jurisprudence a admis la réticence dolosive selon plusieurs étapes. Dans un premier temps, elle a concédé que le silence pouvait constituer un dol dans certaines circonstances, par exemple lorsqu'il existait des rapports de confiance particuliers entre les cocontractants. Elle a ensuite décidé que « *le dol peut être constitué par le silence d'une partie dissimulant au cocontractant un fait qui, s'il avait été connu de lui, l'aurait empêché de contracter*[1] ». Plus récemment encore, la jurisprudence a considéré que le silence constituait une réticence chaque fois qu'un cocontractant retenait une information qu'il connaissait. La Cour de cassation considère ainsi que « *la réticence, à la supposer établie, rend toujours excusable l'erreur provoquée* ». La réticence doit donc comporter un élément matériel, c'est-à-dire l'omission d'une information substantielle (information en connaissance de laquelle l'autre partie n'aurait pas contracté). Le devoir de renseignement est admis par la jurisprudence chaque fois que l'une des parties possède une information nécessaire à l'autre partie alors que celle-ci se trouve dans l'impossibilité ou la quasi-impossibilité de se la procurer[2]. Néanmoins, la Cour de cassation a récemment décidé dans le cadre d'un contrat de vente de photographies, dont le vendeur ne connaissait pas la valeur, qu' « *aucune obligation d'information ne*

---

1. Civ. 3e, 15 novembre 2000, *JCP* 2001, I, 301, n° 1, obs. Y.-M Serinet.
2. Civ. 3e, 27 mars 1991, *Bull. civ.* III, n° 108, *D.* 1992, Somm. p. 196, obs. Paisant, *RTD civ.* 1992, p. 81, obs. Mestre, *Contrats, conc. consom.* 1991, n° 6, p. 3, note L. Leveneur, *Defrénois* 1991, p. 1265, note J.-L. Aubert ; Civ. 1re, 26 novembre 1991, *Bull. civ.* I, n° 331, *D.* 1992, IR p. 6, *RTD civ.* 1992, p. 605, obs. M. Bandrac.

pesait sur l'acquéreur »[1]. Cette décision remet assurément en cause l'obligation de contracter de bonne foi. Cependant, la Cour de cassation tend de plus en plus, en matière d'obligations, à abandonner la référence au dol au profit de l'obligation de contracter de bonne foi. La sanction ne consiste alors pas à invalider le contrat mais à mettre en œuvre l'article 1382 du Code civil sans référence à l'article 1134 de ce même code[2].

B - L'annulation pour dol

1) Les caractères du dol cause de nullité

a) Le dol doit avoir été déterminant

Sans le dol, la partie qui en est victime n'aurait pas contracté. Pour que le dol soit déterminant, il faut que l'erreur qu'il a engendrée ait été elle-même déterminante pour contracter. Il faut distinguer deux hypothèses :

– *l'erreur ne porte que sur une qualité de la chose :* dans ce cas, pour que le dol soit déterminant, la qualité doit être substantielle ;

– *l'erreur peut porter sur un autre élément qu'une qualité de la chose* :

■ *sur la personne* : le contrat doit avoir été conclu *intuitu personae* sinon le dol n'est pas déterminant ;

■ *sur la valeur*[3] ;

■ *sur de simples motifs étrangers à l'objet du contrat.*

On constate que le dol permet d'obtenir la nullité dans les cas où l'article 1110 du Code civil ne le permettrait pas.

Lorsque le dol est déterminant, on le qualifie parfois de dol principal (≠ dol incident). On appelle dol incident celui sans lequel le contrat aurait été néanmoins conclu, c'est-à-dire à des conditions plus avantageuses pour la victime. Pour certains auteurs, ce dol incident ne permettrait pas la nullité du contrat parce qu'il ne serait pas déterminant. Il autorise seulement la victime à obtenir des dommages-intérêts. En réalité, la jurisprudence n'a jamais consacré dans ses arrêts cette distinction. Ce qui est nommé dol incident est une variété de dol déterminant : sans ce dol, le contrat qui a été effectivement conclu ne l'aurait pas été.

b) Le dol doit émaner du cocontractant

Le dol qui émane d'un tiers permet d'obtenir des dommages-intérêts de ce tiers mais pas la nullité. Parfois, la nullité peut être admise dans le cas où le cocontractant est

---

1. Civ. 1re, 3 mai 2000, *Bull. civ.* I, n° 131, *Contrats, conc. consom.* 2000, comm. n° 140 par Leveneur, *Defrénois* 2000, art. 37237, n° 64, obs. D. Mazeaud, *RTD civ.* 2000, p. 566, n° 4, obs. J. Mestre et B. Fages, *LPA*, 5 décembre 2000, n° 202, p. 13, note B. Fromion-Hébrard, *JCP* 2000, I, 272, n° 1, obs. G. Loiseau, *JCP* 2001, II, 10510, note C. Jamin.
2. Civ. 1re, 15 mars 2005, *D.* 2005, Jur. p. 1462, note A. Cathiard.
3. Paris, 22 janvier 1953, *Gaz. Pal.* 1953, 1, p. 137.

complice du tiers ou lorsque le tiers est le représentant du cocontractant. En revanche, pour les actes unilatéraux, on admet que le dol puisse être l'œuvre d'un tiers, plus exactement de son bénéficiaire, dans la mesure où il n'y a pas de cocontractant ; de même en matière de donation dans la mesure où seul l'esprit de bienfaisance doit prévaloir à celle-ci.

2) La preuve du dol

« *Le dol ne se présume pas et doit être prouvé* » (art. 1116, al. 2, C. civ.). Cet article n'interdit pas la preuve du dol par présomption, il interdit seulement de déduire l'existence du dol du seul fait que le contrat est désavantageux pour l'une des parties. La preuve du dol se fait par tout moyen dans la mesure où il s'agit d'un fait juridique.

La Cour de cassation a affirmé à plusieurs reprises qu'elle contrôlait la qualification des manœuvres dolosives, c'est-à-dire « *que si les juges du fond sont souverains pour apprécier la pertinence et la gravité des faits allégués comme constitutifs du dol et, en particulier, pour dire s'ils ont été la cause déterminante du contrat, il appartient à la Cour de cassation d'exercer son contrôle sur le caractère légal de ces faits, c'est-à-dire sur la question de savoir si les moyens employés par l'une des parties doivent, ou non, être qualifiés de manœuvres illicites* »[1].

3) Les effets du dol

Le dol permet à la victime d'obtenir la **nullité relative du contrat** même dans des cas où l'erreur spontanée ne le permettrait pas. Le contrat disparaît rétroactivement et est censé n'avoir jamais existé. Il s'agit d'une nullité relative (protège l'une des parties au contrat) qui se prescrit donc par l'écoulement d'un délai de 5 ans (art. 1304, al. 1er, C. civ.). Le point de départ est la découverte du dol ou de l'erreur (art. 1304, al. 2, C. civ.). Chacune des parties récupère ses prestations (*cf.* Chapitre 9).

Le dol permet éventuellement à la victime d'obtenir des **dommages-intérêts** lorsqu'elle subit un préjudice à cause de l'annulation du contrat. La responsabilité en jeu est une responsabilité délictuelle. L'action en dommages-intérêts étant fondée sur l'article 1382 du Code civil, elle ne nécessite pas une faute intentionnelle, une simple négligence étant suffisante. Il peut donc s'agir d'une simple faute consistant par exemple dans la violation d'une obligation d'informer l'autre partie.

Le dol serait plus facile à prouver que l'erreur. On invoque donc plus le dol que l'erreur. Néanmoins, quand on a prouvé le dol, il faut prouver l'erreur : invoquer le dol n'est pas forcément avantageux. En réalité, pour le dol, le demandeur doit également faire la preuve d'une erreur ayant déterminé son consentement. L'existence des manœuvres dolosives facilitera cette preuve. La démonstration du dol dispense seulement d'établir que l'erreur portait sur une qualité substantielle de l'objet du contrat. En fait, le seul véritable intérêt du dol est d'élargir le domaine de la nullité dans les cas où l'erreur spontanée ne le permet pas.

---

1. Com., 1er avril 1952, *D.* 1952, Jur. p. 685, note Copper-Royer.

3 • LA VIOLENCE

Selon l'article 1112 du Code civil, « *il y a violence, lorsqu'elle est de nature à faire impression sur une personne raisonnable, et qu'elle peut lui inspirer la crainte d'exposer sa personne ou sa fortune à un mal considérable et présent* ». L'alinéa second prévoit qu'il faudra tenir compte de l'âge, du sexe et de la condition des personnes.

La violence est traditionnellement définie comme une contrainte exercée sur la volonté d'une personne pour l'amener à donner son consentement. La crainte qu'inspire cette menace a pour conséquence de vicier le consentement.

A - Les éléments constitutifs de la violence cause de nullité

Le vice du consentement n'est pas le fait de violence lui-même mais celui de la menace. Cette menace peut être soit celle d'un mal physique, soit celle d'un mal moral. Dans tous les cas, le vice est psychologique car il réside dans la crainte du mal.

1) L'élément matériel

La violence peut être physique et résulter de la main que l'on tient au moment de la signature du contrat ou d'une séquestration, ou morale, par exemple par un chantage. Elle peut viser la personne dans son intégrité physique, sa vie, sa santé ou dans sa liberté ou son honneur, sa réputation. Il s'agit dans ce dernier cas d'un chantage. Elle peut également concerner le patrimoine, soit en sa totalité, soit tel ou tel de ses éléments. Le danger doit avoir également un caractère imminent. La crainte doit exister au moment de l'acceptation du contrat. Le contrat ne peut être annulé si la réalisation de la menace est trop lointaine. L'article 1112, alinéa premier du Code civil prévoit que l'une des parties peut demander l'annulation du contrat pour violence lorsque celle-ci « *peut lui inspirer la crainte d'exposer sa personne ou sa fortune* » à un mal considérable et présent.

Cependant, elle a ensuite précisé les conditions faisant de la contrainte économique un vice du consentement[1] :

– existence d'une situation de dépendance économique ;
– exploitation abusive de cette situation de dépendance économique.

2) L'élément psychologique

La victime de la violence peut être le contractant que l'on veut forcer à s'engager mais également un membre de sa famille ou un proche. Ainsi, l'article 1113 du Code civil prévoit que « *la violence est une cause de nullité du contrat, non seulement lorsqu'elle a été exercée sur la partie contractante, mais encore lorsqu'elle l'a été sur son épouse ou sur son époux, sur ses descendants ou ses ascendants* ». Cependant, on considère que la liste de l'article 1113 du Code civil établit de simples présomptions qui peuvent être écartées par la preuve de l'influence déterminante exercée par la menace sur le consentement de l'intéressé.

---

1. Civ. 1re, 3 avril 2002, *D*. 2002, Jur. p. 1860, note J.-P. Gridel, *D*. 2002, Jur. p. 1862, note J.-P. Chazal, *D*. 2002, Somm. p. 2844, obs. D. Mazeaud.

B - Les caractères de la violence cause de nullité

1) L'auteur de la violence

De même, l'auteur de la violence peut être le cocontractant ou un tiers. Cette règle est sous-entendue par l'article 1111 du Code civil : « *La violence exercée contre celui qui a contracté l'obligation est une cause de nullité, encore qu'elle ait été exercée par un tiers autre que celui au profit duquel la convention a été faite.* »

En effet, ce qui importe, c'est que le consentement ait été vicié, or, quel que soit l'auteur de la menace, l'atteinte au consentement va être également importante.

À l'inverse, le dol n'est pas sanctionné s'il émane d'un tiers. En effet, dans ce cas, il peut encore être sanctionné par l'erreur. La crainte ne peut être sanctionnée qu'à travers la violence qui l'a provoquée. Il est donc nécessaire d'en tenir compte quelle que soit la personne dont elle émane.

De plus, l'opportunité de sanctionner la violence d'un tiers découle de ce que ce tiers a pu être de connivence avec la partie contractante.

Le juge doit donc faire une appréciation objective de la situation. La gravité de la violence est appréciée *in concreto*. L'influence déterminante qu'a pu exercer la violence sur le consentement est ce qui importe.

2) Le caractère déterminant de la violence (art. 1112, C. civ.)

L'article 1112 du Code civil exige la menace d'un mal considérable. Cette crainte doit être actuelle au moment de la conclusion du contrat. Ce caractère déterminant s'apprécie *in concreto*, par rapport à la personne victime de la violence. La violence doit être déterminante, que les menaces visent le cocontractant lui-même ou un tiers (un de ses proches, par exemple).

3) Le caractère illégitime de la violence

Il y a deux façons d'apprécier l'illégitimité :

– *illégitimité quant au moyen de contrainte utilisé* : certaines contraintes sont illégitimes en elles-mêmes (*exemples* : coups, diffamation…), d'autres sont en elles-mêmes légitimes (*exemples* : art. 1114, C. civ. : crainte révérencielle envers les ascendants ; menace d'exercer une voie de droit régulière…). Ces moyens légitimes en eux-mêmes peuvent devenir illégitimes quant au but poursuivi ;

– *illégitimité quant au but poursuivi :* la menace d'exercer une voie de droit régulière peut devenir illégitime si elle est utilisée dans le but d'obtenir plus que ce qui est dû.

Exemple : l'exploitation de l'état de nécessité n'entraîne la nullité que si elle a été faite en vue d'obtenir un avantage excessif.

C - La sanction de la violence

La sanction d'un vice du consentement telle que la violence doit être la nullité relative. La théorie de l'inexistence a été abandonnée.

1) Sanction par la nullité relative

La sanction de la violence est la nullité relative, qui punit l'atteinte à une règle destinée à protéger une partie au contrat. Elle ne peut être demandée que par la victime dans un délai de 5 ans à compter du moment où la violence a cessé. La nullité peut être partielle. À celle-ci peut s'ajouter une condamnation à des dommages-intérêts.

2) Conséquences de l'absence totale de consentement

Pendant longtemps, la question s'est posée de savoir si l'absence de consentement, en raison de la violence, constituait un cas de nullité ou d'inexistence. La notion d'inexistence a été introduite au cours du XIXᵉ siècle à propos des nullités en matière de mariage. En effet, certaines nullités n'étaient pas prévues par les textes (*Exemple* : 2 époux du même sexe), or, une maxime prévoit qu'« *en matière de mariage, pas de nullité sans texte* ». La gravité du vice avait donc pour conséquence l'inexistence de l'acte. La notion d'inexistence a ensuite été étendue à tous les actes juridiques.

Finalement, on est peu à peu revenu à une distinction bipartite entre nullité relative et inexistence, qui a les mêmes intérêts que la distinction nullité relative/nullité absolue. Désormais, pour certains auteurs, il reste deux cas d'inexistence en matière de mariage : en cas d'identité de sexe des époux et en cas d'absence de célébration du mariage par un officier d'état civil, mais d'autres auteurs continuent à les considérer comme des cas de nullités absolues. Le Professeur J. Ghestin considère par exemple qu'il existe des cas d'inexistence du contrat dans des hypothèses exceptionnelles où il n'y a aucun concours effectif de volontés. L'inexistence permet également de prendre en compte l'atteinte à des intérêts privés et leur appliquer un régime relativement favorable. Ainsi, l'inexistence avait pour conséquence l'imprescriptibilité. Cependant, l'article 2262 du Code civil prévoit une prescription de 30 ans pour toute action en nullité, or, l'inexistence conduit à la demande en nullité si elle nécessite d'être constatée. La jurisprudence a également fixé d'autres conséquences de l'inexistence : la faculté pour toute personne intéressée d'exercer l'action en annulation et l'inefficacité de toute confirmation valant renonciation.

BIBLIOGRAPHIE

BONASSIES (P.), *Le dol dans la conclusion des contrats*, Thèse Lille, 1955.

BRETON (A.), *La notion de violence comme vice du consentement,* Thèse Caen, 1925.

CÉLICE, *L'erreur dans les contrats,* Thèse Paris, 1922.

COUTURIER, « La résistible ascension du doute. Quelques réflexions sur l'affaire Poussin », *D.* 1989, Chron. p. 25.

DECOTTIGNIES, « L'erreur de droit », *RTD civ.* 1951, p. 309.

DEMOGUE, « De la violence comme vice du consentement », *RTD civ.* 1914, p. 435.

EDELMAN (B.), « L'erreur sur la substance ou l'œuvre mise à nu par les artistes-même (sur l'arrêt de la Cour de cassation du 5 février 2002) », *D.* 2003, Chron. p. 436.

FOUCART-BORVILLE, « À propos du "Poussin" préempté par les musées nationaux, erreur, mauvaise foi ou prescience », *Gaz. Pal.* 1974, 1, Doctr. p. 563.

Fabre-Magnan (M.), *De l'obligation d'information dans les contrats. Essai d'une théorie,* LGDJ, 1992.

Fubini (R.), « Contribution à l'étude de la théorie de l'erreur sur la substance et sur les qualités substantielles », *RTD civ.* 1902, p. 301.

Ghestin (J.), *La notion d'erreur dans le droit positif actuel,* 2e éd., 1972.

Ghestin (J.), « La réticence, le dol et l'erreur sur les qualités substantielles », *D.* 1971, Chron. p. 247.

Guyot, « Dol et réticence », in *Mélanges Capitant,* 1939, p. 287.

Houtcieff (D.), « Contribution à l'étude de l'intuitus personae », *RTD civ.* 2003, p. 3.

Ivanus (V.), *De la réticence dans les contrats,* Thèse Paris, 1925.

Jourdain, « Le devoir de "se" renseigner », *D.* 1983, p. 139.

Kadhim (J.), « L'erreur et la nullité du contrat de vente d'objet d'art », *Gaz. Pal.* n° du 7 janvier 1993.

Kuhn (J.-P.), « Le devoir de conseil du notaire face au client expérimenté », *JCP* N, n° 18-19, 3 mai 2002, n° 1266, p. 666-668.

Le Tourneau (Ph.), « De l'allégement de l'obligation de renseignement ou de conseil », *D.* 1987, Chron. p. 101.

Libdon (R.), « Postface au roman judiciaire du Poussin », *D.* 1989, Chron. p. 121.

Loiseau (G.), « L'éloge du vice ou les vertus de la violence économique », *Dr. et patr.* 2002, n° de septembre, p. 26.

Lucas de Leyssac (M.-P.), « L'escroquerie par simple mensonge ? », *D.* 1981, Chron. p. 17.

Magnin, « Réflexions critiques sur une extension possible de la notion de dol dans la formation des actes juridiques. L'abus de situation », *JCP* 1976, II, 2780.

Malinvaud (Ph.), « De l'erreur sur la substance », *D.* 1972, Chron. p. 215.

Maury, « L'erreur sur la substance dans les contrats à titre onéreux », in *Mélanges Capitant,* 1939, p. 491.

Mestre (J.), « Observations sur la réticence dolosive », *RTD civ.* 1988, p. 336.

Mistretta (P.), « L'obligation d'information dans la théorie contractuelle : applications et implications d'une jurisprudence évolutive », *LPA* 1998, n° du 5 juin.

Montels (B.), « La violence économique, illustration du conflit entre droit commun des contrats et droit de la concurrence », *RTD com.* 2002, p. 417.

Mouly (J.), « Des rapports entre la réticence dolosive et l'erreur inexcusable (l'opinion dissidente d'un « travailliste ») », *D.* 2003, Chron. p. 2023.

Nguyen Than-Bourgeais (D.), « Contribution à l'étude de la faute contractuelle : la faute dolosive et sa place actuelle dans la gamme des fautes », *RTD civ.* 1973, p. 496.

Nourissat (C.), « La violence économique, vice du consentement : beaucoup de bruit pour rien ? », *D.* 2000, Chron. p. 369.

Perrin, *Le dol dans la formation des actes juridiques,* Thèse Paris, 1931.

Savatier, « L'état de nécessité et la responsabilité civile »in *Études Capitant,* p.729.

Tchendjou (M.), « L'alourdissement du droit d'information et de conseil du professionnel », *JCP* 2003, I, 141.

Trigeaud (J.-M.), « L'erreur de l'acheteur. L'authenticité du bien d'art (étude critique) », *RTD civ.* 1982, p. 55.

Vivien (G.), « De l'erreur déterminante et substantielle », *RTD civ.* 1992, p. 305.

CHAPITRE 7

*L'*objet et la cause

Il existe des conditions de formation du contrat relatives au contenu du contrat, c'est-à-dire à la cause (2) et à l'objet (1).

1 • **L'OBJET**

L'exigence de l'objet dans la formation du contrat est énoncée à l'article 1108 du Code civil. Les articles 1126 et suivants du Code civil évoquent soit l'objet du contrat (art. 1126, C. civ.), soit l'objet de l'obligation (art. 1129, C. civ.). En réalité, derrière ces expressions sont visés indifféremment deux sortes d'objets :

– *l'objet de l'obligation ou prestation objet de l'obligation :* il s'agit de la prestation due par le débiteur. Cette prestation peut être une obligation de faire, de ne pas faire ou de donner ;

Exemple : dans la vente d'immeuble, la prestation du vendeur consiste à transférer la propriété ;

– *l'objet de la prestation ou chose objet de la prestation.* Il s'agit de la chose sur laquelle s'effectue la prestation ;

Exemple : dans la vente d'immeuble, la prestation du vendeur consiste à transférer la propriété tandis que l'objet de la prestation est l'immeuble vendu.

Certains auteurs pensent qu'il existe en outre un objet du contrat qui serait l'opération juridique souhaitée par les parties.

Exemple : dans la vente d'immeuble, l'objet du contrat serait la vente.

En réalité, c'est l'obligation qui a un objet et non pas le contrat.

Pour que le contrat soit valable, il faut que ces deux objets remplissent un certain nombre de conditions. Parfois, en plus, l'objet doit avoir une certaine valeur, c'est le problème de la lésion.

A - **L'existence de l'objet**

Il faut qu'il soit réel et déterminé ou du moins déterminable.

1) La réalité de l'objet

a) La chose objet de la prestation

Si la chose est censée exister lors de la conclusion du contrat mais qu'en réalité, elle n'existe pas, le contrat est nul. Cependant, une chose future peut être l'objet d'un contrat (art. 1130, C. civ.).

Exemple : un immeuble à construire peut être vendu (art. 1601-1, C. civ.).

Le contrat sera nul si, dès l'origine, il y a impossibilité de produire la chose.

b) La prestation objet de l'obligation

Cette prestation doit être possible. Si elle est impossible, le contrat est nul. L'impossibi-lité qui entraîne la nullité est celle qui existe au moment de la conclusion du contrat. Si elle survient après la conclusion du contrat, elle est sanctionnée par la résolution (pour inexécution). Pour entraîner la nullité, l'impossibilité doit être absolue, elle doit exister pour tous et pas seulement pour le débiteur.

Exemple : impossibilité dès la conclusion du contrat : les Romains disaient que l'« *on ne peut pas toucher le ciel du doigt* ».

2) La détermination de l'objet

Selon l'article 1129 du Code civil, l'objet doit être déterminé ou tout du moins déter-minable. C'est vrai pour la prestation objet de l'obligation, c'est également vrai pour la chose objet de la prestation.

Une distinction doit être faite :

– *s'il s'agit d'un corps certain,* la détermination, c'est-à-dire l'identification de l'objet doit être suffisamment précise ;

– *s'il s'agit d'une chose de genre,* il n'est pas nécessaire que l'objet soit déterminé, identifié avec précision. Il doit être déterminable au moins quant à son espèce et à sa quantité (quotité). La qualité est moyenne quand elle n'est pas précisée.

L'objet peut-il être simplement déterminable ? Dans ce cas, il est indispensable que les éléments qui permettent de le déterminer soient suffisamment précis (*exemple* : la référence au prix local du marché est insuffisante). Le problème s'est notamment posé à propos des contrats de fourniture exclusive, qui ont donné lieu à une abondante jurisprudence : il s'agit de contrats de fournitures entre fabricants et détaillants, qui sont ensuite complétés par des ventes. L'opération de fourniture se décompose en un contrat-cadre suivi de contrats d'application (*exemple* : contrats de bière). Une série d'arrêts de l'Assemblée plénière de la Cour de cassation a récemment mis fin aux hési-tations jurisprudentielles[1] en décidant, sur la base des articles 1709, 1710, 1134 et 1135 du Code civil, que lorsqu'une convention prévoit la conclusion de contrats ultérieurs, l'indétermination du prix de ces contrats ultérieurs dans la convention-cadre

---

1. Ass. plén. in, 1er décembre 1995, 4 arrêts, *JCP* 1996, II, 22565, note Ghestin, *D.* 1996, Jur. p. 18, note L. Aynès, *LPA*, n° du 27 décembre 1995, p. 21, note D. Bureal et N. Molfessis, *Defrénois* 1996, p. 747, obs. Ph. Delebecque, *RTD civ.* 1996, p. 153.

initiale n'a pas pour conséquences, sauf dispositions légales particulières, de remettre en cause la validité de celle-ci. Elle décide que l'abus dans la fixation du prix ne donnera lieu qu'à résiliation avec indemnisation. Elle consacre le principe d'autonomie des contrats-cadre.

Ces arrêts permettent de conclure à l'inapplicabilité de l'article 1129 du Code civil à l'indétermination du prix. Ils consacrent la mise à l'écart de l'article 1129 du Code civil dans le domaine des prix contractuels. L'Assemblée plénière abandonne toute référence à l'article 1129 du Code civil. Il est donc permis à une partie de fixer ultérieurement le prix : la référence au tarif futur pratiqué par l'une des parties est un procédé en lui-même licite.

L'absence de nullité pour indétermination du prix ne signifie pas que la convention peut ne prévoir aucun prix. Elle doit contenir au moins un prix déterminable. En effet, avant 1995, le prix fixé unilatéralement par l'une des parties n'était pas considéré comme déterminable ; or, il l'est aujourd'hui, il doit donc être contenu dans la convention.

Le visa des arrêts de 1995 porte sur les articles 1709 (contrat de louage de chose c'est-à-dire de bail) et 1710 (contrat de louage d'ouvrage c'est-à-dire contrat d'entreprise) du Code civil. Ces deux contrats sont concernés par le principe posé par la Cour de cassation mais la référence faite immédiatement ensuite aux articles 1134 et 1135 du Code civil (relatifs à l'exécution de bonne foi des contrats) donne une portée générale à la solution qui s'applique à toutes les sortes de contrats de distribution (concession, franchisage, approvisionnement) et aux contrats de location-entretien d'équipements techniques.

Il y a des exceptions à l'absence de nullité pour indétermination du prix qui sont prévues dans des législations particulières.

Exemple : contrats de travail, bail d'immeuble, contrat d'assurance.

Autre exemple plus général : l'article 1591 est toujours applicable à la vente dans laquelle le prix doit être déterminé.

Cette jurisprudence ne signifie pas qu'il n'existe plus aucun contrôle, mais celui-ci se fera désormais en cas d'abus dans l'indétermination du prix. Postérieurement à ces arrêts, la Cour de cassation a continué à faire preuve d'une grande souplesse en matière de détermination du prix[1] sans pour autant accepter n'importe quelle forme de détermination[2].

---

1. Civ. 1re, 2 décembre 1997, *Bull. civ.* I, n° 340, *JCP* 1998, I, 129, obs. Jamin, *D.* 1998, Somm. p. 326, obs. Ph. Delebecque, *D. aff.*, 1998, p. 103, *RTD civ.* 1998, p. 898, obs. J. Mestre (prix fixé par le constructeur le jour de la livraison), Civ. 1re, 10 mars 1998, *D. aff.* 1998, p. 631, *RTD civ.* 1998, p. 899, obs. J. Mestre (prix fonction de l'évolution des résultats et de la valeur réelle de l'entreprise au moment de chaque transaction).

2. Civ. 1re, 24 février 1998, *RJDA* 1999, n° 575, *Bull. Joly* société 1998, p. 465, note Couret, *RTD civ.* 1998, p. 900, note Mestre ; Com., 12 novembre 1997, *Contrats, conc. consom.* 1998, n° 22, *RTD civ.* 1998, p. 900, obs. J. Mestre.

B - La valeur de l'objet : la lésion

La lésion peut être définie de plusieurs manières :

– *au sens strict :* déséquilibre entre les prestations de chacune des parties dans un contrat synallagmatique, existant au moment de la formation du contrat ;

Exemple : lésion dans la vente.

■ au détriment de l'acheteur : prix supérieur à la valeur de la chose vendue ;

■ au détriment de l'acheteur : prix inférieur à la valeur de la chose vendue.

– *dans un sens plus large,* on peut parler de lésion même en dehors des contrats synallagmatiques. Il s'agit alors d'un défaut d'équivalence entre l'avantage retiré d'un contrat et le sacrifice consenti.

Exemple : contrat unilatéral à titre onéreux : dans le prêt à intérêt, il y a lésion si le taux d'intérêt est trop élevé.

Dans le Code civil, il existe un seul texte général sur la lésion, l'article 1118 du Code civil : il s'agit d'un texte restrictif qui pose que la lésion n'est cause de nullité que dans certains cas.

1) Le domaine de la lésion

Le Code civil l'a conçu de manière très restrictive. La lésion n'est sanctionnée que dans certains cas. Le principe reste que la lésion ne vicie pas les conventions.

• *Dans certains contrats*

Le partage (art. 887, al. 2) : lésion de plus d'un quart au détriment de l'un des héritiers : « *L'égalité constitue l'âme des partages* ».

La vente d'immeubles (art. 1674) : lésion de plus des 7/12e au détriment du vendeur. Les immeubles étaient plus importants que les meubles pour les rédacteurs du Code civil. On a considéré qu'une personne peut être obligée de vendre alors que l'on n'est jamais obligé d'acheter (« *au détriment du vendeur…* »).

• *À l'égard de certaines personnes (art. 1305, C. civ.)*

L'article 1305 du Code civil prévoit que la lésion n'est prise en compte que pour les mineurs non émancipés « *contre toutes sortes de conventions* ». Dans ces hypothèses, la véritable cause de nullité est l'incapacité.

• *Postérieurement au Code civil, la loi a pris en considération la lésion dans d'autres cas*

– Vente d'engrais et de semences quand il y a lésion de plus du quart au détriment de l'acheteur (loi du 8 juillet 1907).

– Contrat d'assistance maritime : lois de 1916 et de 1967 permettant aux tribunaux d'annuler ou de modifier le contrat d'assistance maritime quand les conditions du contrat sont inéquitables.

– Contrat de cession du droit d'exploitation d'une œuvre littéraire ou artistique (c'est l'auteur qui cède ses droits) : loi du 11 mars 1957 (art. 37) : lésion de 7/12e au préjudice de l'auteur.

– Prêt à intérêts : réduction du montant des intérêts si le taux d'intérêt dépasse un taux moyen au-delà duquel il y a usure (art. 1er de la loi du 28 décembre 1966).

La loi a également étendu la lésion à d'autres personnes. La loi du 3 janvier 1968 dispose que la lésion peut être prise en compte pour les majeurs sous sauvegarde de justice (art. 491-2, al. 2, C. civ.) et les majeurs en curatelle (art. 510-3, C. civ.).

2) La sanction de la lésion

a) Les conditions

Lorsqu'elle est admise par les textes, la lésion est sanctionnée indépendamment de tout vice du consentement ; la lésion est un vice objectif. Il y a une exception : le cas où la lésion s'explique par l'intention libérale[1].

Dans la plupart des cas, c'est la loi qui fixe le montant à partir duquel la lésion est prise en compte. Plus exceptionnellement, la loi laisse le droit aux tribunaux d'apprécier ce montant.

La lésion s'apprécie au moment de la formation du contrat.

Elle n'est traditionnellement pas retenue dans les contrats aléatoires car l'existence d'un aléa empêche d'apprécier la lésion au départ. La lésion éventuelle a été acceptée. En effet, il est possible de déterminer dans un contrat aléatoire une valeur «normale», par exemple à l'aide des tables de mortalité dans les contrats de rente viagère (sur le contrat aléatoire, *cf.* Chapitre 3)

b) Les modalités de la sanction

En principe, la sanction de la lésion est la *rescision.* Il s'agit d'une forme de nullité relative. Dans certains cas, notamment dans les hypothèses de lésion apparues après 1804, la sanction de la lésion est la révision des conditions pécuniaires du contrat.

Exemple : réduction de l'intérêt stipulé.

Il faut signaler un cas particulier, prévu par la loi du 3 janvier 1968 réformant le droit des incapacités : il est possible aux juges de ne pas prononcer la nullité au profit de certains majeurs lorsque la loi prévoit la rescision alors même qu'il y a lésion.

C - La licéité de l'objet

Selon l'article 1128 du Code civil, l'objet doit être licite, il doit être dans le commerce. Par exemple, serait illicite une prestation consistant à commettre un délit, de même qu'une convention portant sur le corps humain. La question s'est posée de savoir si la cession de clientèle était possible. La cession des clientèles commerciales est licite. En revanche, on considère traditionnellement que la cession des clientèles civiles des

1. Civ. 1re, 21 avril 1950, *JCP* 1950, II, 5800.

professions libérales (médecins, avocats…) est illicite car celles-ci sont hors commerce. En revanche, l'engagement de présenter son successeur à la clientèle et de lui céder son local est admis. De plus, la jurisprudence a récemment décidé que « *si la cession de la clientèle médicale, à l'occasion de la constitution ou de la cession d'un fonds libéral d'exercice de la profession n'est pas illicite, c'est à la condition que soit sauvegardée la liberté de choix du patient* »[1]. La Cour de cassation a donc posé le principe de la licéité de la cession des clientèles civiles tout en la subordonnant au respect de certaines conditions fondamentales.

La licéité de l'objet du contrat est également remise en cause lorsque les stipulations contractuelles sont telles qu'elles remettent en cause l'équilibre contractuel. C'est le problème des clauses abusives.

La protection du consommateur constitue une préoccupation importante du législateur. En témoignent les deux lois qui se sont succédé en moins de 20 ans sur la question des clauses abusives.

1) Notion de clause abusive

a) Définition

Après une première loi du 10 janvier 1978, il s'est révélé peu à peu que ses dispositions nécessitaient une adaptation au regard à la fois des directives européennes (directive du 23 avril 1993), des recommandations de la Commission des clauses abusives mais également de la jurisprudence qui, pour assurer la protection du consommateur, avait dû aller parfois à l'encontre de la loi. Une nouvelle loi était donc adoptée le 1er février 1995, marquant la prise en compte de ces changements. La définition de la clause abusive ou plus exactement son critère a varié dans les différentes lois qui se sont succédé ou bien dans les autres textes traitant des clauses abusives. Ainsi, la loi du 10 janvier 1978 définissait la clause abusive comme celle qui apparaissait imposée aux non-professionnels ou consommateurs par un abus de puissance économique de l'autre partie et conférait à cette dernière un avantage excessif. La nouvelle loi de 1995 a affiné cette définition en considérant que la clause abusive est celle qui a pour objet ou effet de créer, au détriment du non-professionnel ou du consommateur, un déséquilibre significatif entre les droits et obligations des parties au contrat. La notion de **déséquilibre significatif** est la reprise de la directive européenne du 5 avril 1993[2]. En revanche, contrairement à cette directive et à la jurisprudence qui s'en était parfois inspiré[3], la nouvelle loi ne présume pas le caractère abusif du contrat d'adhésion.

Depuis 1995, le simple fait pour une clause de répondre à ces critères suffit à considérer qu'il s'agit d'une clause abusive. Il s'agit d'une évolution par rapport à la loi de 1978 qui exigeait que la clause réponde non seulement à ces critères mais figure également parmi une liste établie par décret en Conseil d'État après avis de la Commission des clauses abusives, institution créée par la loi du 10 janvier 1978. Un décret

---

1. Civ. 1re, 7 novembre 2000, *JCP* 2001, II, 10452, note F. Vialla.
2. *JCP* 1993, II, 66199.
3. Civ. 1re, 6 janvier 1994, *Defrénois* 1994, art. 35845, obs. Delebecque, *JCP* 1993, II, 66199, *JCP* 1994, II, 22237, obs. Paisant, *RTD civ.* 1994, p. 601, obs. J. Mestre.

avait ainsi défini cette liste limitative le 24 mars 1978. La nouvelle loi n'impose pas l'élaboration d'un tel décret mais en donne la possibilité.

Ces listes de clauses existent dans la directive européenne et dans la loi de 1995 qui en est la reprise exacte. Cependant, il ne s'agit dans ces derniers cas que de listes non exhaustives. Dans la loi de 1978, cette liste avait un caractère impératif : la clause, pour être réputée abusive, devait non seulement répondre aux critères de la loi mais également faire partie de la liste établie par décret. Le Conseil d'État avait, par un arrêt du 3 décembre 1980[1], censuré un article du décret du 24 mars 1978 qui prévoyait qu'une clause puisse être abusive seulement parce qu'elle répondait aux conditions fixées par ce décret sans répondre aux critères fixés par la loi. À cette jurisprudence stricte a succédé un mouvement d'assouplissement progressif. En effet, la Cour de cassation, après plusieurs hésitations, s'est peu à peu affranchie de cette liste et a décidé finalement de sanctionner les clauses répondant aux critères fixés par la loi sans faire partie de la liste établie par le décret[2]. La loi de 1995 n'a fait que reprendre cette jurisprudence qui était également l'application de la directive européenne.

b) Domaine d'application

Le domaine d'application est large quant aux contrats concernés : la loi de 1978, comme celle de 1995, ainsi que la directive européenne de 1993, prévoient que la législation sur les clauses abusives s'applique à toutes les formes et supports de contrats (factures, bons de garantie, bons de commande…) (art. L. 132-1, C. consom.).

En revanche, la notion de professionnel, de non-professionnel ou de consommateur est rarement définie. Seule la directive européenne donne la définition du consommateur et du professionnel. L'un agit dans le cadre de son activité professionnelle, l'autre pas. La notion de non-professionnel n'est pas définie. La jurisprudence refuse d'appliquer la législation sur les clauses abusives aux contrats de fourniture de biens et services qui ont un rapport direct avec l'activité professionnelle exercée par le cocontractant[3].

---

1. CE, 3 décembre 1980, *D.* 1981, Jur. p. 228, note C. Larroumet, *RTD* com. 1981, p. 340, note J. Hémard, *JCP* 1981, II, 11502, concl. Hagelsteen.
2. Civ. 1re, 14 mai 1991, *D.* 1991, Jur. p. 449, note J. Ghestin, Somm. p. 320, note Aubert, *JCP* 1991, II, 21763, note Paisant, *Contrats, conc. consom.* 1991, n° 160, obs. Leveneur, *Defrénois* 1991, p. 1268, obs. Aubert, *RTD civ.* 1991, p. 52, obs. Mestre, *Grands arrêts* n° 90.
3. Civ.1re, 24 janvier 1995, *Bull. civ.* I, n° 54, *D.* 1995, Jur. p. 327, note Paisant, *D.* 1995. Somm. p. 229, obs. Delebecque, *D.* 1995. Somm. p. 310, obs. Pizzio, *JCP* 1995, I, 3893, n° 28, obs. Viney, *Contrats, conc. consom.* 1995, n° 84, note Leveneur ; Civ. 1re, 3 janvier 1996, *Bull. civ.* I, n° 9, *D.* 1996, Jur. p. 228, note Paisant, *JCP* 1996, II, 22654, note Leveneur, *JCP* 199, I, 3929, n° 1 s., obs. Labarthe, *RTD civ.* 1996, p. 609, obs.Mestre, *Contrats, conc. consom.* 1996, Chron. 4, par Leveneur, *Defrénois* 1996, p. 766 ; obs. D. Mazcaud ; Civ. 1re, 30 janvier 1996, *Bull. civ.* I, n° 55 ; Civ. 1re, 10 juillet 1996, *Bull. civ.* I, n° 318, *Contrats, conc. consom.* 1996, n° 157, obs. Raymond ; Civ. 1re, 5 novembre 1996, *Bull. civ.* I, n° 377, *Contrats, conc. consom.* 1997, n° 23, obs. Leveneur et n° 12, obs. Raymond ; Civ. 1re, 23 février 1999, *Bull. civ.* I, n° 59 ; Civ. 1re, 5 mars 2002, *Bull. civ.* I, n° 78, *D.* 2002, AJ, p. 2052, *JCP* 2002, II, 10123, note Paisant, *Contrats, conc. consom.* 2002, n° 118, note Leveneur, *Gaz. Pal.* 2003, Somm. p. 1188, obs. Guevel, *RTD civ.* 2002, p. 291, obs. Mestre et Fages.

2) Sanction de la clause abusive

a) Conditions de l'action

Le non-professionnel et le consommateur victime de la clause abusive ne sont pas les seuls à pouvoir intenter une action. L'action des associations de consommateurs a été largement favorisée (art. L. 421-6, C. consom.). Ainsi, la directive de 1993 insistait sur la possibilité qui devait être donnée à ce type d'association d'agir en justice pour défendre l'intérêt des consommateurs en matière de clauses abusives. En France, la loi du 5 janvier 1988 avait déjà organisé ces actions. La jurisprudence s'est contentée en 1994[1], de compléter la loi en permettant aux associations de consommateurs d'agir non seulement par voie d'action mais également par voie d'intervention.

La preuve du caractère abusif de la clause doit être apportée par le demandeur dans la loi de 1995 comme dans celle de 1978[2]. Il n'y a pas de « liste grise » prévoyant des clauses dont le professionnel devrait prouver qu'elles ne sont pas abusives.

Dans la loi de 1995 comme dans la directive, l'appréciation du caractère abusif doit se faire en fonction de toutes les circonstances qui entourent la conclusion du contrat (art. L. 132-1, al. 5, C. consom.). Ainsi, si le contrat dépend d'un autre, l'appréciation du caractère abusif pourra être faite par rapport à ce contrat indissociable. Cette appréciation ne peut porter sur la définition de l'objet du contrat ou sur l'adéquation du prix ou de la rémunération au bien vendu ou au service offert. Il s'agit là d'une précision de la loi de 1995 inspirée de la directive européenne.

La loi de 1995, reprenant le souhait de la directive, contient des dispositions en matière de conflits de lois afin que ne soit pas appliquée la loi d'un pays tiers dès lors que le consommateur a son domicile dans l'un des États membres et que le contrat y a été proposé, conclu ou exécuté.

b) Nature de la sanction

La sanction d'une clause abusive ne varie pas : *elle sera réputée non écrite.* La loi de 1978 ne réglait pas le sort du reste du contrat. La loi de 1995 reprend les dispositions de la directive prévoyant que celui-ci subsistera dès lors qu'il le peut sans l'existence des clauses sanctionnées (art. L. 132-1, al. 8, C. consom.).

Cette sanction a pu poser problème en matière de clause pénale. En effet, la clause pénale était marginalement sanctionnée comme abusive dans la loi de 1978, elle l'est plus encore par la loi de 1995 qui définit la clause abusive de manière plus large. La législation sur les clauses pénales prévoit une sanction consistant dans la réduction par le juge d'une clause pénale excessive. Au contraire, lorsqu'une clause est abusive, la sanction prévue veut qu'elle soit réputée non écrite. Qu'en sera-t-il de la clause pénale considérée comme abusive ? Il existe une inadéquation entre les deux lois et les deux sanctions. La jurisprudence a déjà tranché ce problème

---

1. Civ. 1re, 6 janvier 1994, préc.
2. Civ. 1re, 14 mai 1991, *Bull. civ.* I, n° 153, R., p. 346, *Grands arrêts*, n° 158, *D.* 1991, Jur. p. 449, note Ghestin, *D.* 1991, Somm. p. 320, obs. Aubert, *JPC* 1991, II, 21763, note Paisant, *RTD civ.* 1991, p. 526, obs. Mestre.

avant même la loi de 1995, réputant la clause non écrite et anéantissant ainsi le pouvoir modérateur du juge en matière de clause pénale.

Au contraire, en matière arbitrale, la nouvelle loi permet désormais au juge de vérifier si la clause est abusive lorsqu'il se trouve en présence d'une clause compromissoire en matière civile ou mixte. Auparavant, la clause était annulée purement et simplement.

La commission des clauses abusives peut également émettre des recommandations de sanctions.

Ainsi, la nouvelle loi de 1995 a tenu compte à la fois des évolutions dictées par la jurisprudence et des directives européennes mais il existe parfois une certaine inadéquation avec des dispositions découlant d'autres lois.

2 • LA CAUSE

Les dispositions relatives à la cause sont prévues aux articles 1108 et 1131 à 1133 du Code civil. La cause est le but poursuivi par chacune des parties ; il s'agit du *motif pour lequel les parties contractent.*

A - La notion de cause

Il existe deux conceptions de la cause :

– conception objective, ou cause abstraite, ou cause proche, ou cause de l'obligation ;

– conception subjective, ou cause concrète, ou cause lointaine, ou cause du contrat.

La Cour de cassation a consacré cette théorie dualiste de la cause[1].

1) La conception objective de la cause

C'est la conception la plus classique. La cause est toujours la même pour un même type de contrat :

– *dans les contrats synallagmatiques :* la cause réside dans l'espoir pour chacune des parties d'obtenir la contre-prestation promise par l'autre partie ;

Exemple : contrat de vente : le vendeur s'engage à transférer la propriété parce que l'acheteur s'engage à payer le prix et inversement ;

– *dans les contrats unilatéraux réels :* la cause est la remise matérielle de la chose lors de la formation du contrat ;

Exemple : contrat de prêt ;

– *dans les contrats à titre gratuit :* la cause réside dans l'intention libérale ;

Exemple : donation : volonté du donateur de gratifier le donataire.

---

1. Civ. 1re, 12 juillet 1989, *Bull. civ.* I, n° 293, *Grands arrêts*, n° 155, *JCP* 1990, II, 21546, note Dagorne-Labbe, *Gaz. Pal.* 1991, 1, p. 374, note Chabas, *D.* 1991, Somm. p. 320, obs. Aubert, *RTD civ.* 1990, p. 468, obs. Mestre.

Cette théorie a été critiquée, notamment par Planiol[1]. Tout d'abord, il est reproché à cette théorie son inexactitude. Par exemple, dans un contrat synallagmatique, il ne serait pas possible que chacune des obligations ait pour cause l'obligation de l'autre dans la mesure où elles existent simultanément. Le fait qu'elles soient la cause l'une de l'autre imposerait que l'une soit postérieure à l'autre ; or, c'est impossible. Cette théorie serait également inutile dans la mesure où, le plus souvent, l'absence de cause est en réalité une absence de consentement ou d'objet et la cause illicite se confond avec l'objet illicite.

De plus en plus, cette théorie est également utilisée pour contrôler l'équilibre des obligations contractuelles au regard des enjeux économiques propres à chaque partie au contrat[2], opérant ainsi une subjectivisation de la cause.

2) La conception subjective de la cause

Il s'agit d'une conception plus moderne. La cause serait le motif impulsif et déterminant qui a poussé chacune des parties à contracter. Pour que le motif impulsif et déterminant soit considéré comme une cause du contrat, il faut qu'il soit connu de l'autre partie au moins dans les contrats à titre onéreux. Cette exigence a récemment été abandonnée[3].

Ces deux notions sont utilisées différemment. La conception classique est utilisée pour juger de l'existence de la cause tandis que la conception moderne s'applique à l'illicéité ou à l'immoralité de la cause.

B - Le régime juridique de la cause

1) La nécessité de la cause

La nécessité de la cause est exprimée à l'article 1131 du Code civil.

a) L'absence totale de cause

L'absence totale de cause se rencontre surtout dans les contrats synallagmatiques : l'inexistence ou l'impossibilité de l'objet pour l'une des parties constitue une absence de cause à son obligation pour l'autre partie.

Exemple : la chose vendue a péri au moment de la conclusion du contrat : absence de cause du côté de l'acheteur[4].

De même, il y a absence de cause dans un contrat synallagmatique lorsque la contre-prestation attendue ne présente aucune utilité.

Exemple : contrat de révélation de succession : si l'héritier aurait été découvert de toute façon.

1. Planiol, *Traité élémentaire de droit civil,* Tome II, n° 1037 et s.
2. *Cf.* E. Monteiro, note sous Civ. 3ᵉ, 13 octobre 2004, *D.* 2005, Jur. p. 1617.
3. Civ. 1ʳᵉ, 7 octobre 1998, *D.* 1998, Jur. p. 563, rapp. Sainte-Rose, *JCP* 1998, I, 2074, note Maleville, *Defrénois* 1998, p. 1408, obs. D. Mazeaud, *D.* 1999, Somm. p. 110, obs. Ph. Delebecque, *JCP* 1999, I, 114, obs. C. Jamin. *Grands arrêts*, n° 157, *D. aff.* 1998, p. 1772, obs. J.F., *JCP* 1998, II, 10202, note Maleville, *Gaz. Pal.* 2000, 1, p. 643, note Chabas, *Contrats, conc. consom.* 1999, n° 1, note Leveneur.
4. Civ. 1er, 2 février 1975, *JCP* 1976, II, 18643.

En dehors des contrats synallagmatiques, on rencontre des hypothèses d'absence totale de cause. Dans cette hypothèse, il n'y a pas nullité de l'obligation puisque la simulation n'est pas en elle-même une cause de nullité[1]. Il s'agit par exemple de déguiser une donation sous l'apparence d'une vente.

Exemple : la promesse de remboursement d'une somme d'argent est nulle si le prêt n'a pas eu lieu.

b) La fausse cause

Il s'agit d'une absence de cause sur laquelle vient se greffer un vice du consentement, notamment l'erreur (art. 1131, C. civ.).

c) La cause simulée

Lorsque la cause est simulée, les parties donnent à leurs obligations une cause apparente qui n'est pas la véritable cause. Dans cette hypothèse, il n'y a pas nullité de l'obligation puisque la simulation n'est pas en elle-même une cause de nullité. Il s'agit par exemple de déguiser une donation sous l'apparence d'une vente.

2) La preuve de la cause

L'article 1132 du Code civil prévoit que « *la convention n'est pas moins valable quoique la cause n'en soit pas exprimée* ».

Lorsque la cause n'est pas exprimée dans un contrat, elle est censée exister : ce sera à celle des deux parties qui prétend qu'elle n'existe pas de le démontrer. Cette preuve se fait par tout moyen. La cause s'apprécie au jour de la formation du contrat.

3) La sanction de l'absence de cause

Selon la théorie classique de la cause, l'absence de celle-ci est sanctionnée par la nullité absolue. Selon la théorie moderne, la nullité serait relative. La jurisprudence a opté pour la nullité absolue[2].

4) La moralité et la licéité de la cause

Pour qu'un contrat soit valable, il faut que la cause n'en soit pas illicite ou immorale. Cette règle est posée à plusieurs reprises, sous différentes formes, dans le Code civil. L'article 1131 du Code civil pose le principe de l'absence d'effet d'une obligation qui serait illicite. Ce texte est complété par l'article 1133 qui prévoit que la cause est illicite lorsqu'elle est prohibée par la loi, quand elle est contraire aux bonnes mœurs ou à l'ordre public. Ce texte reprend l'article 6 du Code civil qui interdit de « *déroger par des conventions particulières aux lois qui intéressent l'ordre public et les bonnes mœurs* ».

---

1. *Cf.* Chapitre 10.
2. Civ. 1re, 10 février 1993, *Contrats, conc. consom.* 1993, n° 128, obs. Leveneur, *Defrénois* 1995, p. 1375, obs. J.-L. Aubert.

a) Les applications de la cause illicite ou immorale

La cause immorale n'est jamais définie en tant que telle. Elle est associée à diverses autres notions qui sont en premier lieu la cause illicite mais également les bonnes mœurs ou l'ordre public.

La cause immorale serait celle qui heurte les bonnes mœurs. La distinction entre cause immorale et cause illicite n'est faite ni dans les textes ni dans la doctrine : « *Illicite lorsqu'il est contraire à l'ordre public, le contrat est immoral lorsqu'il heurte les bonnes mœurs* »[1]. Illicite signifie contraire à la loi, aux lois d'ordre public.

• Dans les contrats à titre onéreux

On distingue traditionnellement l'immoralité de la cause de l'obligation, c'est-à-dire de la cause objective, de l'immoralité de la cause du contrat, c'est-à-dire du motif déterminant.

Immoralité de la cause de l'obligation : il s'agit de l'illicéité de la contrepartie. Elle se distingue souvent mal de l'immoralité de l'objet. Ainsi, les conventions sont généralement annulées lorsque la contrepartie est constituée par une obligation ou une prestation ayant pour objet :

– une chose ou un droit qui n'est pas dans le commerce ;

– le jeu ;

– les maisons de tolérance ;

– des prestations directement contraires aux bonnes mœurs.

Dans ces cas, il peut s'agir d'une cause simplement immorale ou également illicite lorsqu'elle est contraire à l'ordre public.

Dans certains cas, les objets de chacune des prestations sont moraux mais ce n'est pas le cas de la cause (*Exemple* : un agent de l'État se fait rémunérer l'octroi d'une autorisation ou l'examen rapide d'une demande).

Immoralité de la cause du contrat : l'intention des parties est considérée comme immorale par le juge. L'annulation ne peut cependant être encourue que lorsqu'il s'agit du motif déterminant des parties afin de limiter le contrôle du juge. Jusqu'à une récente décision, ce motif devait également avoir pénétré dans le champ contractuel et être devenu une considération commune aux deux parties. Selon un arrêt de la Cour de cassation du 7 octobre 1998, un contrat peut être annulé pour cause illicite ou immorale même lorsque l'une des parties n'a pas eu connaissance du caractère illicite ou immoral déterminant de la conclusion du contrat[2].

Les applications sont nombreuses dans le domaine des bonnes mœurs mais leur particularité est d'aller progressivement dans le sens d'une régression des interdits. Pour toutes ces applications, la cause peut être non seulement immorale mais également illicite. Parmi les cas de nullité de contrats à titre onéreux pour cause immorale, est fréquemment cité celui des contrats relatifs aux maisons de tolérance. Les tribunaux ont étendu considérablement le domaine de la nullité. La nullité est ainsi

1. F. Terré, Ph. Simler, Y. Lequette, *Droit civil*. Les obligations, Dalloz, 9e éd., 2005, n° 361, p. 304.
2. Civ. 1re, 7 octobre 1998, préc.

encourue pour l'achat ou la location d'un local en vue d'installer une maison de tolé-rance, pour le prêt consenti en vue d'une telle acquisition[1], pour les contrats de fourniture de matériel ou de denrées. Un autre domaine est celui des contrats acces-soires au jeu : prêts consentis pour permettre de jouer, mandats de jouer, association de joueurs…

Il existe d'autres types de contrats pour lesquels les tribunaux ont considéré que le motif déterminant était contraire aux bonnes mœurs :

– contrat passé entre une agence matrimoniale en vue du mariage d'un homme déjà marié[2] ;

– les contrats de corruption et de trafic d'influence[3] ;

– rémunération d'un intermédiaire en matière d'adoption[4]…

• *Dans les contrats à titre gratuit*

Il s'agit de traiter ici des **libéralités**. Ce n'est pas la cause objective, c'est-à-dire l'in-tention libérale qui doit être ici examinée car celle-ci est toujours licite et morale mais la cause subjective.

L'application principale de la cause immorale concernait les libéralités entre concubins. La jurisprudence sanctionnait traditionnellement les libéralités dont le motif déterminant « *était la formation, la poursuite ou la reprise de relations de concubi-nage* »[5]. Récemment, la jurisprudence est revenue sur ce principe, considérant que « *n'est pas contraire aux bonnes mœurs la cause de la libéralité dont l'auteur entend maintenir la relation adultère qu'il entretient avec le bénéficiaire* »[6]. Dernièrement, l'Assemblée plénière de la Cour de cassation a même considéré que la libéralité consentie à l'occasion d'une relation adultère n'était pas nulle comme ayant une cause contraire aux bonnes mœurs[7].

Les libéralités consenties à des enfants adultérins ou incestueux étaient également annulées pour cause illicite mais il est probable que l'on sanctionnait également ici le caractère immoral de la filiation. En effet, la paternité ou la maternité était la cause impulsive, déterminante. Ces solutions n'ont plus lieu d'être depuis la loi de 1972

---

1. Req., 1er avril 1895, *DP* 1895, 1, p. 263.
2. Paris, 1er décembre 1999, *D.* 2000, Somm. p. 415, obs. Lemouland.
3. Com., 7 mars 1961, *Bull. civ.* III, n° 125, p. 112.
4. Civ. 1re, 22 juillet 1987, *D.* 1988, Jur. p. 172, note Massip.
5. Civ., 26 mars 1860, *DP* 19860, 1, p. 255.
6. Civ. 1re, 3 février 1999, *Bull. civ.* I, n° 43, R., p. 307, *Grands arrêts*, n° 25, *D.* 1999, Jur. p. 267, rapp. X. Savatier, note Langlade-O'Sughrue, *D.* 1999, Somm. p. 307, obs. Grimaldi, *D.* 1999, Somm. p. 377, obs. Lemouland, *JCP* 1999, II, 10083, note Billiau et Loiseau, *JCP* 1999, I, 143, n°s 4 et s., obs. Labarthe, *JCP* 1999, I, 152, étude Leveneur, *JCP* 1999, I, 160, no 1, obs. Bosse-Platière, *JCP* 1999, I, 189, n° 8, obs. Le Guidec, *JCP* N 1999, p. 1430, note Sauvage, *Gaz. Pal.* 2000, 1, p. 70, note S. Piedelièvre, *Gaz. Pal.* 2000, 1, p. 646, note Chabas, *Dr. Famille* 1999, n° 54, note Belgnier, *Defrénois* 1999, p. 680, obs. Massip, *Defrénois* 1999, p. 738, obs. D. Mazeaud, *Defrénois* 1999, p. 814, obs. Champenois, *LPA* 17 novembre 1999, note Mestrot, *RTD civ.* 1999, p. 364 et 817, obs. Hauser, *RTD civ.* 1999, p. 892, obs. Patarin.
7. Ass. plén., 29 octobre 2004, *Bull. civ.* n° 12, R., p. 203 et 208, *D.* 2004, Jur. p. 3175, note Vigneau, *JCP* 2005, II, 10011, note Chabas, *Gaz. Pal.* 2004, p. 3786, concl. Allix, *Defrénois* 2004, p. 1732, obs. Libchaber, *Gaz. Pal.* 2005, p. 234, note S. Piedelièvre, *AJ famille* 2005, p. 23, obs. Bicheron, *Dr. Famille* 2004, n° 230, note Belgnier, *Contrats, conc. consom.* 2005, n° 40, note Leveneur, *LPA* 7 juin 2005, note Pimont, *RTD civ.* 2005, p. 104, obs. Hauser

proclamant l'égalité des filiations. En revanche, la filiation incestueuse ne peut toujours pas être établie à l'égard du second de ses parents.

b) La sanction de la cause illicite ou immorale

La théorie classique de la cause prévoit la nullité absolue en cas d'absence de cause alors que la théorie moderne opte pour la nullité relative. Le droit positif a assurément opté pour la nullité absolue.

L'illicéité ou l'immoralité est un fait juridique. La preuve peut donc se faire par tout moyen.

La seule exception a été abrogée : l'article 908-1 du Code civil prévoyait que lorsque la filiation adultérine n'est pas établie légalement, il doit être prouvé « *par des indices tirés de l'acte lui-même* », que la filiation adultérine a été la cause de la libéralité (exigence d'une preuve intrinsèque à l'acte).

BIBLIOGRAPHIE

ASCENSIO (P.), « L'annulation des donations immorales entre concubins – Cause ou notion de condition résolutoire », *RTD civ.* 1973, p. 248.

AYNÈS (L.), « Indétermination du prix dans les contrats de distribution : comment sortir de l'impasse ? », *D.* 1993, Chron. p. 25.

BARROT (R.), « Réflexions sur la notion de cause et sur ses applications », *RGAT* 1989, p. 495.

BINET (J.-R.), « De la fausse cause », *RTD civ.* 2004, p. 655.

BOCARRA (B.), « La réforme de la clause pénale », *JCP* 1975, I, 2742.

BOURGEON (C.), Ferrier (D.), Jamin (C.), Jéol (M.), Pédamon (M.), Revet (T.), Simler (P.), *La détermination du prix un an après les arrêts de l'Assemblée plénière,* Dalloz, Coll. « Thèmes et Commentaires », 1997.

BRICKS, *Les clauses abusives,* 1982.

BRUNET (A.) et Ghozi (A.), « La jurisprudence de l'Assemblée plénière sur le prix du point de vue de la théorie du contrat », *D.* 1998, Chron. p. 1.

CAPITANT (H.), *De la cause des obligations,* 3ᵉ éd., 1927.

CHAZAL (J. P.), « Théorie de la cause et justice contractuelle-A propos de l'arrêt Chronopost », *JCP* 1998, I, 152.

DE MESMAY (H.), *La nature juridique de la lésion en droit civil français,* Thèse Paris II, 1980.

DAVID (R.), « Cause et considération », in *Mélanges Maury,* Tome 2, p. 111.

DEFOSSEZ (M.), « Réflexions sur l'emploi des motifs comme cause des obligations », *RTD civ.* 1985, p. 521.

DEPREZ, « La lésion dans les contras aléatoires », *RTD civ.* 1955, p. 1.

DORAT DES MONTS (R.), *La cause immorale,* Thèse Paris, 1955.

FERRIER (D.), « La détermination du prix dans les contrats stipulant une obligation d'approvisionnement exclusif », *D.* 1991, Chron. p. 237.

FRISON-ROCHE (M.-A.), « L'indétermination du prix », *RTD civ.* 1992, p. 269.

GALLIOU-SCANVION (A.-M.), « L'article 1384, alinéa 1er et la responsabilité du fait d'autrui : un fardeau non transférable sur les épaules du tuteur », *D.* 1998, Chron. p. 240.

GATSI (J.), *Le contrat cadre,* LGDJ, Coll. « Bibliothèque de droit privé », 1996.

GHESTIN (J.), « Réflexions sur le domaine et le fondement de la nullité pour indétermination du prix », *D.* 1993, Chron. p. 251.

GHOZI (A.), « La jurisprudence de l'Assemblée plénière sur le prix du point de vue de la théorie du contrat », *D.* 1998, Chron. p. 1.

GOBERT (M.), « Réflexions sur les sources du droit et les principes d'indisponibilité du corps humain et de l'état des personnes », *RTD civ.* 1992, p. 489.

GRIMALDI (M.), « L'article 908-1 du Code civil : l'incapacité de recevoir à titre gratuit des enfants adultérins de fait », *JCP* 1981, I, 3035.

GUÉGUEN (J.-M.), « Le renouveau de la cause en tant qu'instrument de justice contractuelle », *D.* 1999, Chron. p. 352.

HAMEL (J.), *La notion de cause dans les libéralités,* Thèse Paris, 1920.

IONASCO (T.), « Les récentes destinées de la théorie de la cause dans les obligations », *RTD civ.* 1931, p. 29.

JAMIN (C.) et Mazeaud (D.) (sous la direction de), *Les clauses abusives entre professionnels*, Economica, Coll. « Études juridiques », 1998.

JAMIN (C.), « Réseaux intégrés de distribution : de l'abus dans la détermination du prix au contrôle des pratiques abusives », *JCP* 1996, I, 3959.

JAPY (P.), « Les clauses abusives à l'égard des consommateurs et la réglementation du 10 janvier 1978 », *Gaz. Pal.* 1978, 2, Doctr. p. 453.

KARIMI (A.), « L'application du droit commun en matière de clauses abusives après la loi n° 95-96 du 1er février 1995 », *JCP* 1996, I, 3918.

KULLMANN (J.), « Remarques sur les clauses réputées non écrites », *D.* 1993, Chron. p. 59.

LAUDE (A.), « La détermination du prix dans les contrats de distribution : le changement de cap », *D. Aff.* 1996, p. 3.

LEDUC (F.), « L'indétermination du prix : une exigence exceptionnelle », *JCP* 1992, I, 3631.

LEVENEUR (L.), « Une libéralité consentie pour maintenir une relation adultère peut-elle être valable ? », *JCP* 1999, I, 132.

LEVENEUR (L.), « Indétermination du prix : le revirement et sa portée », *Contrats, conc. consom.* 1996, Chron. p. 1.

LOISEAU (G), « Typologie des choses hors commerce », *RTD civ.* 2000, p. 47.

LUCAS-PUGET (A.-S.), *Essai sur la notion d'objet de contrat*, LGDJ, coll. « Bibl. Dr. privé », Tome 441, 2005.

MARTIN (R.), « Le refoulement de la cause dans les contrats à titre onéreux », *JCP* 1983, I, 3100.

MOURGEON (J.), « De l'immoralité dans ses rapports avec les libertés publiques », *D.* 1974, Chron. p. 247.

MRABTI (A.), *Contribution à l'étude critique de la notion de lésion*, Thèse Paris II, 1986.

PAISANT (G.), « Les clauses abusives et la présentation des contrats dans la loi n° 95-96 du 1er février 1995 », *D.* 1995, Chron. p. 99.

ROCHE-DAHAN (J.), « La remise de somme d'argent entre concubins : prêt ou don manuel ? », *Dr. et patr.* 2000, n° de novembre, p. 42 à 47.

SAINT-PAU (J.-C.), « La responsabilité du fait d'autrui est-elle devenue une responsabilité personnelle et directe ? », *Resp. civ. et assur.* 1998, Chron. n° 22.

SANZ (S.), « La consécration du pouvoir judiciaire par la loi du 9 juillet 1975 et ses incidences sur la théorie générale de la clause pénale », *RTD civ.* 1977, p. 268.

SAVATIER (R.), « L'ordre public économique », *D.* 1965, Chron. p. 37.

TALON (D.), « Le surprenant réveil de l'obligation de donner (à propos des arrêts de la chambre commerciale de la Cour de cassation en matière de détermination du prix », *D.* 1992, Chron. p. 67.

VARET (V.), « La nullité du contrat pour cause illicite », *RRJ* 2000.

VOGEL (L.), « Plaidoyer pour un revirement : contre l'obligation de détermination du prix dans les contrats de distribution », *D.* 1995, Chron. p. 155.

WEILL (A.), « Connaissance du motif illicite ou immoral déterminant et exercice de l'action en nullité », in *Mélanges G. Marty,* 1978, p. 1165.

ZELCEVIC-DUHAMEL (A.), « La notion d'économie du contrat en droit privé », *JCP* 2001, I, 300.

CHAPITRE **8**

*L*es conditions de forme :
le consensualisme

En principe, il n'y a pas de conditions de forme imposées pour la validité d'un contrat : celui-ci est valable par le *simple échange des consentements*. Ce principe du consensualisme est tiré des articles 1108 et 1138 du Code civil. Il existe cependant des exceptions : de véritables conditions de forme sont parfois nécessaires à la validité du contrat. Il peut également exister des conditions de forme qui sont étrangères à la validité du contrat.

1 • LES FORMALITÉS NÉCESSAIRES À LA VALIDITÉ DU CONTRAT

Il s'agit d'hypothèses où le simple échange des consentements ne suffit pas pour que le contrat soit valable.

A - Les contrats solennels

Il s'agit des contrats qui nécessitent pour leur validité que le consentement soit manifesté en respectant certaines formalités, en principe la *rédaction d'un écrit*, qu'il s'agisse d'un acte authentique ou d'un simple écrit. La notion d'écrit a été considérablement transformée par la loi du 13 mars 2000 en modifiant l'article 1316 du Code civil qui prévoit désormais que la preuve littérale ou par écrit est celle qui « *résulte d'une suite de lettres, de caractères, de chiffres ou de tous autres signes ou symboles dotés d'une signification intelligible, quels que soient leur support et leurs modalités de transmission* ». Cette loi consacre la possibilité de recourir à un support non plus seulement papier mais également électronique pour prouver le contrat[1].

---

1. Raynouard (A.), « Droit de la preuve, nouvelles technologies et signature électronique » , *Defrénois* 2000, p. 1593, art. 37174 ; Schwerer (F.), « Réflexions sur la preuve et la signature dans le commerce électronique », *Contrats, conc. consom.* Décembre 2000, Chron. n° 216, p. 4. ; Trebulle (F.-G.), « La réforme du droit de la preuve et le formalisme », *CPA*, n° du 20 avril 2000.

1) Exigence d'un acte authentique, notarié

Exemple : les 4 contrats solennels traditionnels du droit français : donation (art. 931, C. civ.), subrogation consentie par le débiteur (art. 1250, C. civ.), contrat de mariage (art. 1394, C. civ.), convention constitutive d'hypothèque (art. 2127, C. civ.).

Postérieurement au Code civil, la loi a complété cette première liste.

2) Exigence d'un simple écrit

Encore plus que l'exigence d'un acte authentique, celle d'un acte sous seing privé ou d'un autre écrit ordinaire s'est largement développée au XXᵉ siècle.

Exemple : contrat de promotion immobilière relatif à un immeuble à usage d'habitation ou à usage professionnel (art. L. 222-3, OCM.) ; vente d'un navire (art. 10 loi du 3 janvier 1967) ; vente de fonds de commerce (art. 12 de la loi du 29 juin 1935).

La sanction de l'absence du formalisme imposée par la loi varie. Le texte prévoit parfois que le contrat écrit ou la mention particulière est prévue à peine de nullité. Dans ce cas, le contrat peut être qualifié de « solennel ». Dans d'autres cas, le texte a prévu une sanction particulière, par exemple la déchéance de plein droit du droit aux intérêts lorsque le contrat de crédit mobilier ne porte pas les mentions obligatoires (art. L. 311-33, C. consom.). Dans certains cas, les textes ne prévoient aucune sanction : la jurisprudence considère parfois que l'absence de certaines formes imposées ne doit pas être sanctionnée par la nullité parce qu'elle ne constitue qu'une exigence de forme ; dans d'autres cas, elle considère que la formalité est imposée à peine de nullité et que le contrat doit être considéré comme solennel. La jurisprudence a tendance à prononcer la nullité absolue.

B - Les contrats réels

Il s'agit de contrats qui, pour être valablement formés, exigent en plus de l'échange des consentements, la *remise d'une chose*.

Exemple : contrat de prêt (art. 1875 et 1892, C. civ.) ; contrat de dépôt (art. 1919, C. civ.) ; contrat de gage (art. 2073, C. civ.).

Cette conception classique est aujourd'hui contestée. Certains considèrent que la remise de la chose ne devrait pas être analysée comme l'une des conditions de forme mais comme le premier acte de l'exécution du contrat : ce serait ainsi un contrat solennel.

2 • LES FORMALITÉS ÉTRANGÈRES À LA VALIDITÉ DU CONTRAT

Ce ne sont pas des conditions de validité du contrat.

A - Les formalités de preuve

L'article 1341 du Code civil exige un écrit pour constater un acte juridique lorsque la somme en jeu excède 750 €. Normalement, l'absence de cet écrit ne remet pas en cause la validité du contrat mais en pratique, si le contrat ne peut être prouvé, il devient inefficace.

Il arrive que d'autres formalités relatives aux preuves soient exigées.

Exemple : article 1835 du Code civil et article 2 loi de 1966 sur les sociétés commerciales : les statuts des sociétés doivent avoir été établis par écrit.

B - Les formalités de publicité

La loi exige parfois que le contrat, une fois formé, soit **publié**.

Exemple : tous les contrats intéressant les droits réels immobiliers ou translatifs de propriété immobilière : cette publication est prévue par un décret du 4 janvier 1955 (art. 2203-1, C. civ.).

Exemple : en cas de changement de régime matrimonial (art. 1397, C. civ.).

Si ces formalités n'ont pas été respectées, l'opération juridique est valable mais inopposable aux tiers.

C - Les autres formalités

Des formalités de natures diverses peuvent être exigées :

– formalités d'habilitation, notamment en matière d'incapacité ;

Exemple : tutelle : le tuteur ne peut faire d'actes de disposition au nom du mineur qu'avec l'autorisation du conseil de famille. La formalité est nécessaire à la validité du contrat et ne remet pas en cause le principe du consensualisme ;

– formalités d'ordre fiscal ;

– formalités d'enregistrement.

BIBLIOGRAPHIE

« Le formalisme, Journée Jacques Flour », *Defrénois* 2000, 1, p. 866 et s., art. 37207 et s.

CAPRIOU (E.-A.), « La loi française sur la preuve et la signature électronique dans la perspective européenne, Directive 1999/93/CE du Parlement européen et du Conseil du 13 décembre 1999 », *JCP* 2000, I, 224.

CATALA (P.), « Le formalisme et les nouvelles technologies », *Defrénois* 2000, I, p. 897, art. 37210.

CATALA (P.) et autres, « L'introduction de la preuve électronique dans le Code civil », *JCP* 1999, I, 182.

FLOUR (Y.) et GHOZI (A.), « Les conventions sur la forme », *Defrénois* 2000, I, p. 911, art. 37211.

GUERRIÉRO (M.-A.), *L'acte juridique solennel,* LGDJ, 1974.

HUET (J) « La valeur juridique de la télécopie (ou fax), comparée au télex », *D.* 1992, Chron. p. 33 ; « Vers une consécration de la preuve et de la signature électronique », *D.* 2000, Chron. p. 95.

JACOPIN (S.), « Les mentions contractuelles « coutumières » : un droit imaginaire ? À propos des mentions manuscrites « hors-la-loi » », *JCP* 2001, I, 288.

JOBARD-BACHELLIER (M. N.) , « Existe-t-il encore des contrats réels en droit français ? », *RTD civ.* 1985, p. 1.

LAGARDE (X.), « Observations critiques sur la renaissance du formalisme », *JCP* 1999, I, 170.

LEVENEUR (L.), « Signature électronique : un décret, et beaucoup de questions », *Contrats, conc. consom.*, 2001, n° 5, p. 3.

LEVY (J.-Ph..), « Le consensualisme et les contrats, des origines au Code civil », *RS morales et politiques* 1995, p. 209.

MIMIN (P.), « La preuve par magnétophone », *JCP* 1957, I, 1370.

NICOD (M.), *Le formalisme en droit des libéralités*, Thèse Paris III, 1996.

NUYTTEN (B.) et Lesage (L.), « Regards sur les notions de consensualisme et de formalisme », *Defrénois* 1998, p. 497.

RAYNOUARD (A.), « Droit de la preuve, nouvelles technologies et signature électronique », *Defrénois* 2000, p. 1593, art. 37174.

SCHWERER (F.), « Réflexions sur la preuve et la signature dans le commerce électronique », *Contrats, conc. consom.* décembre 2000, Chron. ,n° 216, p. 4.

RODIÈRE (R.) (Sous la direction de), « *Forme et preuve du contrat* », Institut de droit comparé de Paris, 1979.

TREBULLE (F.-G.), « La réforme du droit de la preuve et le formalisme », *LPA,* n° du 20 avril 2000.

CHAPITRE 9

*L*a sanction des conditions de formation du contrat

Un contrat qui ne présente pas les conditions imposées par la loi pour sa validité est un *contrat irrégulier*. L'irrégularité est fréquente parce qu'il n'existe pas de contrôle préventif de la régularité des actes juridiques. Il n'y a qu'un contrôle *a posteriori* et la sanction est la *nullité* du contrat irrégulier. La nullité est la sanction des conditions de formation du contrat, elle se distingue en cela d'autres sanctions.

La nullité se distingue d'un certain nombre de sanctions qui peuvent atteindre le contrat (1). À l'intérieur même de la catégorie des nullités, il convient de distinguer entre *nullité relative* et *nullité absolue* (2).

1 • LA NOTION DE NULLITÉ

A - La distinction entre la nullité et les autres sanctions affectant le contrat

La nullité présente deux caractéristiques : d'une part, du point de vue de ses *causes*, la nullité sanctionne toujours l'irrespect de l'une des conditions de formation du contrat, que ce soit une condition objective ou une condition subjective ; d'autre part, du point de vue de ses *effets*, la nullité entraîne la disparition rétroactive des effets du contrat irrégulier ; tout se passe comme si le contrat n'avait jamais existé. La nullité se distingue par conséquent de la résolution, de l'inopposabilité ou de la caducité.

1) Nullité et résolution

La *résolution*, en particulier la résolution judiciaire (art. 1184, C. civ.), est une sanction propre à l'inexécution d'un contrat synallagmatique[1]. La résolution se distingue de la nullité dans ses conditions mais pas dans ses effets. Les effets de la nullité et de la résolution sont les mêmes : le contrat est anéanti rétroactivement sauf dans les contrats à exécution successive où la résolution se transforme en *résiliation*.

---

1. *Cf.* Chapitre 12.

2) Nullité et inopposabilité

Les sanctions de la nullité et de l'inopposabilité se rapprochent du point de vue des causes et se distinguent du point de vue des effets. L'inopposabilité est une sanction qui se rapporte à une irrégularité qui ne touche pas à l'exécution du contrat. Lorsqu'il y a inopposabilité, le contrat ne disparaît pas à l'égard de tous, on dit que l'acte est maintenu entre les parties mais les tiers sont autorisés à le méconnaître.

3) Nullité et caducité

Nullité et caducité sanctionnent toutes les deux le défaut d'une condition essentielle de la formation du contrat. Il y a caducité quand l'élément existait au moment de la formation du contrat mais a disparu ensuite alors que la cause de nullité existe déjà lors de la formation du contrat[1]. Le contrat disparaît à l'égard de tous mais seulement pour l'avenir. Par exemple, le testament est valable pour un legs d'immeuble si celui-ci existe au moment du testament. Si l'immeuble périt, le testament devient caduc (art. 1042, C. civ.). De même, l'annulation d'une vente peut provoquer la caducité d'un prêt[2].

B - La distinction entre nullité relative et nullité absolue

La loi ne donne pas de liste exhaustive des causes de nullité. Il arrive qu'une obligation soit imposée sans donner aucune précision sur la sanction de l'inobservation de cette règle. Lorsque la loi prévoit la nullité, on dit que l'on est en présence d'une *nullité textuelle*. Quand elle ne le dit pas, c'est la jurisprudence qui décide si la règle est une règle de validité du contrat. Si la jurisprudence décide de sanctionner l'inobservation de la règle par la nullité, il s'agit d'une *nullité « virtuelle »* ou « *tacite* ».

1) Le principe de la distinction

a) Dans la conception classique

La nullité est relative lorsque l'irrégularité n'est pas grave, telle qu'un vice du consentement. Selon cette théorie classique, lorsqu'un élément essentiel de l'acte juridique fait défaut, le contrat est mort-né ; la nullité est alors absolue. On rajoutait même une troisième sanction : l'inexistence, conçue pour les vices les plus graves tel que le défaut d'objet. Cette notion a été utilisée surtout dans les cas où la loi ne prévoyait pas expressément la nullité.

b) Dans la conception moderne

La nullité est relative si la règle non respectée vise à la protection des intérêts particuliers de l'une ou l'autre des parties (*exemple* : vices du consentement, absence d'objet, de cause, de consentement). En cas de non-respect de règles visant la protection de l'intérêt général, la nullité est absolue.

---

1. Wester-Ouisse (V.), « La caducité en matière contractuelle : une notion à réinventer », *JCP* 2001, I, 290.
2. Civ. 1ʳᵉ, 1ᵉʳ juillet 1997, *D.* 1998, Jur. p. 32, note L. Aynès, *Defrénois* 1997, p. 1251, obs. L. Aynès, *D.* 1998, Somm. p. 110, obs. D. Mazeaud.

2) Les conséquences de la distinction

a) La nécessité d'agir en justice

Selon la **doctrine classique**, quand il y avait nullité absolue, la décision du juge était inutile et si la nullité était relative, il avait pour seul rôle d'annuler le contrat. Selon la doctrine moderne, il n'y a pas de nullité automatique ; on ne fait pas de distinction entre nullité relative et nullité absolue. Il n'y a pas de nullité qui s'opère d'elle-même, il faut toujours un jugement qui a le même rôle quelle que soit la nullité, c'est-à-dire un rôle de constatation de la nullité. Le jugement est déclaratif et non constitutif. On parle parfois de **nullité de plein droit** : le juge, après avoir constaté que sont remplies les conditions de l'annulation, est obligé de la constater ; il n'a pas de pouvoir d'appréciation.

b) Le droit d'invoquer la nullité

Si la nullité est relative, seule la partie protégée peut agir en nullité. Si la nullité est absolue, toute personne intéressée et qui a qualité peut invoquer la nullité.

c) La disparition du droit d'invoquer la nullité

Si la nullité est relative, l'acte nul peut faire l'objet d'une confirmation. La prescription est de 5 ans sauf si un texte spécial prévoit une durée plus courte. Si la nullité est absolue, il n'y a pas de possibilité de confirmation. La prescription est de 30 ans.

2 • LES CONDITIONS DE L'ANNULATION

La personne qui invoque la nullité doit y avoir intérêt et qualité. Ceux qui peuvent invoquer la nullité ne sont pas les mêmes selon que la nullité est relative ou absolue. En outre, bien qu'il existe une cause de nullité, celle-ci est exclue lorsqu'il y a eu confirmation de l'acte nul ou bien lorsqu'il y a prescription.

A - Le droit d'invoquer la nullité

La personne qui invoque la nullité doit y avoir intérêt et qualité.

1) Le droit d'invoquer la nullité relative

La nullité relative sanctionne le non-respect de la règle de protection de certains intérêts particuliers : seule la personne protégée peut invoquer la nullité. La plupart du temps, seule l'une des parties au contrat est protégée par la règle non respectée : seule cette partie peut alors invoquer la nullité.

Exemple : en cas de vice du consentement, seule la victime peut invoquer la nullité.

D'autres personnes peuvent éventuellement faire valoir la nullité :

– en cas d'incapacité et tant que dure l'incapacité, c'est le représentant légal de l'incapable qui peut l'invoquer ;

– en cas de décès, le droit d'invoquer la nullité passe à ses ayants cause universels[1] ;

– les créanciers chirographaires[2] peuvent invoquer la nullité au nom de leur débiteur par une action oblique[3] ;

– les ayants cause à titre particulier[4] peuvent parfois faire valoir la nullité : la doctrine déduit de l'article 1338, alinéa 3 du Code civil que la confirmation d'un acte nul n'est pas opposable aux ayants cause particuliers.

Dans des hypothèses limitées et précises, le droit d'invoquer la nullité est accordé de manière plus large ou plus restrictive.

2) Le droit d'invoquer la nullité absolue

La nullité absolue est la sanction d'une règle de protection de l'intérêt général, elle peut donc être invoquée par toute personne intéressée. En réalité, le nombre de personnes qui ont intérêt à invoquer la nullité absolue est limité lui aussi.

Peuvent invoquer la nullité absolue :

– les parties au contrat ou en cas d'incapacité les personnes qui les assistent ou les représentent et en cas de décès leurs ayants cause universels ;

– les ayants cause à titre particulier : lorsque leur situation juridique est affectée par le contrat passé par leur auteur, ils pourront invoquer la nullité absolue ;

– les créanciers chirographaires qui peuvent agir en leur propre nom si le contrat nul leur cause un préjudice.

En revanche, la jurisprudence ne donne pas qualité pour invoquer la nullité du contrat aux tiers absolus c'est-à-dire à ceux qui n'ont pas de relation juridique avec les parties au contrat (ils n'ont que des relations de fait).

Le Ministère public ne peut agir que de manière exceptionnelle : une jurisprudence ancienne n'autorise l'action du Ministère public que dans la mesure où l'ordre public est directement et principalement intéressé. Cette jurisprudence a été maintenue par les articles 422 et 423 du nouveau Code de procédure civile. L'intervention du Ministère public est rare car considérée comme inefficace.

Traditionnellement, on considérait qu'un juge, pendant un procès relatif à un contrat, pouvait « relever d'office » la nullité de celui-ci mais seulement la nullité absolue. Aujourd'hui, on admet que le juge peut relever d'office même la cause de la nullité relative. Cette possibilité est fondée sur l'article 12, alinéa premier du nouveau Code de procédure civile. Le juge le fait rarement et doit alors respecter les règles de procédure, en particulier la règle du contradictoire.

---

1. Personne qui a vocation à recueillir la totalité d'un patrimoine.
2. Ce sont des créanciers qui n'ont pas de garantie spéciale pour leur paiement.
3. On distingue l'action oblique, action intentée au nom de leur débiteur par les créanciers lorsque les premiers ont été négligents, de l'action directe, par laquelle un créancier agit en son nom propre contre le débiteur de son débiteur. L'action directe ne profite qu'à la victime et pas aux autres débiteurs (*cf.* Chapitre 24).
4. Personne qui a reçu de son auteur un ou plusieurs droits particuliers.

B - L'absence de consolidation de l'acte nul

Dans certains cas, bien qu'il existe une cause de nullité, celle-ci est exclue :

– il y a confirmation de l'acte nul ;
– il y a prescription.

1) La confirmation

Dans la conception classique, la confirmation s'analyse comme une adjonction à l'acte de l'élément qui lui manquait au départ. Selon la définition moderne, il s'agit d'un acte juridique postérieur à la formation du contrat nul à la suite duquel ce contrat est considéré comme valable depuis l'origine. Aujourd'hui, on considère que la confirmation est une *renonciation au droit d'invoquer la nullité*.

a) Le domaine de la confirmation

La confirmation est limitée aux hypothèses de nullité relative. Lorsqu'il y a nullité absolue, la confirmation n'est pas possible car l'intérêt général est en question.

b) Le régime de la confirmation

1. Conditions

Pour l'essentiel, elles sont réunies dans l'article 1338 du Code civil. Ces dispositions sont complétées par les articles 1115 pour la violence, et 1311 pour l'incapacité. Il y a des conditions de fond et des conditions de forme à la confirmation.

• *Conditions de fond*

La confirmation est un acte juridique unilatéral qui émane de la personne qui renonce à invoquer la nullité. En tant qu'acte juridique, elle obéit à des conditions de validité. Il y a par conséquent trois exigences classiques :

– la confirmation ne peut avoir lieu qu'en connaissance du vice dont le contrat est entaché ;

– la confirmation suppose l'intention de réparer le vice ;

– l'acte confirmatif doit être exempt de vice.

On ajoute parfois que le vice initial doit avoir disparu ; c'est le cas pour un vice du consentement ou une incapacité, mais la disparition de la cause de nullité n'est pas nécessaire lorsqu'il s'agit d'un vice objectif comme la lésion ou le non-respect d'une règle de protection de l'ordre public.

Exemple : le SMIC dans le contrat de travail.

• *Conditions de forme*

Aucun formalisme n'est théoriquement exigé pour la confirmation. Du point de vue de la forme, il y a deux sortes de confirmations :

– *confirmation expresse* (art. 1338, al. 1, C. civ.) : l'acte de confirmation doit comporter un certain nombre de mentions. Il doit relater la substance de l'acte du contrat à confirmer, la mention de la cause de nullité et la mention de l'intention de réparer le vice. Ce ne sont pas des conditions de validité mais des conditions de preuve de la volonté réelle de confirmer. La confirmation n'est pas un acte solennel ;

– *confirmation tacite* : elle découle de tout acte, attitude impliquant la volonté de confirmer.

Exemple : art. 1338, al. 2, C. civ. : exécution volontaire du contrat nul.

Dans l'hypothèse d'une confirmation tacite, il sera nécessaire d'établir que l'auteur de l'acte de confirmation connaissait l'existence du vice.

2. Les effets de la confirmation

La confirmation emporte disparition du droit d'invoquer la nullité. Le contrat est rétroactivement validé.

• Effets vis-à-vis des parties au contrat

La confirmation a un effet relatif. Elle n'engage que son auteur si celui-ci est le seul à pouvoir invoquer la nullité. Si une autre personne a le droit d'invoquer la nullité, elle conserve ce droit : la confirmation opérée ne le lui interdit pas. La confirmation a un effet rétroactif vis-à-vis de son auteur : tout se passe comme si le contrat initial était valable depuis l'origine. L'auteur de la confirmation ne peut pas contester les effets futurs ni passés du contrat.

• Effets vis-à-vis des tiers

L'article 1338, alinéa 3 du Code civil *in fine* prévoit que la confirmation ne peut pas porter préjudice aux tiers. Ces tiers sont les ayants cause à titre particulier de l'auteur de la confirmation ou plus exactement ceux qui ont acquis, entre l'acte nul et la confirmation, un droit auquel la confirmation porte atteinte. La confirmation leur est alors inopposable.

2) La prescription

Il s'agit ici de la prescription extinctive (= l'écoulement d'un délai fait perdre un droit réel à son titulaire parce qu'il n'agit pas). En fait, elle ne fait pas disparaître complètement le droit : il a toujours été admis que la prescription ne s'applique qu'à la voie de l'action en nullité et non à la voie de l'exception.

Il existe deux manières, deux voies procédurales :

– *voie de l'action* : on se trouve dans cette hypothèse lorsqu'une personne prend l'initiative d'un procès pour faire prononcer la nullité du contrat. En général, ce n'est pas la nullité qui est visée exclusivement en elle-même, la nullité est un moyen d'obtenir autre chose : la restitution de ce qui a été fourni en exécution du contrat ;

– *voie de l'exception* : la nullité est invoquée devant le juge comme moyen de défense dans un procès intenté dans un autre but : le défendeur met en avant la nullité pour résister à l'action de son adversaire.

Exemple : demande en exécution de contrat : le défendeur invoque la nullité pour se défendre.

Cette distinction est importante surtout en ce qui concerne la possibilité d'invoquer la nullité : l'exception est imprescriptible.

a) Extinction de l'action en nullité

L'action en nullité absolue se prescrit par un délai de **30 ans** (art. 2262, C. civ.). Le point de départ du délai de 30 ans est le jour de la formation du contrat.

L'action en nullité relative se prescrit par un délai de **5 ans**.

Le point de départ du délai de prescription est la plupart du temps le jour où l'acte a été passé, mais il y a des dérogations :

– pour la violence, le jour où elle a cessé ;

– pour l'erreur et le dol, le jour où ils ont été découverts (art. 1304, al. 2, C. civ.) ;

– pour les incapacités :

■ mineurs : à partir de la majorité ou de l'émancipation ;

■ majeurs : à partir du jour où l'acte à été passé.

Si les héritiers de l'incapable forment une action en nullité, ils le peuvent à compter du décès dans la mesure où le délai n'a pas commencé à courir auparavant.

Quand il n'y a pas de texte, la prescription commence à courir au jour de la formation du contrat sauf à le retarder lorsque la protection du titulaire de l'action en nullité l'exige.

Exemple : contrat de travail qui ne respecte pas les textes : on retarde le délai pour éviter de nuire au salarié qui pourrait voir son contrat se terminer s'il intente une action.

Ce délai de 5 ans peut être suspendu ou interrompu dans certains cas (art. 2242 à 2259, C. civ.).

b) La survie de l'exception de nullité

L'exception de nullité est perpétuelle[1] à la différence de l'action en nullité. Cette règle n'est pas formulée par la loi mais par un adage traditionnel : « *Quae temporalia sunt ad agendum perpetua sunt ad excipiendum* ». En effet, il ne s'agit que d'un moyen de défense qui empêche l'exécution du contrat nul, et lorsqu'elle est invoquée, la nullité ne remettra pas en cause une situation donnée : elle aboutit à un *statu quo*.

3 • LES EFFETS DE L'ANNULATION

La nullité entraîne l'anéantissement rétroactif du contrat.

A - L'effet rétroactif de l'annulation

Quand le contrat est nul, on dit qu'il est censé n'avoir jamais eu d'effet, comme s'il n'avait jamais existé. Le contrat disparaît pour l'avenir mais aussi pour le passé : c'est

---

1. Civ. 1ʳᵉ, 19 décembre 1995, *Bull. civ.* I, n° 477, *Contrats, conc. consom.* 1996, n° 38, note L. Leveneur, *D.* 1996, Somm. p. 328, obs. Libchaber.

l'effet rétroactif de l'annulation. Que la nullité soit relative ou absolue, les effets sont identiques.

La nullité sanctionne un vice, une irrégularité qui existe lors de la formation du contrat : la rétroactivité est donc logique et connaît peu d'exceptions.

Exemple : la nullité du contrat de société n'est pas rétroactive (art. 1844-15, C. civ.).

1) L'effet rétroactif de l'annulation entre les parties

En cas d'annulation, le contrat est censé n'avoir jamais existé. Les choses doivent être remises dans leur état antérieur. Les parties doivent se restituer ce qu'elles se sont versées en exécution du contrat nul : c'est le principe de la **restitution des prestations**. Il existe des exceptions à ce principe.

a) Le principe de la restitution des prestations ou principe des restitutions réciproques

Quand il y a contrat synallagmatique, chacune des parties doit restituer à l'autre ce qui lui a été fourni ou versé.

Exemple : contrat de vente d'immeuble : l'acheteur rend l'immeuble et le vendeur la somme versée. Il s'agit d'une restitution en nature.

La restitution en nature est parfois difficile ou impossible, parce que la chose a été détruite, revendue ou parce que son état s'est modifié depuis l'exécution du contrat. La restitution se fait alors en valeur[1]. La valeur prise en considération est celle au jour de la vente, compte-tenu de l'état où la chose se trouvait ce jour-là. Ainsi, le vendeur est indemnisé pour l'usure qu'a pu subir l'objet, même si l'acheteur n'a pas commis de faute. L'acheteur est remboursé sur la base du prix qu'il a payé le jour de la transaction, sans possibilité d'actualisation. Lorsque la restitution en nature porte sur une somme d'argent, c'est la somme initialement perçue qui est restituée et non pas une somme réévaluée en raison de l'inflation. Cependant, si l'*accipiens*, c'est-à-dire celui qui rend la somme, est de mauvaise foi, il doit payer les intérêts de cette somme au taux légal à compter du jour où elle lui a été versée.

Lorsque la restitution a lieu en nature, elle doit porter non seulement sur la chose principale mais aussi sur ses accessoires, en particulier sur les accroissements de la chose, ses améliorations ou ses fruits. Toutefois, le débiteur de la restitution peut conserver les fruits jusqu'au jour de la demande en justice à condition qu'il soit de bonne foi (c'est-à-dire s'il ignore la cause de la nullité du contrat) (art. 549 et 550, C. civ.).

La restitution en nature peut s'accompagner du versement d'indemnités soit par le créancier de la restitution (*exemple* : s'il y a eu des constructions et des plantations sur le terrain, l'article 555 du Code civil prévoit qu'il y a indemnisation si les dépenses (= impenses) étaient nécessaires et non si les impenses sont somptuaires (voluptuaires)[2], soit par le débiteur de la restitution notamment s'il a endommagé la

---

1. Com., 29 février 1972, *D.* 1973, Jur. p. 623 ; Com., 11 mai 1976, Bull. *civ.* IV, n° 162, p. 137.
2. *Voluptuaires* : « se dit des dépenses (ou impenses) faites pour le plaisir, consacrées aux choses de luxe ou de fantaisie » (Le Robert).

chose (en particulier par sa faute) ou s'il y a eu usure de la chose ; mais la jurisprudence semble ne pas faire indemniser le créancier pour le simple usage de la chose par le débiteur.

b) Les exceptions au principe de la restitution des prestations

Il y a deux hypothèses principales dans lesquelles la restitution est écartée :

• Indignité du demandeur à la répétition

Il s'agit de l'application de la règle « *Nemo auditur suam propriam turpitudinem alle-gans* » (Nul n'est entendu lorsqu'il invoque sa propre turpitude). Il est uniquement interdit de répéter les prestations versées en vertu d'un contrat nul lorsqu'il y a turpitude, c'est-à-dire indignité de celui qui réclame la répétition : la règle est un obstacle à la répétition mais pas un obstacle à la nullité. « *À égalité de turpitudes, il n'y a pas de répétition* » est un adage plus proche de la règle telle qu'elle est mise en œuvre. Cette règle est un moyen de dissuasion : il ne s'agit pas d'empêcher la conclusion de contrats immoraux mais plutôt d'empêcher leur exécution. On considère que celle des deux parties au contrat qui prend l'initiative d'exécuter sa propre prestation prend le risque, en plus, de se heurter au refus d'exécution de l'autre qui invoquera la nullité par voie d'exception sans pour autant pouvoir reprendre ce qu'elle a fourni.

Le domaine d'application de la règle est incertain. Elle s'applique généralement uniquement aux contrats à titre onéreux. Elle ne serait pas applicable aux libéralités annulées pour cause immorale. Le refus de répétition s'applique traditionnellement aux contrats immoraux alors que la répétition serait admise par la jurisprudence pour les contrats illicites[1].

• Limitation exceptionnelle de la répétition en faveur des incapables

L'article 1312 du Code civil organise une limitation exceptionnelle de la répétition en faveur des incapables. Il prévoit que lorsque le débiteur de la répétition est un incapable, la répétition est en principe impossible à moins qu'il ne soit prouvé que ce qu'il a reçu a tourné à son profit.

2) L'effet rétroactif de l'annulation à l'égard des tiers

L'annulation intéresse les tiers, en particulier ceux qui ont conclu avec l'une des parties. Ce sont surtout les ayants cause à titre particulier de celle des parties dont les droits sont anéantis par la nullité qui sont ici concernés : c'est le cas par exemple des sous-acquéreurs d'un bien.

Exemple : il y a une première vente entre A et B, B est l'acheteur et il revend à C. Si la première vente est nulle, C est dans ce cas un tiers, mais la nullité touche-t-elle ce tiers ?

---

1. Pour un exemple de refus d'écarter la restitution en cas de cause illicite, *cf.* Civ. 3e, 25 février 2004, *Bull. civ.* III, n° 42, *D.* 2004, IR, p. 734, *D.* 2005, Jur. p. 2205, note M. Tchendjou, *JCP* 2004, I, 149, nos 9 et s., obs. Labarthe, *AJDI* 2004, p. 917, note Cohet-Cordey, *RTD civ.* 2004, p. 279, obs. Mestre et Fages, p. 635, obs. D. Mageaud, et p. 689, obs. Brun.

Ces tiers subissent le contrecoup de l'annulation telle que celle-ci s'applique dans les rapports entre les parties. Néanmoins, la rétroactivité ne s'applique pas à eux de plein droit. Ils doivent être mis en cause dans l'instance d'annulation.

Il y a des exceptions d'origine légale et jurisprudentielle au principe de l'application aux tiers de la rétroactivité de l'annulation :

– possibilité pour les tiers de bonne foi d'invoquer l'article 2279 du Code civil en matière mobilière : « *En fait de meubles, possession vaut titre* » ;

– en matière immobilière, le tiers acquéreur de bonne foi qui dispose d'un juste titre est soumis à une prescription acquisitive abrégée de 10 ou 20 ans au lieu de 30 ;

– le tiers ne peut se voir réclamer une restitution en nature de la part de son auteur. Celui-ci peut agir en nullité mais ne peut demander qu'une restitution en valeur ;

– les actes d'administration passés avec les tiers de bonne foi subsistent ;

– le tiers peut invoquer la théorie de l'apparence s'il est de bonne foi et si l'erreur est commune.

3) L'étendue de l'annulation

Lorsque l'irrégularité d'un contrat affecte un élément essentiel de celui-ci, le contrat est nul en entier mais il se peut que l'irrégularité n'affecte que l'une des clauses particulières du contrat.

Exemple : contrat de bail : clause d'indexation avec indice illicite comme le SMIC.

a) Les textes du Code civil

Il y a deux règles distinctes et opposées : les articles 1172 et 900 du Code civil. Ces textes sont relatifs aux conditions des contrats : quand la condition est impossible, illicite ou immorale, le contrat est-il nul en entier ? L'article 1172 du Code civil préconise une nullité totale. L'article 900, à propos des libéralités, préconise une nullité de la condition n'entraînant pas la nullité de toute la libéralité mais seulement celle de la condition. Il y a donc une distinction entre les actes à titre onéreux et les actes à titre gratuit.

b) Le droit positif

La jurisprudence a unifié le régime des clauses nulles ou illicites dans les actes à titre gratuit et les actes à titre onéreux. Aujourd'hui, le choix dépend de deux éléments :

– selon la jurisprudence, l'irrégularité de la clause entraîne la nullité totale du contrat si dans l'esprit des parties, elle était essentielle, déterminante c'est-à-dire si sans elle, le contrat n'aurait pas été conclu ;

– si cette clause est accessoire et se révèle nulle, le contrat est maintenu pour le reste.

La jurisprudence se fonde sur la théorie de la cause impulsive et déterminante. L'appréciation relève des juges du fond.

B - L'effet indirect de l'annulation : la responsabilité civile pour annulation

Quand un contrat est annulé et qu'il y a remise des choses dans leur état antérieur, un préjudice peut apparaître pour l'une des parties au contrat nul.

Exemple : dol, violence : quand la victime a obtenu la nullité, elle peut subir un préjudice si elle avait engagé des frais.

1) Nature et fondement de la responsabilité

Deux thèses se sont affrontées quant à la nature de la responsabilité découlant de l'annulation : certains ont soutenu qu'il s'agissait d'une responsabilité de nature contractuelle, d'autres ont opté pour le caractère délictuel de celle-ci. Le droit français a retenu cette deuxième solution : *la responsabilité est de nature délictuelle*[1]. Deux explications sont données à cette option : d'une part, le contrat est nul et d'autre part, la responsabilité délictuelle est fondée sur une faute.

2) Mise en œuvre de la responsabilité pour faute

La mise en oeuvre de la responsabilité pour annulation se traduit par l'application des articles 1382[2] et 1383 du Code civil prévoyant la responsabilité pour faute d'imprudence ou pour faute intentionnelle. La faute doit être prouvée[3].

Quand l'action en responsabilité civile est intentée par la partie contre qui la nullité a été obtenue, il arrive alors que cette action soit écartée, on évite ainsi que le préjudice ne se produise en interdisant la demande en nullité. Il s'agit en quelque sorte d'une réparation en nature consistant dans le refus de l'annulation.

BIBLIOGRAPHIE

ANTOINE (J.), « Les titulaires du recours en nullité des contrats : comparaison du droit administratif et du droit privé », *Dr. adm.* 2001, Chron. n° 20.

AUBERT (J.-L.), « Le droit pour le créancier d'agir en nullité des actes passés par son débiteur », *RTD civ.* 1969, p. 692 ; « Brèves réflexions sur le jeu de l'exception de nullité », in *Mélanges Ghestin*, LGDJ, 2001.

BERTRAND (F.), *L'opposabilité du contrat aux tiers*, Thèse Paris II, 1979.

BOUSIGES, *Les restitutions après annulation ou résolution d'un contrat,* Thèse Poitiers, 1982.

CASSIN (R.), « Réflexion sur la résolution judiciaire pour inexécution », *RTD civ.* 1945, p. 159.

COUTURIER (G.), *La confirmation des actes nuls,* Thèse Paris II, 1972.

---

1. Civ. 1re, 14 novembre 1979, *Bull. civ.* I, n° 279, p. 226, *D.* 1980, IR p. 264, obs. J. Ghestin, *RTD civ.* 1980, p. 763, obs. F. Chabas.
2. Civ. 1re, 4 février 1975, *Bull. civ.* I, n° 43, R., p. 69, *D.* 1975, Jur. p. 405, note Gaury, *JCP* 1975, II, 18100, note Larroumet, *RTD civ.* 1975, p. 537, obs. Durry ; Civ. 1re, 4 octobre 1988, *Bull. civ.* I, n° 265, *D.* 1989, Somm. p. 229, obs. Aubert ; Com., 18 oct. 1994, *D.* 1995, Jur. p. 180, note Atias, *Defrénois* 1995, p. 332, obs. D. Mazeaud, *JCP* 1995, I, 3853, n° 4, obs. Viney.
3. Civ. 1re, 14 novembre 1979, *préc.*

Cumyn (M.), La validité du contrat suivant le droit strict ou l'équité : étude historique et comparée des nullités contractuelles, LGDJ, Coll. « Bibliothèque de droit privé », 2003.

Desaux, L'article 1304 et le principe de la perpétuité de l'exception, Thèse Paris, 1937.

Duclos (J.), L'opposabilité (Essai d'une théorie générale), 1984.

Dupeyron, La régularisation des actes nuls, Thèse Toulouse, 1973.

Falaise (M.), « La sanction de l'acte irrégulier (distinction entre nullité et opposabilité) », LPA 1997, n° du 27 août.

Gout (O.), Le juge et l'annulation du contrat, Presses Universitaires d'Aix-Marseille, 2001.

Guelfucci-Thibierge, Nullité, restitutions et responsabilité, Thèse Paris I, 1989.

Kayser (P.), « Les nullités d'ordre public », RTD civ. 1993, p. 1115.

Le Tourneau (Ph.), La règle Nemo auditur…, Thèse Paris, 1969, LGDJ.

Luby (M.), « À propos des sanctions de la violation de l'ordre public », Contrats, conc. consom., février 2001, Chron. n° 3.

Malaurie (M.), Les restitutions en droit civil, Ed. Cujas, 1991.

Poisson-Drocourt, « Les restitutions entre les parties consécutives à l'annulation d'un contrat », D. 1983, Chron. p. 85.

Schmidt-Szalewski (J.), « Les conséquences de l'annulation d'un contrat », JCP 1989, I, 3397.

Simler (Ph.), La nullité partielle des actes juridiques, Thèse Strasbourg, 1968, LGDJ.

Storck, « L'exception de nullité en droit privé », D. 1987, Chron. 67.

Teyssié, « Conséquences de la nullité d'une clause d'un contrat », D. 1976, Chron. p. 281.

Vich-Y-Llado (D.), « L'exception de nullité », Defrénois 2000, I, art. 37256.

Wester-Ouisse (V.), « La caducité en matière contractuelle : une notion à réinventer », JCP 2001, I, 290.

CHAPITRE 10

*L*es effets du contrat
I – Le contrat et les parties

Les parties au contrat sont :

– les personnes qui ont participé à la conclusion du contrat, qui ont donné leur consentement en leur nom et pour leur compte ;

– les personnes représentées à la conclusion du contrat ;

– les ayants cause universels des parties : l'article 1122 du Code civil prévoit qu'ils sont dans la même situation.

Les parties au contrat sont les personnes qui **donnent leur consentement au contrat.** Parfois, une personne donne son consentement sans être partie au contrat et inversement : il y a représentation. La détermination des parties pose également le problème du contrat avec soi-même.

1. La représentation

La représentation est un mécanisme juridique dans lequel une personne, le représentant, donne son consentement à la conclusion du contrat au nom et pour le compte d'une autre personne, le représenté.

On distingue deux sortes de représentation :

– *la représentation parfaite* : le représentant agit au nom et pour le compte d'autrui, la personne pour laquelle il agit étant déterminée et connue du cocontractant ;

– *la représentation imparfaite* : une personne agit pour le compte d'une autre soit sans le faire savoir au contractant, soit sans faire savoir au nom de qui elle agit (= contrat de commission).

• *Conditions de la représentation*

Le représentant doit avoir reçu le **pouvoir de représentation** : il peut découler de trois sources différentes :

– *représentation conventionnelle* : le pouvoir de représentation est conféré par le représenté au représentant dans le cadre d'un contrat : le contrat de mandat (art. 1984, C. civ.). Selon l'article 1984, le mandat ou procuration est un acte par lequel une personne donne à une autre le pouvoir d'accomplir pour elle et en son nom un ou plusieurs actes juridiques. Le mandat nécessite le consentement des deux parties mais il suppose également le maintien tout au long de la mission de la confiance réciproque entre les deux intéressés. Il s'agit d'un contrat conclu *intuitu personae*. La loi autorise chacune des parties à mettre fin au contrat par volonté unilatérale. Il peut être révoqué par le mandant (art. 2004, C. civ.) ou par le mandataire (art. 2007, C. civ.). Cette faculté de rupture disparait en cas de mandat d'intérêt commun. L'étendue du pouvoir de représentation dépend de ce dont on est convenu. Si le mandat est conclu en termes généraux, le mandataire ne peut faire que des actes d'administration (art. 1988, C. civ.) ;

– *représentation judiciaire* : le pouvoir de représentation est conféré par décision de justice et le juge dispose d'une certaine marge pour fixer l'étendue des pouvoirs du représentant ;

Exemple : dans le cadre du régime matrimonial primaire, le juge peut habiliter un époux à représenter son conjoint quand celui-ci ne peut manifester sa volonté (art. 219, C. civ.) ;

– *représentation légale :* la loi désigne le représentant et fixe l'étendue de ses pouvoirs.

Exemple : administration légale pure et simple pour les mineurs (art. 383, C. civ.).

L'intention de représenter : lorsque le représentant passe un acte juridique, pour qu'il produise ses effets envers le représenté, il faut que le premier ait l'*intention d'agir dans l'intérêt du second.*

• *Effets de la représentation*

On distingue deux hypothèses :

– *la représentation parfaite :* les effets du contrat se produisent chez le représenté, c'est ce dernier qui est partie au contrat. Le représentant n'est pas engagé, il reste tiers. C'est dans la personne du seul représenté que s'apprécie l'aptitude à être partie au contrat, c'est-à-dire la capacité, mais c'est à la fois dans la personne du représenté et du représentant que l'on doit vérifier l'existence de l'intégrité du consentement ;

– *la représentation imparfaite* : lors de la conclusion du contrat, les effets de celui-ci se produisent chez le commissionnaire/représentant. Le représenté est alors tiers au contrat. Lorsque le contrat est conclu et que le commettant/représenté déclare le prendre à son compte, il devient partie à la place du commissionnaire/représentant.

D'un point de vue général, la mission du représentant est exercée à titre gratuit sauf stipulation dans le contrat. Que les fonctions soient gratuites ou onéreuses, le représentant peut toujours être remboursé et indemnisé des frais qu'il a engagés pour le représenté. Le représentant doit rendre compte de sa mission au représenté soit en cours, soit en fin de mission. Il doit se comporter loyalement envers le représenté pendant sa mission.

2. Le contrat avec soi-même

Au premier abord, l'idée même du contrat avec soi-même a quelque chose d'insolite. Pourtant, l'hypothèse se rencontre où une personne, notamment agissant en des qualités différentes, contracte avec elle-même.

Exemple : le mandataire achète pour lui-même le bien qu'il doit vendre au nom du mandant.

• *Hypothèses de contrat avec soi-même*

Deux hypothèses :

– *une seule personne agit en deux qualités différentes* : le représentant agit à la fois au nom du représenté et pour lui-même ou le représentant agit au nom de deux représentés différents ;

Exemple : un agent de change ;

– *une seule personne est à la tête de deux patrimoines* : c'est le cas de l'héritier qui accepte la succession sous bénéfice d'inventaire. Pendant l'inventaire, le patrimoine successoral ne se fond pas dans le patrimoine de l'héritier. Les deux patrimoines restent distincts. Cet héritier peut faire des actes qui intéressent les deux patrimoines. Il peut acheter pour lui-même un bien de la succession.

• *Régime du contrat avec soi-même*

Ce régime a pour souci d'éviter les risques d'abus que peut engendrer cette situation.

Exemple : la personne qui se trouve à la tête de deux patrimoines qui fait passer un bien d'un patrimoine dans un autre par un contrat risque de le faire au détriment des créanciers de l'un des patrimoines.

Malgré ces risques, le contrat avec soi-même est en principe valable. Toutefois, dans les cas les plus dangereux, le législateur impose des contrôles ou autorisations.

Exemple : quand un PDG passe un contrat avec la société anonyme qu'il préside, le Code de commerce exige l'autorisation préalable du conseil d'administration et l'approbation *a posteriori* de l'assemblée générale.

Parfois, la loi exige que le contrat soit passé selon une procédure particulière.

Exemple : l'article 806 du Code civil impose que les ventes réalisées par l'héritier bénéficiaire soient faites en justice.

Parfois, la loi interdit le contrat avec soi-même.

Exemple : les tuteurs et mandataires ne peuvent pas se porter adjudicateurs des biens qu'ils sont chargés de faire vendre (art. 1596, C. civ.).

Exemple : le tuteur est frappé d'une incapacité d'acquérir les biens du mineur (art. 450, al. 3, C. civ.)

L'effet majeur du contrat entre les parties est son ***irrévocabilité.*** La détermination des effets du contrat ne pose pas de problème particulier lorsque les parties se sont exprimées clairement et complètement mais il arrive qu'involontairement, les parties se soient exprimées de manière ambiguë, qu'elles aient insuffisamment prévu ou qu'elles aient volontairement dissimulé ce qu'elles ont réellement voulu.

1 • L'IRRÉVOCABILITÉ DU CONTRAT

L'article 1134 du Code civil prévoit que les conventions légalement formées tiennent lieu de loi à ceux qui les ont faites ; par conséquent, elles ne peuvent être révoquées que par leur consentement mutuel ou pour les causes que la loi autorise. L'alinéa 3 prévoit qu'elles doivent être exécutées de bonne foi. L'aspect essentiel du principe de la force obligatoire des contrats est l'impossibilité pour la partie d'échapper à la loi contractuelle. Ce contrat ne peut pas être écarté, il ne peut être modifié, révisé.

L'article 1134, alinéa 3 du Code civil prévoit également que les conventions doivent être exécutées de bonne foi.

Le contrat ne peut être révoqué que par consentement mutuel des parties, il ne peut pas être révoqué unilatéralement : c'est le principe de l'*irrévocabilité unilatérale,* qui connaît des exceptions.

A - Le principe de l'irrévocabilité unilatérale du contrat

Dès la formation du contrat, les parties sont liées par leur engagement : ni l'une ni l'autre ne peuvent y échapper. Les parties ne peuvent revenir sur leur consentement par leur seule volonté. Ce que le consentement mutuel a fait, seul ce même consentement mutuel peut le défaire.

B - L'admission exceptionnelle de la révocation unilatérale du contrat

Dans certains cas, le contrat peut être révoqué unilatéralement.

1) Révocation unilatérale prévue par les parties : la faculté de rupture unilatérale d'origine conventionnelle

Au moment de la conclusion du contrat, les parties s'accordent pour reconnaître à l'une d'elles le pouvoir de révoquer le contrat par sa seule volonté. Le Code civil donne quelques exemples.   *somme donnée comme gage ou dédit de l'exécution d'un contrat.*

Exemple : vente avec arrhes (art. 1590, C. civ.).

2) La faculté de rupture unilatérale d'origine légale

On la rencontre surtout dans les contrats à exécution successive. Cependant, elle peut exister dans les contrats à exécution instantanée.

Exemple : les donations consenties entre époux sont révocables par l'époux donateur.

a) Les contrats à durée indéterminée

Exemple : contrat de bail, contrat de travail…

Il peut être résilié unilatéralement par l'une ou l'autre des parties (art. 1736, C. civ. pour le bail, art. 1872-2, C. civ. pour le contrat de société en participation). Il est admis, au-delà de ces textes particuliers, qu'il existe un principe général permettant à chacune des parties de s'évader du contrat lorsqu'il est à durée indéterminée, sinon les contractants seraient liés à vie ; or, le Code civil interdit le contrat perpétuel (art. 1780, C. civ.). On retrouve toujours les mêmes conditions de rupture. Deux sont essentielles ;

laissé à la discrétion de l'Administration

– la faculté de résiliation unilatérale n'est pas discrétionnaire ; son exercice est susceptible d'abus ; elle ne peut donc intervenir que s'il y a des motifs sérieux ;

– la faculté de résiliation unilatérale suppose que le contractant soit averti un certain temps à l'avance de cette rupture (art. 1736, C. civ. pour le bail).

b) Les contrats à durée déterminée

La faculté de résiliation unilatérale est exceptionnelle. Cependant, selon un arrêt récent de la Cour de cassation, « *la gravité du comportement d'une partie à un contrat peut justifier que l'autre partie y mette fin de façon unilatérale à ses risques et périls*[1] », peu important que le contrat soit à durée déterminée ou pas[2]. De même, la Cour d'appel de Nancy a admis la résolution unilatérale du contrat dans des conditions qu'elle définit plus restrictivement : « *même en cas de manquement grave à l'exécution des obligations de son cocontractant, une partie ne peut être admise à rompre unilatéralement un contrat avant d'avoir obtenu une décision de justice, que si elle établit que l'urgence imposait la résolution immédiate des relations contractuelles* »[3]. C'est le cas pour le contrat de mandat : les articles 2003 et 2007 du Code civil prévoient qu'il prend fin soit par la volonté du mandant, soit par la volonté du mandataire. On l'explique par l'idée de la confiance réciproque qui doit exister entre les deux intéressés (il s'agit d'un contrat conclu *intuitu personae*). Cependant, la seule constatation de l'*intuitu personae* dans un contrat ne permet pas, en dehors des cas prévus par la loi, d'autoriser la rupture unilatérale du contrat. Un certain nombre de textes récents sur la protection des consommateurs ont accordé des facultés de rétractation ou de repentir qui sont des facultés de renonciation contraires à l'article 1134 du Code civil.

Exemple : la loi du 6 janvier 1988 sur le téléachat a accordé un délai de 7 jours pour revenir sur l'achat à compter de la livraison.

2 • LA DISSIMULATION DE LA VOLONTÉ DES PARTIES : LA SIMULATION

Il y a simulation dans un contrat lorsque les parties dissimulent leur volonté réelle derrière une volonté purement apparente. Il y a dans le Code civil un seul texte général : l'article 1321 du Code civil. Plusieurs autres textes permettent de préciser le régime de la simulation tels que les articles 911, 1099, alinéa 1 et 1125-1 du Code civil.

A - La notion de simulation

1) Les éléments de la simulation

La simulation est un mensonge : elle suppose une dissimulation voulue qui se réalise au moyen de deux actes : un acte apparent et un acte secret :

---

1. Civ. 1re, 13 octobre 1998, *Bull. civ.* I, n° 300, *D.* 1999, Jur. p. 197, note Jamin, *D.* Somm. p. 115, obs. Delebecque, *JCP* 1999, II, 10133, note Rzepecki, *Defrénois* 1999, p. 374, obs. D. Mazeaud, *RTD civ.* 1999, p. 394, obs. Mestre, *RTD civ.* 1999, p. 506, obs. Raynard.
2. Civ. 1re, 20 février 2001, *Bull. civ.* I, n° 40, p. 25, *D.* 2001, Jur. p. 1569, note C. Jamin, *D.* 2001, Somm. p. 3239, obs. D. Mazeaud, *Defrénois* 2001, p. 705, obs. Savaux, *RTD civ.* 2001, p. 363, obs. Mestres et Fages.
3. Nancy, 2e ch. com., 20 novembre 2000, *JCP* 2002, I, 10113, note C. Jamin.

– *l'acte apparent ou ostensible* réalise le mensonge puisqu'il ne correspond pas à la volonté réelle des parties. Il ne faut pas que cet acte apparent révèle l'existence de l'acte secret pour qu'il y ait simulation. En pratique, cet acte apparent est constaté par écrit ;

– *l'acte secret ou clandestin* correspond à la volonté réelle des parties. Cet acte est appelé la *contre-lettre.* Il peut être constaté par écrit, mais c'est rarement le cas, d'où la difficulté de prouver son existence. Cet acte secret doit être concomitant à l'acte apparent. Les parties ont voulu les deux actes à la fois.

2) Les formes de la simulation

On distingue généralement quatre formes :

– la simulation peut porter sur *l'existence même de l'acte* du contrat : le contrat ostensible est une pure et simple apparence : il est entièrement fictif. Par l'acte secret, les parties décident que le contrat apparent n'existe pas ;

Exemple : vente simulée.

– la simulation peut porter sur la *nature de l'acte* (interposition de personnes) : c'est la technique du « déguisement » : l'acte apparent se présente comme un contrat d'une certaine nature alors que l'acte secret correspond à un contrat de nature différente ;

Exemple : donation déguisée sous forme de vente.

– la simulation peut porter sur *l'objet de l'acte* du contrat : seuls certains aspects du contrat réel sont dissimulés, c'est un « déguisement partiel » ;

Exemple : dissimulation d'une partie du prix dans un contrat de vente.

– la simulation peut porter sur *les parties à l'acte* (« interposition de personnes ») : une personne figure comme partie à l'acte apparent mais en réalité, c'est une autre qui est réellement partie, ceci souvent afin de tourner certaines incapacités. La simulation peut également avoir pour but de réaliser une fraude.

B - Le régime de la simulation

La simulation n'est pas en soi une cause de nullité de l'opération. On déduit de l'article 1321 du Code civil que l'opération n'est pas illicite même si le texte n'est pas explicite sur ce point : « *Les contre-lettres ne peuvent avoir d'effet qu'entre les parties contractantes ; elles n'ont point d'effet contre les tiers.* »

Ou bien l'on considère que les parties ont agi dans un but louable, honnête et alors rien n'impose de condamner la technique de la simulation, ou bien elles ont agi dans un but de fraude et alors il suffira de faire apparaître la simulation, de la prouver et ensuite d'appliquer la convention secrète comme si elle avait été ostensible.

Exemple : donation par personne interposée, le véritable bénéficiaire étant incapable. Une fois la dissimulation démontrée, on applique les règles des incapacités.

Le risque est l'impossibilité de prouver la simulation. C'est la raison pour laquelle le législateur, dans certains cas, est allé jusqu'à considérer que la simulation est parfois en elle-même illicite.

1) La simulation licite

L'article 1321 du Code civil fait une distinction entre les rapports des parties à l'acte et les rapports avec les tiers.

a) La simulation dans les rapports avec les parties

La contre-lettre produit des effets entre les parties : l'accord secret s'applique parce qu'il correspond à la volonté réelle des parties, à condition que le contrat soit lui-même parfaitement régulier. Si l'accord secret est irrégulier, il sera nul pour irrégularité mais pas pour simulation puisque la simulation est licite. La technique de la simulation est en elle-même neutre, c'est-à-dire qu'elle ne rend pas valable l'acte secret qui, ostensible, aurait été nul, mais la simulation ne rend pas nul l'acte simulé qui est en lui-même valable. Ainsi, la donation déguisée derrière une vente est valable, même si elle n'a pas été constatée par acte authentique (qui est obligatoire en matière de donation), dès lors que les conditions de forme de l'acte apparent (même réduites dans la mesure où la vente est un contrat consensuel) sont respectées.

Pour s'appliquer entre les parties, l'accord secret doit être invoqué et prouvé : lorsque l'acte apparent a été passé par écrit (en application de l'article 1341 du Code civil), l'acte secret doit être prouvé par écrit.

b) Les effets de la simulation à l'égard des tiers

Normalement, quand il y a simulation, le contrat secret devrait être opposable mais, parce qu'il y a simulation, on écarte le régime normal de l'opposabilité du contrat aux tiers (art. 1321, C. civ.).

Les tiers sont protégés par l'acte secret : la contre-lettre est inopposable aux tiers parce qu'ils l'ont toujours ignorée. Toutefois, les tiers de mauvaise foi peuvent se voir opposer la contre-lettre quand ils connaissaient l'acte secret. Les ayants cause universels de l'une ou de l'autre des parties peuvent également se voir opposer la contre-lettre puisqu'ils remplacent les parties. Cependant, même pour eux, on revient à l'inopposabilité de la contre-lettre lorsqu'ils agissent pour défendre un droit qui leur est propre : c'est le cas pour les héritiers réservataires qui agissent pour défendre leur réserve face à une donation déguisée.

Les tiers ont le droit de se prévaloir de l'acte secret. Lorsqu'ils y ont intérêt, les tiers peuvent aussi, comme les parties, intenter une action en déclaration de simulation. Pour les tiers, la preuve de la simulation est libre.

Un conflit peut exister entre les tiers, les uns se prévalant de l'acte apparent, les autres de l'acte secret. Dans un tel cas, la jurisprudence fait prévaloir les intérêts de ceux des tiers qui invoquent l'acte apparent.

2) La simulation illicite

Il s'agit des hypothèses où la simulation est par elle-même une cause de nullité de l'opération. La nullité découle de la simulation. Sans simulation, l'acte aurait été valable. C'est dans un but dissuasif que le législateur déclare la simulation illicite dans certains cas. Parfois, le législateur déclare nulles les contre-lettres permettant une fraude et dans certains cas à la fois l'acte secret et l'acte apparent :

– nullité de la seule contre-lettre

Exemple : l'article 1840 du Code général des impôts prévoit que dans les cessions d'office ministériel, dans les ventes d'immeubles ou de fonds de commerce, la contre-lettre qui a pour objet de dissimuler une partie du prix est nulle, ceci pour encourager l'acquéreur à dénoncer la fraude. Les contre-lettres modifiant le contrat de mariage sont nulles sauf si elles ont été passées dans les mêmes formes que l'acte initial (art. 1396, C. civ) ;

– nullité de la contre-lettre et de l'acte apparent

Exemple : donation par personne interposée (art. 911, C. civ.) ; sont nulles les donations entre époux lorsqu'elles sont déguisées ou faites par personnes interposées (art. 1099, al. 2, C. civ.).

BIBLIOGRAPHIE

« Que reste-t-il de l'intangibilité du contrat ? », Dossier *Dr. et patr.*, mars 1998, p. 42.

ANCEL (P.), « Force obligatoire et contenu obligationnel du contrat », *RTD civ.* 1999, p. 774.

ANSELME-MARTIN (O.), « Étude critique du devoir d'exécuter les conventions de bonne foi », *LPA* 1997, n° du 22 janvier.

BREDIN (J.-D.), « Remarques sur la conception juridique de l'acte simulé », *RTD civ.* 1956, p. 261.

CHARBONNEAU (C.) et PANSIER (F.-J.), « Du renouveau de la notion de partie », *Defrénois 2000*, I, p. 284, art. 37110.

DAGOT (M.), *La simulation en droit privé*, 1967.

DELMAS SAINT-HILAIRE, « L'adaptation du contrat aux circonstances économiques », in *La tendance à la stabilité du rapport contractuel*, 1960, p. 189, I.

EL GRAMMAL, *L'adaptation du contrat aux circonstances économiques*, 1967.

LE BARS (B.), « La résiliation unilatérale du contrat pour cause d'intérêt légitime », *D.* 2002, Chron. p. 381.

MESTRE (J.) et FAGES (B.), « Les effets du contrat demeurent-ils sous l'empire de la loi ancienne ou sont-ils régis par la loi nouvelle ? », *RTD civ.* 2002, p. 507.

PAYS (B.), « De la "vente à soi-même" », *Dr. et patr.* 2004, p. 44.

PICOD (Y.), *Le devoir de loyauté dans l'exécution du contrat*, LGDJ, 1989.

RONTCHEVSKY (N.), *L'effet de l'obligation*, Economica, Coll. « Droit civil », 1998.

STOFFEL-MUNCK (PH.), *Regards sur la théorie de l'imprévision. Vers une souplesse contractuelle en droit privé français contemporain*, Presses Universitaires Aix-Marseille, 1994.

TERRÉ (F.) (Sous la direction de), *Le consommateur et ses contrats*, Litec, Coll. « Juris-Compact », 2002.

CHAPITRE 11

Les effets du contrat
II – Le contrat et les tiers

Théoriquement, le contrat n'a d'effet qu'entre les parties. Il n'intéresse pas les tiers. Néanmoins, le juge peut intervenir dans le contrat (1) et les autres tiers ne peuvent l'ignorer totalement (2).

1 • LE CONTRAT ET LE JUGE

Le juge peut intervenir dans deux cas : pour préciser le contenu du contrat lorsque celui-ci n'est pas clair, ou lorsque les conditions d'exécution du contrat se modifient.

A - L'interprétation du contrat

Elle consiste à préciser le sens et la portée du contrat ou de l'une de ses clauses en cas d'ambiguïté. Cette opération se distingue de deux opérations voisines :

– *la preuve :* elle consiste à démontrer l'existence du contrat, c'est-à-dire d'un accord de volontés destiné à produire un effet juridique. Elle est préalable à l'interprétation qui n'est faite que si l'existence du contrat est prouvée ;

– *la qualification du contrat :* quand le contrat existe, une fois que l'on sait avec précision ce que les parties ont voulu, il est alors nécessaire de déterminer le régime juridique applicable au contrat ; il convient de qualifier ce contrat, c'est-à-dire de déterminer à quelle catégorie juridique connue il appartient.

L'interprétation n'intervient qu'en cas de problème entre les parties tandis que la qualification appartient au seul juge même si les parties sont d'accord sur cette qualification. Le juge n'est pas lié par la qualification donnée mais il est lié par un accord sur l'interprétation.

1) Les principes d'interprétation

Deux méthodes sont concevables en matière d'interprétation. *La méthode subjective* consiste à se demander quelle est la volonté réelle, interne, des parties tandis que *la méthode objective* consiste à étudier le contenu précis du contrat en tenant compte des exigences sociales.

Entre des ceux méthodes, le Code civil a choisi la première méthode, c'est-à-dire la méthode subjective (art. 1156, C. civ.) : elle s'expliquerait par l'autonomie de la volonté.

Il est parfois difficile de savoir quelle est la volonté des parties : quand il y a des ambiguïtés dans un contrat, la volonté des différentes parties n'est pas toujours concordante car chacune d'elles a compris la clause dans le sens qui lui était favorable. C'est la raison pour laquelle le Code civil a parfois fait quelques concessions à la méthode objective (art. 1159 et 1162, C. civ.).

2) L'interprétation en droit positif

La jurisprudence s'en tient essentiellement à la méthode subjective : elle entend rechercher la commune intention des parties à partir du contrat lui-même mais aussi à partir d'éléments extérieurs. Les directives données par le Code civil ne sont que des conseils de méthode pour les juges : elles ne s'imposent pas à eux. Souvent, cet attachement à la méthode subjective n'est en réalité qu'une façade, qu'un paravent qui permet au juge de rechercher quelle est la solution objectivement, socialement la meilleure. Très souvent également, les tribunaux font état de la commune intention des parties alors même que l'interprétation du contrat n'est pas en cause. Le droit positif est en réalité une combinaison des méthodes objectives et subjectives.

Les juges du fond sont souverains pour effectuer l'interprétation des contrats : c'est une question de fait[1]. En revanche, la Cour de cassation contrôle la nécessité de l'interprétation du contrat, c'est-à-dire la dénaturation du contrat : quand un contrat est obscur, il est du devoir du juge de l'interpréter mais si le contrat est clair et précis, le juge n'a pas le droit de l'interpréter. Sinon, il dénature le contrat.

Néanmoins, il arrive qu'une convention claire devienne défectueuse. Le juge, selon la jurisprudence, peut alors modifier le contrat.

Exemple : substitution d'un indice d'indexation à celui choisi par les parties parce qu'il est illicite ou inexistant.

Le juge peut également se fonder sur la bonne foi (art. 1134), l'équité (art. 1135) ou bien encore sur l'intention présumée des parties pour « compléter » le contrat.

Exemple : obligation de sécurité dans le contrat de transport : selon la jurisprudence, « *l'obligation de conduire le voyageur sain et sauf à destination* » constitue une obligation de résultat[2].

Le juge dispose également d'un pouvoir modérateur, qui lui pemet de supprimer ou modifier des stipulations contractuelles excessives ou abusives.

Exemple : clauses abusives (*cf.* Chapitre 7).

---

1. Cass. Sect. réunies, 2 février 1808, *Grands arrêts*, n° 91, p. 180.
2. Civ., 21 nov. 1911, *Grands arrêts*, n° 188 ; Civ 1re, 28 avril 1969, *D.* 1969, Jur. p. 650.

La Cour de cassation n'interprète pas les contrats standardisés, c'est-à-dire ceux qui sont reproduits à de multiples exemplaires et qui s'appliquent à de nombreuses personnes. Seuls quelques arrêts isolés ont laissé penser que la Cour de cassation souhaitait contrôler ces contrats pour en assurer l'uniformité, mais elle s'est finalement clairement prononcée en sens contraire[1].

L'article 1156 du Code civil impose de rechercher quelle a été la volonté des parties.

Un certain nombre d'articles du Code civil donnent des indications en matière d'interprétation. Il s'agit de conseils qui ne s'imposent pas au juge.

Texte	Règle posée
Art. 1157, C. civ.	Lorsque des clauses peuvent être interprétées de deux manières différentes, il faut choisir l'interprétation qui rend la clause valable et non celle qui la rend nulle.
Art. 1158, C. civ.	Lorsqu'une clause est susceptible de deux sens, il faut privilégier l'interprétation qui convient le plus à la matière du contrat.
Art. 1159 et 1160, C. civ.	L'usage peut permettre de privilégier telle interprétation d'une clause ambiguë plutôt qu'une autre.
Art. 1161, C. civ.	Le sens de l'acte dans son ensemble doit être la référence pour l'interprétation de clauses particulières. On suppose que les parties ont voulu faire du contrat un tout cohérent, sans clauses contradictoires.
Art. 1162, C. civ.	En cas de doute sur la signification d'une clause, celle-ci doit être interprétée en faveur du débiteur.

B - La révision du contrat : l'imprévision

Le problème de la révision se pose essentiellement dans les contrats à exécution successive ou échelonnée. En effet, l'équilibre entre les intérêts respectifs des parties tel qu'il a été défini à l'origine a pu disparaître du fait de l'évolution des circonstances. Le problème qui se pose est de savoir s'il faut tenir compte de l'évolution des circonstances qui accompagnent le déroulement du contrat. Il n'y a pas de difficultés si les parties sont d'accord mais il y en a une si les parties ne sont pas d'accord lorsqu'il s'agit d'effectuer la révision. La révision a parfois pu être prévue.

1) L'imprévision contractuelle

Généralement, lorsque les circonstances qui accompagnent l'exécution du contrat ont changé par rapport à celles qui existaient au moment de sa conclusion et qu'elles

---

1. Com., 15 mai 1950, *D.* 1950, Jur. p. 773, note Ripert ; Com., 18 juin 1991, *Bull. civ.* IV. n° 221, p. 156.

rendent plus difficile l'exécution du contrat par l'une des parties, la jurisprudence refuse de modifier le contrat ; mais le législateur l'a parfois autorisé.

a) La révision judiciaire des contrats

La théorie de l'imprévision veut que le juge modifie le contrat en tenant compte des circonstances : son application a été écartée dans un arrêt de principe de la Chambre civile de la Cour de cassation du 6 mars 1876, *Canal de Craponne*[1] : il s'agissait d'un contrat conclu en 1560 entre le propriétaire d'un canal d'irrigation et les riverains. Le propriétaire fournissait de l'eau contre une redevance fixe. Les successeurs du propriétaire demandent au juge d'augmenter le prix, la Cour d'appel accepte une hausse, mais la Cour de cassation rend un arrêt de principe : elle casse au motif que l'article 1134 du Code civil consacre une règle générale qui s'applique à tous les contrats. Il est donc interdit au juge de modifier le contrat pour tenir compte du temps et des circonstances.

Cette décision a suscité de nombreuses critiques de la part de la doctrine. Elle se justifie néanmoins par le souci d'éviter que l'un des cocontractants ne demande la révision dès que l'exécution de ses obligations devient plus difficile. Il s'agit également d'éviter des répercutions en chaîne c'est-à-dire des demandes de révision successives de la part des différents cocontractants.

Au contraire, la jurisprudence administrative a consacré la théorie de l'imprévision dans un célèbre arrêt *Gaz de Bordeaux*[2]. De plus, une décision de jurisprudence civile récente a condamné le cocontractant, refusant la révision dont l'absence aurait conduit l'autre à la ruine, à des dommages-intérêts sur le fondement de la « *bonne foi dans l'exécution du contrat*[3] ». Certes, il s'agit plus de sanctionner une faute contractuelle que de reconnaître la possibilité d'une révision mais la jurisprudence fait sans aucun doute preuve ici d'une certaine souplesse. Parallèlement, un mouvement jurisprudentiel tend à affirmer l'existence d'une obligation de renégocier le contrat lorsque celui-ci devient profondément déséquilibré, notamment en cas de « *modification imprévue des circonstances économiques* »[4].

b) L'intervention législative

Suite notamment aux difficultés économiques consécutives à la Seconde Guerre mondiale, le législateur est intervenu pour reconnaître au juge la possibilité d'intervenir dans les contrats. Il y a donc eu des mesures ponctuelles :

– loi Faillot du 21 janvier 1918 : faculté de révision judiciaire du contrat en cas de difficulté d'exécution résultant des changements économiques ;

---

1. Civ., 6 mars 1876, *DP* 1875, 1, p. 193, note Giboulot, *S.* 1876, 1, p. 161, *Grands arrêts*, n° 94.

2. CE, 30 mars 1916, *D.* 1916, 3, p. 25, *S.* 1916, 3, p. 17, note Hauriou.

3. Com., 3 novembre 1992, *Bull. civ.* IV, n° 338, *RTD civ.* 1993, p. 124, obs. J. Mestre, *Defrénois* 1993, art. 35663, n°131, obs. J.-L. Aubert.

4. Civ. 1re, 16 mars 2004, *Bull. civ.* I, n° 86, *D.* 2004, Jur. p. 1754, note D. Mazeaud, *JCP* E 2004, p. 737, note Renard-Payen, *Comm. com. électr.* 2004, n° 119, note Stoffel-Munck, *RLDC* 2004/6, n° 222, note Houtcieff, *LPA* 28 Juin 2004, note Gavoty et Edwards, *RTD civ.* 2004, p. 290, obs. Mestre et Fages.

– loi du 25 mars 1949 : révision des rentes viagères de plein droit ou par intervention du juge dans certains cas ;

– décret-loi du 11 mars 1957 : possibilité pour le juge d'intervenir dans le contrat de cession du droit d'exploitation de l'œuvre littéraire ou artistique pour augmenter le prix de la redevance ;

– article 900-2 du Code civil : les charges dans les libéralités, qui sont des obligations pesant sur le bénéficiaire, peuvent être révisées en justice lorsque par suite d'un changement de circonstances, l'exécution en est devenue soit extrêmement difficile, soit sérieusement dommageable ;

– article 900-1 du Code civil : les clauses d'inaliénabilité du bien dans une libéralité peuvent être supprimées par le juge lorsque l'intérêt qui avait justifié la clause a disparu.

2) La prévision contractuelle

Les contractants sont aujourd'hui habitués aux changements des circonstances économiques : ils prennent des précautions dès la conclusion du contrat en prévoyant des procédures spéciales permettant de modifier le contrat pour l'adapter aux circonstances nouvelles.

Les parties au contrat prévoient que l'objet des obligations variera en fonction d'une référence choisie d'un commun accord et prévue par le contrat.

Les parties prévoient fréquemment d'insérer au contrat une *clause d'indexation* : celle-ci permet de faire varier le prix de l'une des prestations en fonction d'un indice prédéterminé. Pendant longtemps, la jurisprudence a hésité sur la validité de ces clauses qui semblait en contradiction avec le principe du nominalisme monétaire, énoncé incidemment par l'article 1895 du Code civil. Finalement, en 1957[1], la Chambre civile de la Cour de cassation a décidé que l'article 1895 du Code civil n'était pas d'ordre public : toutes les clauses ont été autorisées mais le législateur a dû intervenir par les ordonnances du 30 décembre 1958 et du 4 février 1959 afin de réglementer les clauses d'indexation. Ces textes interdisent les indexations fondées sur le niveau général des prix ou des salaires ou sur un indice général (prix ou salaires) ou sur les prix de biens et services qui n'ont pas de relation directe avec l'objet du contrat ou l'activité de l'une des parties.

Cette réglementation générale est écartée dans certains cas de deux manières : d'une part pour les paiements internationaux dans lesquels les clauses d'indexation ont toujours été admises ; sont ainsi permises les « clauses-or » ou les « clauses-monnaie étrangère », d'autre part, il existe des hypothèses de liberté d'indexation, notamment pour les rentes d'aliments et rentes viagères constituées entre particuliers.

---

1. Civ. 1re, 27 juin 1957, Jur. p. 649, note Ripert, *JCP* 1957, II, 10093 *bis*, concl. Besson, *Gaz. Pal.* 1957, 2, p. 41, *Grands arrêts* n° 160.

2 • LE CONTRAT ET LES TIERS « AU SENS STRICT »

Le principe de l'article 1165 du Code civil prévoit que les effets du contrat ne se produisent qu'entre les parties au contrat ; ils ne peuvent se produire ni au profit de tiers, ni à leur encontre : ce principe interdit d'une part l'extension des effets du contrat au-delà des parties, c'est-à-dire aux tiers, d'autre part le fait pour les parties de passer des contrats pour autrui. Néanmoins, ce principe connaît des atténuations puisque très souvent, le tiers est intéressé au contrat et peut même être finalement engagé à plus ou moins long terme.

A - Les tiers intéressés : l'opposabilité du contrat aux tiers

Le contrat peut avoir des répercutions sur les tiers. Il se peut que, dans certains cas, le contrat intéresse les tiers à travers les effets qu'il a produits. Dans d'autres cas, le contrat intéresse les tiers indépendamment des effets juridiques qu'il a pu produire. Les effets du contrat sont opposables aux tiers, qui ne peuvent pas les ignorer. L'opposabilité permet que les tiers soient tenus de respecter les effets du contrat.

1) L'opposabilité aux tiers liés aux parties

a) L'opposabilité aux ayants cause à titre particulier

Les ayants cause à titre particulier sont par exemple l'acheteur d'une chose ou le donataire. Il a reçu de son auteur un bien ou un droit déterminé. Selon le type de contrat, ils subissent différemment les effets des contrats passés par leur auteur, sauf si les intéressés ont prévu expressément la transmission aux ayants cause à titre particulier.

• *Contrat n'ayant aucune relation avec le droit ou le bien objet du contrat*

Lorsque le contrat n'a aucune relation avec le droit ou le bien transmis, il n'y a pas de transmission des contrats.

• *Contrat ayant un lien avec le droit ou le bien objet de l'acquisition*

L'acquéreur d'un bien ne peut pas ignorer le contrat passé par son auteur relativement au bien qu'il acquiert. Il ne peut ignorer ni les contrats constitutifs de droits réels sur le bien, ni les contrats générateurs de simples créances relatives au bien. Cette opposabilité est soumise à certaines conditions, en particulier de forme telles que l'antériorité de date certaine, ou à des conditions de publicité dans certains cas.

Lorsque le contrat a pour objet des droits réels, il y a transmission de plein droit des contrats à l'ayant cause à titre particulier. Ainsi, en présence d'une convention portant sur un immeuble auquel est attachée une servitude, qu'il s'agisse du fonds servant ou du fonds dominant, il y a transmission de la servitude. Cette solution est justifiée par l'article 1615 du Code civil qui dispose que « *l'obligation de délivrer la chose comprend ses accessoires et tout ce qui a été destiné à son usage perpétuel* ».

Lorsque le contrat a pour objet des droits personnels, il s'agit de savoir si les contrats relatifs au bien acquis sont transmis avec lui, c'est-à-dire si l'ayant cause à titre particulier devient débiteur ou bien créancier à la place de son auteur. Il convient de distinguer entre la transmission des créances et la transmission des dettes.

1. Transmission des créances

Selon la doctrine classique, la créance se transmet uniquement lorsqu'elle constitue un accessoire au bien transmis. La doctrine moderne est en faveur de la transmission des créances relatives à la chose. La jurisprudence s'en tient au principe de l'intransmissibilité sauf manifestation de volonté contraire. La jurisprudence admet la cession de créance accessoire, en particulier les créances de garantie de la chose, mais également sur le fondement d'une stipulation pour autrui implicite, d'une cession de créance ou d'une subrogation implicite ou de la théorie de l'accessoire.

2. Transmission des dettes

S'il s'agit de la transmission d'une dette, celle-ci est intransmissible à l'ayant cause à titre particulier. La transmission n'a été admise par la jurisprudence que dans certains cas en utilisant une motivation détournée[1].

3. Transmission simultanée de dettes et de créances

S'il s'agit de la transmission à la fois de créances et de dettes, il n'y a pas de réponse précise de la part de la doctrine mais il semble que l'ayant cause ait une option : il renonce ou il accepte les deux.

b) L'opposabilité aux créanciers chirographaires

Les créanciers chirographaires ne deviennent personnellement ni créancier, ni débiteur en vertu des contrats passés par leur auteur : ces contrats leur sont inopposables. Exceptionnellement, la loi leur accorde parfois une action directe contre les débiteurs de leur débiteur. Par exemple, le propriétaire a une action contre le sous-locataire (art. 1753, C. civ.). De même, en matière d'assurance de responsabilité, la victime du dommage a une action directe contre l'assureur du dommage (art. R. 98, C. assur.). Dans ce cas, le créancier agit en son nom propre, c'est une exception à l'article 1165 du Code civil. La jurisprudence a récemment étendu ces hypothèses[2]. Les créanciers chirographaires ne peuvent pas ignorer l'effet des contrats passés par leurs débiteurs à condition qu'il n'y ait ni simulation, ni fraude[3].

2) L'opposabilité aux tiers absolus

Les contrats intéressent les tiers absolus.

Exemple : dommage causé à un bien : le responsable du dommage ne peut prétendre ignorer le transfert de la propriété invoqué par le nouveau propriétaire du bien. La vente lui est opposable. Cette opposabilité n'est soumise à aucune condition particulière.

---

1. Rouen, 28 novembre 1925, *D.* 1927, 2, p. 172, note Lepargneur, *S.* 1925, 2, p. 125, note H. R.

2. Cf. *supra*.

3. Ils disposent dans ce cas de l'action paulienne, *cf.* Chapitre 24.

B - Les tiers engagés

Les tiers peuvent se voir engagés, au décès du cocontractant, par le mécanisme de la stipulation pour autrui, de la promesse de porte-fort ou dans l'hypothèse d'un groupe de contrats. L'engagement du tiers peut également résulter de la cession du contrat[1].

1) La transmission du contrat aux ayants cause universels ou à titre universel

Selon l'article 1122 du Code civil, le contrat est transmis aux ayants cause universels ou à titre universel[2,] c'est-à-dire à ceux qui ont vocation à recueillir tout ou partie du patrimoine du *de cujus*. Néanmoins, le contrat peut prévoir le contraire. De même, les contrats conclus *intuitu personae* prennent fin au décès de l'une des parties.

2) La stipulation pour autrui

Il s'agit d'un mécanisme juridique par lequel l'une des parties, le promettant, s'engage envers l'autre partie, le stipulant, au profit d'une troisième personne, le tiers bénéficiaire. Le tiers devient créancier sans avoir donné son consentement à l'origine. Il y a une atténuation à l'effet relatif du contrat.

Exemple : contrat d'assurance sur la vie ou assurance décès au profit d'un tiers, donation avec charge au profit d'un tiers.

a) Les conditions

La stipulation pour autrui doit d'abord respecter les conditions de validité de tous les actes juridiques. Elle est également soumise à un certain nombre de conditions spécifiques :

• Les conditions relatives à l'accord entre le stipulant et le promettant

L'article 1121 admet la stipulation pour autrui dans deux hypothèses :

– si elle est la condition d'une stipulation que l'on fait pour soi-même ;

Exemple : contrat de vente : le vendeur demande que le prix lui soit payé en partie à son profit et pour l'autre partie au profit d'un tiers ;

– si elle est la condition d'une donation que l'on fait à un autre ;

Exemple : donation avec charge.

La jurisprudence a élargi très nettement ce domaine. Elle a admis la stipulation pour autrui dans des cas qui ne rentrent pas dans les deux premières hypothèses.

Exemple : assurance vie au profit d'un tiers[3].

Aujourd'hui, pour que la stipulation pour autrui soit valable, il suffit qu'elle se greffe sur un contrat principal contenant un engagement quelconque du stipulant envers le promettant, dès lors que le stipulant a un intérêt au moins moral à la stipulation au

---

1. Ce cas sera étudié dans le cadre du régime des obligations.

2. Com., 16 mars 1954, *D.* 1954, Jur. p. 474.

3. Civ., 16 janvier 1888, *DP* 1888, p. 1, p. 77, *S.* 1888, p. 1, p. 121, note T.C., *Grands arrêts,* n° 100, solution consacrée par la loi du 13 juillet 1930.

profit d'un tiers. Les deux personnes doivent avoir eu l'intention de conférer un droit à un tiers[1]. La jurisprudence a admis la stipulation pour autrui tacite[2].

• *Les conditions relatives à la personne du tiers bénéficiaire*

Le tiers devient créancier grâce à la stipulation pour autrui. La créance ne peut pas exister sans un titulaire, ce qui pose des problèmes dans deux hypothèses :

– *stipulation pour autrui au profit d'une personne indéterminée :* elle est valable même si le tiers n'est pas nommément désigné au moment où elle est faite. Il suffit que le tiers soit déterminable au moment où la stipulation pour autrui produira son effet.

Exemple : assurance de marchandises pour le compte de qui il appartiendra.

Si le tiers n'est pas désigné au départ, il se peut que le stipulant se soit réservé le droit de le désigner ultérieurement mais cette désignation doit intervenir avant que la stipulation pour autrui ne produise ses effets ;

– *stipulation pour autrui au profit d'une personne future :* traditionnellement on considère que pour qu'elle soit valable, il faut que le tiers bénéficiaire existe lors de la conclusion du contrat, il faut qu'il soit conçu[3]. Toutefois, il existe une exception : l'assurance-décès peut être souscrite au profit des enfants à naître ou nés du souscripteur (art. L. 132-8, C. assur., loi du 13 juillet 1930). Cette exception peut par analogie être étendue aux autres hypothèses de stipulation pour autrui.

En principe, la stipulation pour autrui fait naître des droits au profit du tiers bénéficiaire mais en aucun cas des obligations à sa charge. La jurisprudence renonce peu à peu à ce principe.

Exemple : contrat entre une société de surveillance et une banque pour le transfert de fonds entre un grand magasin et la banque : la jurisprudence a admis une stipulation au profit du grand magasin qui paie les factures des transports de fonds[4].

Exemple : une convention de transport de fonds entre une banque et un transporteur comporte une stipulation au profit des clients de la banque, dont ils peuvent se prévaloir, en cas de détournement de fonds, même s'ils ont accepté de régler les factures de transport[5].

b) Les effets de la stipulation pour autrui

La stipulation pour autrui est une opération juridique « triangulaire ».

• *Les rapports stipulant/promettant*

Le contrat principal doit être exécuté conformément au droit commun. La jurisprudence admet, bien qu'il ne soit pas créancier, que le stipulant exige que le promettant

1. Req., 20 décembre 1898, *D.* 1889, 1, p. 320, *S.* 1901, 1, p. 270.
2. Civ., 6 décembre 1932, *DP* 1935, 1, p. 37, note Josserand, *S.* 1934, 1, p. 81, note Esmein ; Com., 7 octobre 1997, *Bull. Joly* 1997, p. 1058, note P. Mousseron, *D.* 1998, Somm. p. 112, obs. Ph. Delebecque.
3. Civ., 7 mars 1893, *S.* 1894, 1, p. 161, note Labbé, *D.* 1894, 1, p. 77.
4. Civ. 1re, 21 novembre 1978, *Bull. civ.* I, n° 356, *D.* 1978, Jur. p. 309, note D. Carreau, *JCP* 1980, II, 19315, note R. Rodière, *Defrénois* 1979, art. 32077, n° 50, obs. J.-L. Aubert.
5. Civ. 1re, 8 décembre 1987, *Bull. civ.* I, n° 343, *RTD civ.* 1988, p. 532, obs. J. Mestre.

s'exécute au profit du tiers. Il est certain que le stipulant peut agir contre lui en exécution, soulever l'exception d'inexécution ou agir en résolution du contrat pour inexécution.

• *Les rapports stipulant/bénéficiaire*

Selon les hypothèses, la stipulation pour autrui peut avoir soit un caractère onéreux, soit un caractère gratuit. Le stipulant peut-il révoquer la stipulation pour autrui ? L'article 1121 du Code civil affirme que oui, tant que le tiers ne l'a pas accepté.

La révocation ne remet pas en cause le contrat entre le stipulant et le promettant : la stipulation disparaît et le stipulant reçoit la créance née de la stipulation dans son patrimoine.

Seul le bénéficiaire ou ses représentants peuvent invoquer la stipulation pour autrui. La jurisprudence a étendu cette possibilité aux héritiers, ce qui est incompatible avec l'article L. 132-9, alinéa 3 du Code des assurances, qui prévoit que « *ce droit de révocation ne peut être exercé, après la mort du stipulant, par ses héritiers, qu'après l'exigibilité de la somme assurée et au plus tôt 5 mois après que le bénéficiaire a été mis en demeure par acte extra-judiciaire, d'avoir à déclarer qu'il accepte* ».

• *Les rapports promettant/tiers bénéficiaire*

Le tiers bénéficiaire devient créancier du promettant dès la conclusion du contrat entre stipulant et promettant : il ne peut pas devenir débiteur en vertu de la stipulation pour autrui. Le tiers devient créancier avant même d'avoir accepté, c'est donc une atténuation au principe posé par l'article 1165 du Code civil. Cela explique que le tiers puisse accepter la stipulation pour autrui même après le décès du stipulant. Le tiers peut agir en exécution de la promesse mais pas en résolution du contrat principal.

Le tiers bénéficiaire acquiert un droit direct contre le promettant. C'est un droit qu'il ne tient pas du stipulant, c'est-à-dire qui ne passe pas par le patrimoine du stipulant (art. 132-13, C. assur. : assurance-décès). Cela a deux conséquences :

– les créanciers du stipulant n'ont pas de droit de gage sur les sommes que le promettant doit au tiers ;

– les héritiers du stipulant ne peuvent pas exiger le rapport à succession des sommes dues par le promettant, ni leur réduction pour atteinte à la réserve lorsqu'il y a libéralité.

La stipulation ne peut en principe faire naître qu'un droit au profit du tiers et ne peut créer d'obligation à sa charge. La jurisprudence semble renoncer de plus en plus à cette exigence qu'elle a longtemps posée[1].

---

1. Civ. 1re, 21 novembre 1978, *Bull. civ.* I, n° 356, *D.* 198, 309, note D. Carreau, *JCP* 1980, II, 19315, note R. Rodière, *Defrénois* 1979, art. 32077, n° 50, obs. J.-L. Aubert : contrat entre une société de surveillance et une banque pour le transfert de fonds entre un grand magasin et la banque : stipulation au profit du grand magasin qui paie les factures des transports de fonds ; Civ. 1re, 8 décembre 1987, *Bull. civ.* I, n° 343, *RTD civ.* 1988, p. 532, obs. J. Mestre : une convention de transport de fonds entre une banque et un transporteur comporterait une stipulation au profit des clients de la banque, dont ils peuvent se prévaloir, en cas de détournement de fonds, même s'ils ont accepté de régler les factures de transport.

Malgré tout, le droit du tiers reste lié au contrat principal entre stipulant et promettant. En conséquence, le promettant peut refuser d'exécuter sa promesse si le stipulant ne s'exécute pas lui-même ou si le contrat principal est nul. Le promettant peut, pour refuser de s'exécuter, invoquer toutes les exceptions qu'il pourrait invoquer contre le stipulant.

3) La promesse de porte-fort

a) La notion de promesse de porte-fort

L'article 1119 du Code civil prévoit l'interdiction de la promesse pour autrui mais l'article 1120 du Code civil permet néanmoins de se porter fort pour un tiers. La promesse de porte-fort consiste de la part d'une personne, en son propre nom, à engager autrui. Une personne s'engage à obtenir elle-même l'engagement d'un tiers. Elle consiste à s'engager soi-même à ce qu'un tiers s'engage. Elle peut exister dans deux hypothèses :

– à titre principal et isolé ;

– à titre accessoire : elle accompagne un contrat principal qui, lui, nécessite le consentement d'un tiers.

b) Les effets de la promesse de porte-fort

• Effets envers le promettant (= porte-fort)

Le promettant est engagé à obtenir le consentement du tiers. Il y a alors deux hypothèses :

– *le tiers s'engage lui-même* : le porte-fort est libéré, il a rempli son obligation ;

– *le tiers refuse de ratifier le contrat initial :* le porte-fort n'a pas accompli son obligation, il sera responsable envers son cocontractant et devra lui verser des dommages-intérêts.

• Effets envers le tiers

Deux types de conséquences :

– *le tiers refuse de ratifier :* le contrat n'est pas formé et le porte-fort peut voir sa responsabilité contractuelle engagée.

Cas particulier : hypothèse où le tiers est l'héritier du porte-fort : il va donc recevoir les obligations de son auteur. Une jurisprudence ancienne décidait qu'il était tenu de ratifier. Aujourd'hui, la jurisprudence considère que le tiers n'est pas tenu à s'engager : comme son auteur le porte-fort, il sera tenu uniquement à verser des dommages-intérêts dans le cas où il ne ratifie pas [1];

– *le tiers accepte de ratifier :* son consentement rétroagit au jour du contrat passé par le porte-fort. La promesse de porte-fort est alors une atténuation de la règle de l'article 1165 du Code civil.

---

1. Req., 22 juillet 1879, *S.* 1880, 1, p. 20 ; Req., 5 mars 1935, *S.* 1935, 11, p. 150 ; Civ. 1re, 26 novembre 1975, *D.* 1976, Jur. p. 353, note C. Larroumet, *RTD civ* 1976, p. 575, obs. G. Cornu, *RTD civ.* 1977, p. 117, obs. Y. Loussouarn.

4) Les groupes de contrats

Le principe de l'effet relatif du contrat prévu à l'article 1165 du Code civil voudrait qu'un contrat ne puisse pas avoir de répercussions sur un autre. La doctrine et la jurisprudence ont cependant bien voulu reconnaître l'existence de liens entre certains contrats.[1]

Une distinction est faite selon le type de chaîne de contrats concerné. *Voir tableau suivante.*

Type de chaîne de contrats	Solutions	Exemples *Que se passe-t-il en cas de litige ?*
Chaîne homogène de contrats translative de propriété	Responsabilité du premier vendeur « nécessairement contractuelle » (Civ. 1re, 9 octobre 1979[2]).	M. Jean vend sa maison à M. Jacques qui la vend à M. Paul, elle s'écroule : M. Paul dispose d'une action contractuelle contre M. Jean.
Chaîne hétérogène de contrats translative de propriété	Ass. plén., 7 février 1986[3] : responsabilité contractuelle.	M. Jean fait construire sa maison à M. Jacques qui achète des volets à M. Paul. Les volets ne fonctionnent pas. M. Jean dispose d'une action contractuelle contre M. Paul.
Chaîne de contrats non translative de propriété	= sous-contrat Civ. 1re, 8 mars 1988[4] : responsabilité contractuelle. Ass. plén., 12 juillet 1991[5] : responsabilité délictuelle.	M. Jean conclut un contrat d'entreprise avec M. Jacques qui sous-traite tout ou partie du travail à M. Paul. Il s'avère que le toit, réalisé par M. Paul, ne résiste pas à la pluie. M. Jean peut agir en responsabilité délictuelle contre M. Paul.

---

1. Voir également les notions d'indivisibilité et d'ensemble contractuel (chapitre 12).
2. Civ. 1re, 9 octobre 1979, *Bull. civ.* I, n° 241, *RTD civ.* 1980, p. 354, obs. J. Durry.
3. Ass. plén., 7 février 1986, *Bull.* n° 2, *JCP* 1986, 20616 note Malinvaud, *D.* 1986, Jur. p. 293, note Bénabent, *RTD civ.* 1986, 364, obs. Huet, 605, obs. Remy
4. Civ. 1re, 8 mars 1988, *Bull. civ.* I, n° 69, *RTD civ.* 1988, p. 551, obs. Rémy, 741, obs. Mestre, 1989, p. 553, obs. Jourdain (affaire *Clic clac photo*).
5. Ass. plén., 12 juillet 1991, Besse, *JCP* 1991, II, 21743, note Viney, *D.* 1991, Jur. p. 549, note Ghestin, *Defrénois* 1991, p. 130, note J.-L. Aubert, *Contrats, conc. consom.* oct. 1991, n° 200, obs. Leveneur, *RTD civ.* 1991, p. 750, obs. P. Jourdain, 1992, p. 90, obs. J. Mestre, *RJDA* 1991, p. 583, concl. Mounier, *Grands arrêts* n° 105.

BIBLIOGRAPHIE

Le rôle du juge dans l'interprétation des contrats, Travaux de l'Association Henri Capitant, 1949.

« Que reste-t-il de l'intangibilité du contrat ? » Dossier *Droit et patrimoine,* mars 1998, p. 42.

AUBERT (J.-L.), « À propos d'une distinction renouvelée des parties et des tiers », *RTD civ.* 1992, p. 263.

BACACHE-GIBEILI (M.), *La relativité des conventions et les groupes de contrats,* LGDJ, Coll. « Bibliothèque de droit privé », 1996.

BORÉ (J.), « Un centenaire : le contrôle par la Cour de cassation de la dénaturation des actes », *RTD civ.* 1972, p. 249.

BOULANGER (J.), « Usage et abus de la notion d'indivisibilité », *RTD civ.* 1950, p. 1.

BOULANGER (J.), *La promesse de porte-fort et les contrats pour autrui,* Thèse Caen, 1933.

BRUNET (F.), *Le pouvoir modificateur du juge,* Thèse Paris, 1973.

CHAMPEAU, *La stipulation pour autrui,* Thèse Paris, 1893.

CHAZAL (J.-P.), « De la signification du mot loi dans l'article 1134, alinéa 1er, du Code civil », *RTD civ.* 2001, p. 265.

FIN-LANGER (L.), *L'équilibre contractuel*, LGDJ, Coll. « Bibliothèque de Droit privé », 2002.

FERRERI (S.), « Le juge national et l'interprétation des contrats internationaux », *RID* comp. 2001, n° 1, p. 29

FLATTETE (G.) *Les contrats pour le compte d'autrui,* Thèse Paris, 1950.

FRANÇOIS (J.), *Les opérations juridiques triangulaires attributives (stipulation pour autrui, délégation de créance),* Thèse Paris, II, 1994.

GENDRON (F.), *L'interprétation des contrats*, Wilson et Lafleur Itée, Montréal, 2002.

GHESTIN (J.), « La distinction entre les parties et les tiers du contrat », *JCP* 1992, I, 3628.

GHESTIN (J.), « Nouvelles propositions pour un renouvellement de la distinction des parties et des tiers », *RTD civ.* 1994, p. 777.

GOASCOZ (J.-L.), « Validité de la promesse de porte-fort du consentement du conjoint à la cession d'un bien commun », *JCP* N 1997, I, p. 1347.

GOUAL, *Recherches sur le principe de l'effet relatif des contrats,* Thèse Paris II, 1977.

GUELFUCCI-THIBIERGE (C.), « De l'élargissement de la notion de partie au contrat… à l'élargissement de la portée du principe de l'effet relatif », *RTD civ.* 1994, p. 275.

JAMIN (C.), Une restauration de l'effet relatif du contrat, D. 1991, Chron. p. 257.

JONVILLE (A.), « Pratique de la promesse de porte-fort », *Dr. et patr.* 1998, n° de février, p. 28.

JOURDAIN (P.), « La nature de la responsabilité civile dans les chaînes de contrats après l'arrêt d'Assemblée plénière du 12 juillet 1991 », *D.* 1992, Chron. p. 149.

LARONDE-CLÉRAC (C.), « La nature toujours controversée de la responsabilité dans les chaînes contractuelles », *Contrats, conc. consom.* 2003, n° de mai, n° 6, p. 6.

LARROUMET (C.), « L'effet relatif des contrats et la négation de l'existence d'une action en responsabilité nécessairement contractuelle dans les ensembles contractuels », *JCP* 1991, I, 3531.

LISANTI-KALCYNSKI (C.), « L'action directe dans les chaînes de contrats ? Plus de dix ans après l'arrêt Besse », *JCP* 2003, I, 102.

MALINVAUD (Ph.), « L'action directe du maître de l'ouvrage contre les fabricants et fournisseurs de matériaux », *D.* 1984, Chron. p. 41.

MOURY (J.), « De l'indivisibilité entre les obligations et entre les contrats », *RTD civ.* 1994, p. 255.

MARTIN (D.-R.), « La stipulation de contrat pour autrui », *D.* 1994, Chron. p. 145.

MOURY (J.), « De l'indivisibilité entre les obligations et entre les contrats », *RTD civ.* 1994, p. 255.

NERET (J.), *Le sous-contrat*, LGDJ, 1979.

PICARD (M.), *La stipulation pour autrui et ses principales applications*, Travaux de l'Association Henri Capitant, Tome VII, p. 267.

REIGNÉ (P.), *La cessation des relations contractuelles d'affaires. La résolution pour inexécution au sein des groupes de contrats,* Aix-en-Provence, 30 et 31 mai 1996, Presses universitaires d'Aix-Marseille, 1997.

TEYSSIÉ (B.), *Les groupes de contrats*, LGDJ, 1975.

VENANDET (G.), « La stipulation pour autrui avec obligation acceptée par le tiers bénéficiaire », *JCP* 1989, I, 3391.

VÉRICEL (M.), « Désuétude ou actualité de la promesse de porte-fort ? », *D.* 1988, Chron. p. 123.

VIPREY (R.), « Vers une relative généralisation du principe de l'imprévision en droit privé ? », *D. aff.* 1997, p. 918.

VOIRIN, *De l'imprévision dans les rapports de droit privé*, Thèse Nancy, 1922.

WEILL (A.), *La relativité des contrats en droit privé français*, Thèse Strasbourg, 1939.

CHAPITRE 12

*L*es effets du contrat
III – L'exécution défectueuse
du contrat

1 • LA RESPONSABILITÉ CONTRACTUELLE

La violation du lien contractuel a pour conséquence de mettre en jeu la ***responsabilité contractuelle de celui qui ne s'exécute pas***. Pour cela, il est nécessaire qu'un certain nombre de conditions existent, tant de forme que de fond. Dans certains cas, malgré l'inexécution, la responsabilité est exclue.

A - Les conditions de la responsabilité contractuelle

1) Le dommage

La définition du ***dommage*** n'est pas aussi précise en matière de responsabilité contractuelle qu'en ce qui concerne la responsabilité délictuelle[1].

a) Dommage matériel, dommage corporel et dommage moral

Le dommage peut être matériel ou corporel. Il peut consister en une perte avérée ou en un gain manqué (art. 1149, C. civ.). L'invocation d'un dommage moral est beaucoup plus rare qu'en matière délictuelle. Dans un premier mouvement, la jurisprudence avait refusé de reconnaître l'existence d'un dommage moral en matière contractuelle[2] puis elle l'a finalement admis[3]. En effet, l'article 1148 du Code civil ne fait aucune distinction entre ces différents types de dommages.

---

1. Certains auteurs contestent l'exigence d'un préjudice dans la mise en œuvre de la responsabilité contractuelle mais la Cour de cassation a réaffirmé cette exigence : *cf*. Civ. 3e, 3 décembre 2003, *Bull. civ.* III, n° 221, R., p. 364, *D.* 2005, Pan. 185, obs. D. Mazeaud, *JCP* 2004, I. 163, n° 2 s., obs. Viney, *Gaz. Pal.* 2004, p. 525, note Raby, *Gaz. Pal.* 2004, p. 547, note Barbier, *Defrénois* 2004, p. 1332, obs. Ruet, *AJDI* 2004, p. 204, note Beaugendre, *Contrats, conc. consom.* 2004, n° 38, note Leveneur, *LPA* 3 novembre 2004, note Rakotovahiny, *RDC* 2004, p. 280, obs. Stoffel-Munck, *RDC* 2004, p. 359, obs. Seube, *RTD civ.* 2004, p. 295, obs. Jourdain.
2. Paris, 27 mars 1873, *DP* 1874, 2, p. 129, *S.* 1874, 1, p. 477.
3. T. com. Seine, 20 février 1932, *Gaz. Pal.* 1932, 1, p. 895.

b) Dommage prévisible et dommage imprévisible

Selon l'article 1150 du Code civil, « *Le débiteur n'est tenu que des dommages-intérêts qui ont été prévus ou qu'on a pu prévoir lors du contrat* ». Ainsi, les tribunaux doivent constater, lorsqu'ils acceptent d'octroyer des dommages-intérêts, que ceux-ci avaient été prévus ou pouvaient l'être[1]. La question s'est posée de savoir si ce qui devait être prévisible était la cause[2] du dommage ou bien sa quotité. Dans un premier temps, la jurisprudence a considéré qu'il s'agissait de la cause puis elle a admis qu'il s'agissait de la quotité[3]. Elle a ainsi défini la notion de dommage prévisible.

L'article 1150 du Code civil prévoit qu'en cas de dol du débiteur, celui-ci sera tenu au-delà du dommage prévisible c'est-à-dire également du dommage imprévisible. Ce texte a pour fondement une autre disposition, celle de l'article 1134 du Code civil prévoyant que les conventions doivent être exécutées de bonne foi.

2) La faute

La mise en œuvre de la responsabilité contractuelle impose l'existence d'une inexécution fautive de la part de l'un des cocontractants. Selon les contrats, cette obligation peut être plus ou moins complète : il peut s'agir d'une obligation de résultat ou d'une obligation de moyens. De plus, le degré de la faute n'est pas sans conséquence.

a) La distinction entre obligation de résultat et obligation de moyens

Le fait générateur de responsabilité contractuelle est l'inexécution par le débiteur de l'une ou l'autre de ses obligations. Cependant, les auteurs se sont posé la question de savoir si la faute du débiteur est une condition de la responsabilité contractuelle : ils font la distinction entre **obligation de moyens** et **obligation de résultat**[3].

• *Contenu de la distinction*

Lorsque le résultat est garanti par le débiteur, on parle d'obligation de résultat ou obligation déterminée alors que l'obligation de moyens n'implique que la mise en œuvre de tous les moyens possibles pour arriver au résultat.

Il existe de nombreuses applications en droit positif. Par exemple, l'obligation de donner constitue une obligation de résultat, de même que l'obligation de ne pas faire. L'obligation de faire prête à discussion : le problème se pose pour l'obligation de sécurité en particulier. Le cas le plus intéressant réside dans l'obligation de sécurité pesant sur le transporteur de personnes. L'obligation de sécurité est une obligation accessoire. La jurisprudence considère que l'obligation de sécurité est soit de moyens, soit de résultat selon la phase d'exécution du contrat pendant laquelle on se situe. Ainsi, pendant la phase d'exécution du contrat proprement dit, il s'agirait d'une obligation de résultat, alors qu'avant et après, il s'agirait d'une obligation de moyens. La

---

1. Civ., 9 juillet 1915, S. 1913, 1, p. 460.
2. Pau, 11 août 1903, *DP* 1904, 2, p. 302 ; Paris, 22 décembre 1910, *Gaz. Pal.* 1911, 1, p. 606.
3. Civ., 29 décembre 1913, *DP* 1916, 1, p. 117 ; Civ., 7 juillet 1924, *S.* 1925, 1, p. 321, note Lescot, *DP* 1927, 1, p. 11 ; Civ., 3 août 1932, *DH* 1932, p. 572, *S.* 1952, 1, p. 351 ; Civ., 31 juillet 1944, *DC* 1994, p. 96, note A.C. ; Civ., 2 décembre 1947, *Gaz. Pal.* 1948, 1, p. 84.

jurisprudence tend à étendre de plus en plus le domaine de l'obligation de résultat de sécurité[1].

En principe, le critère de base de la distinction devrait être celui de la volonté des parties mais souvent, les parties n'ont rien dit. La doctrine a proposé plusieurs critères. Certains auteurs ont proposé un critère tiré du caractère plus ou moins aléatoire du résultat escompté. D'autres ont affirmé que le contrat à titre gratuit portait sur une obligation de moyens alors que le contrat à titre onéreux donnait naissance à une obligation de résultat. D'autres encore croient en un critère tiré de la participation plus ou moins active du créancier à l'exécution de la prestation du débiteur : quand le créancier s'en remet complètement au débiteur, l'obligation serait de résultat alors que lorsque le créancier participe à l'exécution, l'obligation est de moyens. Aucun de ces critères n'est à lui seul déterminant.

• *L'intérêt de la distinction*

L'intérêt de la distinction intéresse l'objet de la prestation du débiteur. Il peut être envisagé à plusieurs points de vue :

– quant aux **conditions de mise en jeu de la responsabilité :** pour mettre en jeu la responsabilité du cocontractant, le créancier doit prouver, dans l'obligation de moyens, la faute du débiteur (art. 1137, C. civ.) alors que dans l'obligation de résultat, la preuve de l'absence de résultat suffit. Cependant, certains auteurs tiennent à l'idée de faute. Pour eux, la faute serait présumée ou tout au moins découlerait de la simple inexécution ;

– quant aux **causes d'exonération** : en présence d'une obligation de moyens, le débiteur peut s'exonérer en prouvant qu'il n'a pas commis de faute. Lorsque l'obligation est de résultat, le débiteur ne peut pas s'exonérer par la seule preuve de son absence de faute. Il doit démontrer la cause étrangère. Dans les deux cas, la faute de la victime est un cas d'exonération au moins partielle de responsabilité ;

– quant à la **charge de la preuve** : la preuve de l'inexécution pèse sur le créancier victime pour l'obligation de moyens, alors que lorsqu'il s'agit d'une obligation de résultat, la charge de la preuve pèse sur le débiteur, parce que le créancier n'ayant pas à prouver la faute, le débiteur peut s'exonérer en démontrant la cause étrangère.

b) La diversité des fautes dans la responsabilité contractuelle

La faute n'est pas toujours exigée pour engager la responsabilité du débiteur : elle ne l'est pas dans les obligations de résultat.

Toute faute peut permettre d'engager la responsabilité contractuelle. Néanmoins, la prise en compte de la gravité de la faute présente des intérêts dans certains cas :

– *l'existence d'une faute intentionnelle ou dol* (il s'agit ici du dol dans l'exécution du contrat, qui doit être distingué du dol dans la formation du contrat) empêche son auteur d'invoquer une clause limitative de responsabilité ou de non-responsabilité.

---

1. Civ. 1re, 1er décembre 2000, *Bull. civ.* I, n° 323, *D.* 2001, Jur. p. 1650. 1 ; Civ. 1re, 3 juillet 2002, *D.* 2002, Jur. p. 2631, note J.-P. Gridel ; *contra* Paris, 17e ch. A, 25 avril 2000, *JCP* 2002, II, 10032, note Delagarde.

Cette faute consiste dans l'inexécution de propos délibéré de l'obligation contractuelle[1] ;

– *la faute lourde,* qui est une faute d'imprudence grossière, n'a pas toujours les mêmes effets :

■ elle est parfois exigée pour mettre en œuvre la responsabilité contractuelle ;

Exemple : art. L. 521-1, al. 1er, C. trav. : « *La grève ne rompt pas le contrat de travail, sauf faute lourde imputable au salarié* » ;

■ la faute lourde est parfois assimilée au dol, c'est-à-dire à la faute intentionnelle, mais ces hypothèses tendent à disparaître ;

– *la faute inexcusable,* qui peut se définir comme la faute d'une gravité exceptionnelle qui découle d'un acte ou d'une omission volontaire avec la conscience du danger que devait en avoir son auteur[2], est prise en compte dans certains cas très particuliers.

Exemple : art. L. 452-1, CSS : « *Lorsque l'accident [du travail] est dû à la faute inexcusable de l'employeur ou de ceux qu'il s'est substitués dans la direction, la victime ou ses ayants droit ont droit à une indemnisation complémentaire dans les conditions définies aux articles suivants* ».

c) Le lien de causalité

Selon l'article 1151 du Code civil, « *Dans le cas même où l'inexécution de la convention résulte du dol du débiteur, les dommages et intérêts ne doivent comprendre à l'égard de la perte éprouvée par le créancier et du gain dont il a été privé, que ce qui est une suite immédiate et directe de l'inexécution de la convention* ».

Il existe plusieurs théories relatives à la causalité. Pour la première, il convient de considérer que tous les antécédents nécessaires du dommage sont des causes ; c'est la ***théorie de l'équivalence des conditions.*** Selon la théorie de l'équivalence des conditions, tout événement sans lequel le dommage ne se serait pas produit, c'est-à-dire tout événement qui constitue la condition *sine qua non* du dommage, peut être considéré comme cause du dommage. Il existe plusieurs théories opérant une sélection parmi les antécédents nécessaires du dommage. Selon ***la théorie de la cause proche,*** on prend parmi les conditions nécessaires du dommage celle qui est la plus proche du dommage dans le temps. Selon la ***théorie de la causalité adéquate***, parmi les antécédents nécessaires du dommage, seuls seront considérés comme causes ceux qui, d'après le cours normal des choses, étaient de nature à engendrer le dommage.

Il est admis que le droit positif rejette la théorie de l'équivalence des conditions : cette idée serait tirée de l'article 1151 du Code civil. La jurisprudence retient la théorie de la causalité adéquate[3].

---

1. Civ. 1re, 4 février 1969, *Gaz. Pal.* 1969, 1, Jur. p. 204 ; Civ. 1re, 22 octobre 1975, *D.* 1976, Jur. p. 151, note J. Mazeaud.
2. Ch. réunies, 15 juillet 1941, *DC* 1941, Jur. p. 117, note A. Rouast.
3. Civ. 2e, 12 décembre 1968, *Bull. civ.* II, n° 306, p. 218, *RTD civ.* 1969, p. 569, obs. Durry ; Civ. 2e, 25 octobre 1973, *Bull. civ.* II, n° 277, p. 222, *D.* 1974, Somm. p. 8, *RTD civ.* 1974, p. 602, note Durry.

B - La mise en œuvre de la responsabilité contractuelle

La mise en œuvre de la responsabilité nécessite préalablement la mise en demeure du débiteur. Cette condition préalable doit être respectée avant de demander toute réparation.

1) La mise en demeure

L'obligation d'une mise en demeure préalable est posée à l'article 1146 du Code civil à propos de la demande de dommages-intérêts. Elle a été étendue à la mise en œuvre de la responsabilité contractuelle de manière générale. Selon l'article 1139 du Code civil, « *Le débiteur est constitué en demeure, soit par une sommation ou par un autre acte équivalent, telle une lettre missive lorsqu'il ressort de ses termes une interpellation suffisante, soit par l'effet de la convention, lorsqu'elle porte que, sans qu'il soit besoin d'acte et par la seule échéance du terme, le débiteur sera en demeure* ». Dans certains cas limités, la mise en demeure n'est pas obligatoire.

2) La réparation

Le principe devrait être celui de la réparation en nature. L'article 1142 du Code civil prévoit que « *Toute obligation de faire ou de ne pas faire se résout en dommages et intérêts, en cas d'inexécution de la part du débiteur* ». Pour autant, la réparation en nature ne doit pas être exclue. Ainsi, l'article 1143 du Code civil dispose que « *Néanmoins, le créancier a le droit de demander que ce qui aurait été fait par contravention à l'engagement soit détruit ; et il peut se faire autoriser à le détruire aux dépens du débiteur, sans préjudice des dommages et intérêts, s'il y a lieu* ». De même, l'article 1144 énonce que « *Le créancier peut aussi, en cas d'inexécution, être autorisé à faire exécuter lui-même l'obligation aux dépens du débiteur* ». Néanmoins, la réparation en nature ne doit pas être exclue.

Les dommages et intérêts constituent une réparation en équivalent. Ils peuvent prendre plusieurs formes : somme unique, rente viagère… Ils doivent assurer la réparation intégrale du préjudice. La jurisprudence a précisé que le juge devait se placer au jour du jugement définitif pour évaluer le montant de l'indemnité accordée. Si l'obligation porte sur une somme d'argent, des dommages-intérêts moratoires, et non compensatoires, pourront être prononcés.

C - L'exclusion de la responsabilité contractuelle

La mise en œuvre de la responsabilité contractuelle peut être exclue en cas de violation du lien contractuel en raison de l'existence de clauses contractuelles (1) ou par le fait d'une cause étrangère (2).

1) Les stipulations contractuelles

a) Les clauses limitatives ou exclusives de responsabilité

Elles prévoient l'exclusion ou la limitation des dommages-intérêts en cas d'inexécution de l'obligation prévue au contrat. La Cour de cassation a admis leur validité sauf dans certaines hypothèses :

– dol ou faute lourde du débiteur ou de ses préposés ;

– disposition légale prévoyant l'exclusion ;

– en cas de vente entre un vendeur professionnel et un acheteur non professionnel.

Dans l'arrêt *Chronopost*, la Cour de cassation a déclaré nulle et non écrite une clause limitative de responsabilité portant sur l'obligation essentielle du contrat : l'invocation de cette clause avait pour conséquence d'exclure toute réparation alors que le débiteur n'exécutait pas son obligation essentielle qui consistait dans la livraison rapide d'un pli[1]. La Cour de cassation est ensuite revenue sur cette jurisprudence, refusant de considérer que le retard dans la livraison constituait une faute lourde c'est-à-dire « *une négligence d'une extrême gravité confinant au dol et dénotant l'inaptitude du débiteur à l'accomplissement de sa mission contractuelle* »[2].

b) La clause pénale

La clause pénale permet aux parties de fixer forfaitairement le montant des dommages-intérêts en cas d'inexécution de l'obligation prévue par le contrat. Elle est valable mais peut être modérée ou augmentée par le juge si elle est manifestement excessive ou dérisoire (art. 1152, C. civ.). Sa mise en œuvre exige une inexécution ainsi qu'un préjudice. Il s'agit d'une somme forfaitaire qui se substitue aux dommages-intérêts (art. 1229, C. civ.). Le créancier peut préférer poursuivre l'exécution forcée de l'obligation (art. 1228, C. civ.).

Le législateur a mis fin à une longue hésitation jurisprudentielle en matière de clauses abusives avec la loi du 9 juillet 1975 qui modifie l'article 1152, alinéa premier du Code civil comme suit : « *le juge peut, même d'office, modérer ou augmenter la peine qui avait été convenue, si elle est manifestement excessive ou dérisoire. Toute stipulation contraire sera réputée non écrite* ». L'appréciation du caractère manifestement excessif ou dérisoire est une question de fait relevant du pouvoir souverain des juges du fond.

2) L'influence de la cause étrangère

La personne dont la responsabilité doit être mise en œuvre peut montrer que le fait qui lui est imputé n'est pas la cause essentielle du dommage ou n'en est pas la cause unique. Selon l'article 1147 du Code civil, lorsque l'« *inexécution provient d'une cause étrangère qui ne peut lui être imputée* », le débiteur est exonéré de sa responsabilité. Dans le même sens, l'article 1148 du Code civil prévoit qu'« *il n'y a lieu à aucun dommages et intérêts lorsque, par suite d'une force majeure ou d'un cas fortuit, le débiteur a été empêché de donner ou de faire ce à quoi il était obligé, ou a fait ce qui lui était interdit* ». **Cas fortuit** et **force majeure** sont synonymes. L'existence de la force majeure nécessite la réunion de 3 caractères :

---

1. Com., 22 octobre 1996, obs. Fabre-Magnan, *D.* 1997, Jur. p. 121, note A. Sériaux, *JCP* 1997, II, 22881, note D. Cohen, *JCP* 1997, I, 4002, *D.* 1997, Somm. p. 175, obs. Delebecque.
2. Com., 9 juillet 2002, *Bull. civ.* IV, n° 121, R. p. 468, *D.* 2002, AJ, p. 2329, obs. Chevrier, *D.* 2002, Somm. p. 2836, obs. Delebecque, *D.* 2003, Somm. p. 457, obs D. Mazeaud, *JCP* 2002, II, 10176, note Loiseau et Billiau, *JCP* 2002, I, 184, n° 14 s., obs. Rochfeld, *Contrats, conc. consom.* 2003, n° 2, note Leveneur, *Dr. et patr.*, novembre 2002, p. 103, obs. Chabas ; Ch. mixte, 22 avril 2005, *D.* 2005, AJ, p. 1224, obs. Chevrier, *JCP* 2005, II, 10066, note Loiseau, *JCP* 2005, I, 149, n° 3, obs. G. Viney.

– *l'imprévisibilité :* l'événement ne pouvait être prévisible pour le débiteur. L'imprévisibilité s'apprécie *in abstracto* et au moment de la conclusion du contrat dans la responsabilité contractuelle (on se place au moment du dommage dans la responsabilité délictuelle) ;

– *l'irrésistibilité :* du fait de cet événement, le débiteur n'a pu éviter le dommage, ni ses conséquences. Il ne suffit pas que l'exécution soit plus onéreuse ou plus difficile. L'irrésistibilité doit être également appréciée *in abstracto*. Selon la Cour de cassation, « *l'irrésistibilité de l'événement est, à elle seule, constitutive de la force majeure, lorsque sa prévision ne saurait permettre d'en empêcher les effets, sous réserve que le débiteur ait pris toutes les mesures requises pour éviter la réalisation de l'événement* »[1] ;

– *l'extériorité :* l'événement doit être extérieur au défendeur. Il ne doit pas avoir de liens avec sa personne ou son activité. La jurisprudence a récemment décidé que la maladie, qui n'est pas extérieure au débiteur, pouvait constituer un cas de force majeure[2]. Il semble par conséquent que la condition d'extériorité soit peu à peu abandonnée.

L'existence de la force majeure exonère la personne de sa responsabilité.

2 • LA RÉSOLUTION POUR INEXÉCUTION

L'article 1184 du Code civil prévoit la *résolution judiciaire des contrats synallagmatiques.* Elle n'existe que pour les contrats synallagmatiques. La notion de cause expliquerait celle de résolution : ce mécanisme traduit en effet l'interdépendance qui existe entre les obligations de chacune des parties dans les contrats synallagmatiques.

A - Les conditions de la résolution pour inexécution

1) Le domaine de l'inexécution

La résolution pour inexécution s'applique aux contrats synallagmatiques (art. 1184, C. civ.). Néanmoins, elle déborde le domaine strict des contrats synallagmatiques : elle s'applique aux contrats synallagmatiques imparfaits (contrats unilatéraux devenant synallagmatiques en cours d'exécution tel que le dépôt gratuit qui entraînerait des frais) et aux contrats unilatéraux à titre onéreux (contrat de prêt à intérêt). La résolution pour inexécution est écartée pour certains contrats synallagmatiques :

– contrat constitutif de rente viagère : l'article 1978 du Code civil n'autorise pas la résolution pour le seul défaut de paiement des arrérages de la vente ;

– le partage ;

– la cession d'office ministériel ;

– les contrats de travail des représentants du personnel.

---

1. Civ. 1re, 7 mars 1966, *JCP* 1966, II, 14878, note J. Mazeaud ; 17 novembre 1999, *Bull. civ.* I, n° 377.
2. Civ. 1re, 10 février 1998, *Bull. civ.* I, n° 53, *JCP* 1998, II, 10124, note G. Paisant, *JCP* 1998, I, 155, obs. C. Jamin, Contrats, *conc. consom.* 1998, comm. n° 70, obs. Leveneur, *D. aff.* 1998, p. 710.

2) Quelle sorte d'inexécution faut-il pour qu'il y ait résolution ?

La résolution de l'article 1184 du Code civil peut être appliquée, que l'inexécution soit imputable ou non au débiteur : la résolution pour inexécution est possible même si l'inexécution est due à un cas de force majeure.

L'inexécution doit être suffisamment importante : elle peut être totale (le débiteur ne s'exécute pas du tout) ou partielle : c'est le juge qui apprécie si l'inexécution est suffisante. Le juge retient la résolution quand l'obligation inexécutée était importante dans l'esprit des parties.

3) Le rôle des parties au contrat

La résolution doit être demandée par le créancier mais il n'y est pas obligé en cas d'inexécution : il peut demander l'exécution ou agir en résolution (art. 1184, al. 2, C. civ.). Le débiteur contre qui une action en résolution a été intentée peut échapper à la résolution en offrant de s'exécuter. Il peut exercer ce choix en cours d'instance voire après le jugement prononçant la résolution.

4) Le caractère judiciaire de la résolution

L'article 1184, alinéa 3 du Code civil prévoit que la résolution doit être demandée en justice. Un délai peut être accordée au débiteur, selon les circonstances.

a) Le principe de la résolution judiciaire et ses conséquences

La résolution n'a pas lieu de plein droit, elle doit être demandée et prononcée par le juge : le tribunal dispose d'un pouvoir d'appréciation. Ce pouvoir permet au juge de vérifier si les conditions de la résolution sont remplies, c'est-à-dire si l'inexécution est suffisamment grave. Même lorsque les conditions de la résolution sont réunies, il a le pouvoir de prononcer ou non la résolution. Le juge peut accorder un délai au débiteur pour s'exécuter. Il peut aussi décider de n'accorder que des dommages-intérêts au créancier. Le juge peut ne prononcer qu'une résolution partielle.

b) La résolution peut avoir lieu parfois sans l'intervention du juge

– Lorsque figure dans le contrat une clause de résolution de celui-ci, l'inexécution aboutit automatiquement à la résolution ; c'est le « **pacte commissoire** ». Elle a pour effet d'enlever son pouvoir au juge quant à l'opportunité de la résolution mais le juge peut toujours vérifier si les conditions de la résolution sont réunies. Le créancier reste libre de faire valoir la résolution ou de demander l'exécution du contrat. Le débiteur ne pourra pas faire obstacle à la résolution. Avant d'invoquer la résolution, le créancier doit mettre le débiteur en demeure de s'exécuter sauf clause contraire. Cette clause de résolution de plein droit est interdite dans certains cas ;

Exemple : art. 37 de la loi du 1985 sur le redressement des entreprises.

– La loi prévoit elle-même parfois que la résolution aura lieu de plein droit ;

Exemple : à propos de la vente de denrées et d'effets mobiliers : résolution de plein droit et sans sommation pour non-paiement du prix par l'acheteur (art. 1657, C. civ.).

– La jurisprudence admet dans certains cas que le créancier de l'obligation inexécutée puisse rompre le contrat de lui-même avant l'intervention du juge lorsque l'inexécution est susceptible de lui causer un préjudice irréparable, en particulier dans les contrats qui supposent une relative confiance.

Exemple : dans le contrat de travail, le travailleur peut par exemple être immédiatement licencié en cas de vol et plus généralement en cas de faute grave[1].

B - Les effets de la résolution pour inexécution

La résolution entraîne la disparition des effets du contrat. Cette disparition est en général rétroactive tant dans les rapports entre les parties qu'à l'égard des tiers.

1) Entre les parties

Les parties doivent restituer les prestations éventuellement fournies[2]. On applique les mêmes règles qu'en cas de nullité du contrat. Cet anéantissement rétroactif est écarté pour les contrats à exécution successive : la résolution devient une résiliation, elle ne fonctionne que pour l'avenir. Les effets du contrat ne disparaissent qu'à compter de l'inexécution de ses obligations par le débiteur. La disparition peut remonter jusqu'à l'origine si de la part de l'une des parties, il n'y a jamais eu d'exécution.

2) À l'égard des tiers

Les tiers sont atteints par la résolution et notamment les ayants cause des parties. Le fonctionnement est le même que pour la nullité. Les tiers sont protégés : il y a maintien des actes d'administration et en matière immobilière, les tiers invoqueront la prescription acquisitive pour éviter la résolution. Lorsqu'il y a résolution, il peut y avoir condamnation du débiteur à verser des dommages-intérêts si l'inexécution a provoqué un dommage au créancier : il y a responsabilité contractuelle.

3 ● L'EXCEPTION D'INEXÉCUTION

Ce mécanisme permet à l'une des parties de refuser d'exécuter ses obligations tant que l'autre n'exécute pas les siennes (= « *exceptio non adimpleti contractus* ») : « *Dans les contrats synallagmatiques, l'obligation de l'une des parties a pour cause l'obligation de l'autre, de telle sorte que si l'obligation de l'une n'est pas exécutée, quel qu'en soit le motif, l'obligation de l'autre devient sans cause.* »[3]

Certaines hypothèses de l'exception d'inexécution sont prévues par le Code civil art. 1612, 1704, 1948, C. civ.), mais son régime a été élaboré par la jurisprudence.

---

1. Civ. 1ʳᵉ, 28 avril 1987, *D.* 1988, Jur. p. 1.
2. Dans les mêmes conditions qu'en cas de nullité.
3. Civ., 5 mai 1920, DH 1926, 1, p. 37.

A - Les conditions de l'exception d'inexécution

L'exception d'inexécution n'est soumise à aucune condition de forme, mais il existe des conditions de fond :

– son domaine d'application est en premier lieu le contrat synallagmatique dans la mesure où elle ne peut concerner que des obligations interdépendantes. La jurisprudence a cependant étendu ce domaine à d'autres types de contrats contenant des obligations récipoques (*exemple* : contrat d'échange[1]) ou à des contrats unilatéraux à titre onéreux (*exemple* : hypothèse de l'article 1947, C. civ.) ;

– il doit s'agir d'obligations à exécution simultanée ;

– une inexécution est indispensable, qu'elle soit totale ou partielle, fautive ou non. Néanmoins, ce mécanisme ne peut être utilisé lorsque le créancier auquel l'inexécution est imputable est de mauvaise foi et qu'il invoque l'inexécution d'une obligation secondaire de la part de son cocontractant.

B - Les effets de l'exception d'inexécution

L'exécution de l'obligation de celui qui invoque ce mécanisme est suspendue.

L'exception d'inexécution est opposable aux tiers.

Le contrat subsiste : lorsque le créancier à qui l'inexécution était imputable s'exécute, l'autre doit faire de même.

4 • LA THÉORIE DES RISQUES

On parle de théorie des risques lorsque l'inexécution des obligations nées d'un contrat est causée par un cas de force majeure ; il y a impossibilité absolue d'exécution.

Exemple : contrat de vente : la chose périt par cas fortuit.

Du fait de l'impossibilité d'exécution, l'obligation se trouve éteinte. Quand le contrat est unilatéral, l'obligation disparaît et il n'y a plus de problème.

Exemple : contrat de dépôt à titre gratuit : si la chose périt par cas fortuit, le dépositaire est libéré de son obligation ; on dit que c'est le créancier qui supporte les conséquences de la perte fortuite, c'est lui qui supporte les risques (« *res perit creditori* »).

L'autre partie sera-t-elle dégagée de ses propres obligations ?

Exemple : contrat de location : disparition fortuite de l'immeuble loué : le bailleur est libéré mais le locataire l'est-il ? Si le locataire n'est pas libéré, on dit que c'est lui qui supporte les risques de la chose. Si le cocontractant est libéré, on dit que c'est le débiteur de l'obligation impossible à exécuter qui supporte les risques.

---

1. Civ., 17 décembre 1928, *DH* 1929, p. 52.

A - Le droit commun : les risques du contrat

Le Code civil n'énonce aucun principe général mais se contente de donner une réponse dans deux cas particuliers :

– *article 1722, C. civ. :* si pendant le bail, la chose louée est détruite par cas fortuit, le bail est résilié de plein droit. Le débiteur est déchargé de ses propres obligations mais aussi le créancier ;

– *article 1790, C. civ. :* lorsqu'il y a perte fortuite d'une chose qu'un ouvrier avait été chargé de travailler, cet ouvrier n'a pas droit à son salaire. Les deux parties sont libérées également.

Ce sont deux illustrations de l'adage « *res perit debitori* ». Dans ces cas, le débiteur perd le bénéfice de la contre-prestation. Cette disparition des effets du contrat s'applique sans que le juge ne puisse s'interroger sur son opportunité, elle a lieu de plein droit.

B - Cas particulier des contrats translatifs de propriété : les risques de la propriété

Selon l'article 1138 du Code civil, les règles précédentes ne s'appliquent pas dans les contrats translatifs de propriété : l'obligation de livrer la chose est parfaite par le seul consentement des parties, elle rend le créancier propriétaire et met la chose à ses risques dès l'instant où celle-ci a été livrée. Dans un tel contrat, lorsque la chose disparaît fortuitement, l'acheteur devra quand même payer le prix alors que le vendeur sera libéré de son obligation de délivrance. Apparemment, c'est le créancier qui supporte les conséquences. En réalité, l'acquéreur subit les conséquences non pas en tant que créancier mais en tant que propriétaire (« *res perit domino* ») : la chose disparaît pour le propriétaire sauf mise en demeure du vendeur de livrer ou clause contraire. Puisqu'il subit les risques en tant que propriétaire, il ne les supporte que dans la mesure où le transfert de propriété s'est réalisé d'où l'importance de la date du transfert de la propriété :

– *corps certain :* transfert immédiat dès la conclusion du contrat ;

– *chose de genre :* transfert après individualisation de la chose.

Lorsqu'une clause du contrat retarde le transfert, le transfert des risques est également retardé sauf convention contraire. Ces principes ne sont pas appliqués à la lettre dans les ventes conditionnelles. Lorsque la vente est sous condition suspensive, l'article 1182 du Code civil décide que lorsque la chose périt avant l'arrivée de la condition, les risques sont pour le vendeur, même si la condition se réalise ensuite malgré la rétroactivité de la condition.

5 • LA SUSPENSION DU CONTRAT

La suspension du contrat est un mécanisme juridique ancien dont les contours restent imprécis.

Exemple : la maternité suspend le contrat de travail.

Ce mécanisme est souvent confondu avec des mécanismes voisins. La suspension consiste en l'arrêt momentané des effets du contrat ou de certains d'entre eux. Ainsi défini, la suspension se distingue des hypothèses de disparition définitive et de l'exception d'inexécution du contrat : l'obstacle à l'exécution du contrat n'est pas définitif. L'exception d'inexécution est un mécanisme particulier aux contrats synallagmatiques. Dans ces contrats, lorsque l'une des parties refuse d'exécuter sa prestation, l'autre partie est autorisée à ne pas exécuter la sienne tant que la première ne propose pas de s'exécuter. C'est un moyen de défense pour le créancier de l'obligation inexécutée, c'est une mesure d'attente. C'est avant tout un procédé comminatoire pour l'essentiel, c'est-à-dire un moyen de pression du créancier envers le débiteur.

La suspension du contrat n'est pas quant à elle un moyen de pression de l'une des parties sur l'autre. La suspension du contrat provoque la disparition, certes temporaire, des effets même du contrat alors que dans l'exception d'inexécution, l'obligation continue à exister mais c'est son exécution qui est temporairement différée.

Exemple : contrat de fournitures successives : lorsque le destinataire des marchandises ne paye pas à l'une de ses échéances, le fournisseur peut, par le biais de l'exception d'inexécution, suspendre la livraison. L'obligation existe, et si le fournisseur livrait quand même par oubli, il ne pourrait pas reprendre la marchandise. S'il y avait suspension du contrat, on dirait que l'obligation de livraison n'existe pas et le fournisseur pourrait reprendre immédiatement la livraison. Ni la jurisprudence, ni la doctrine ne font vraiment la distinction.

A - Les cas de suspension du contrat

La suspension du contrat se rencontre principalement dans les cas d'impossibilité momentanée d'exécution due à un cas de force majeure temporaire ; mais elle est admise exceptionnellement à titre de sanction.

1) La suspension pour cause d'inexécution non fautive

a) Les cas légaux

Dans le contrat de travail : il y a de nombreux cas de suspension : appel du salarié au service national ou pour la durée de la guerre (art. L. 122-18 et s., C. trav.), mandat de parlementaire, grossesse (art. L. 122-26), congé parental, grève (art. L. 521-1), accident du travail…

Dans le contrat d'assurance : dans le contrat d'assurance relative à un bien, l'article L. 160-6 du Code des assurances prévoit que le contrat est automatiquement suspendu en cas de réquisition de l'usage du bien.

b) La jurisprudence

Elle admet d'une manière générale que l'impossibilité momentanée de l'exécution entraîne seulement la suspension du contrat. L'impossibilité d'exécution ne doit pas être imputable au débiteur (art. 1148, C. civ.).

2) La suspension pour cause d'inexécution fautive

Ce sont des hypothèses exceptionnelles : la suspension fonctionne comme une sanction qui profite au créancier. Si l'une des parties ne s'exécute pas, l'autre partie verra sa propre obligation momentanément écartée.

Exemple : un assuré ne paye pas ses primes d'assurance : la garantie due par l'assureur sera suspendue.

B - Les effets de la suspension du contrat

1) La disparition momentanée des obligations nées du contrat

Dans les contrats synallagmatiques, la suspension fait disparaître les obligations de chacune des parties. Il peut toutefois en aller différemment quand la suspension fonctionne comme une sanction.

Exemple : en matière d'assurances, la suspension est une sanction en cas de non-paiement des primes : même en cas de paiement ultérieur des primes, il n'y aura pas d'obligation de garantie.

La suspension n'entraîne en principe que la suspension des obligations principales et non des obligations accessoires.

2) La réapparition des effets du contrat

a) Le contrat suspendu reprend tous ses effets

Les obligations réapparaissent lorsque la cause de suspension a disparu.

b) La durée totale du contrat n'est en principe pas modifiée

Exemple : en matière d'assurances, le non-paiement des primes n'allonge pas la durée du contrat.

BIBLIOGRAPHIE

AMRANIMEKKI (S.), « La résiliation unilatérale des contrats à durée déterminée », *Defrénois* 2003, art. 37688.

ANTONMATTÉI (P.-H.), « Ouragan sur la force majeure », *JCP* 1996, I, 3907.

ATIAS (Ch.), « Les "risques et périls" de l'exception d'inexécution (limites de la description normative) », *D.* 2003, chron. p. 1103.

BELLISSENT (J.), *Contribution à l'analyse de la distinction des obligations de moyens et des obligations de résultat*, LGDJ, Coll. « Bibliothèque de droit privé », 2001.

BERNARD DE SAINT-AFFRIQUE (J.), « Du devoir de conseil », *Defrénois* 1995, p. 913.

BRIÈRE DE L'ISLE, « La faute dolosive : tentative de clarification », *D.* 1980, Chron. p. 133.

CASSIN (R.), « Réflexion sur la résolution judiciaire pour inexécution », *RTD civ.* 1945, p. 159.

CUZACQ (N.), « La notion de riposte proportionnée en matière d'exception d'inexécution », *LPA* 2003, n° du 7 mai, p. 4.

ESMEIN (P.), « Obligation et responsabilité contractuelle », in *Mélanges Ripert,* Tome 2, p. 101.

ESMEIN (P.), « Le fondement de la responsabilité contractuelle rapprochée à la responsabilité délictuelle », *RTD civ.* 1933, p. 642.

FRISON-ROCHE (A.-M.), « Le contrat et la responsabilité : consentements, pouvoirs et régulation économique », *RTD civ.* 1998, p. 43.

Hassler (T.), « Le point sur l'obligation de sécurité », *LPA* 1997, n° du 12 février.

Hocquet-Berg (S.), « Gardien cherche force majeure… désespérément… », *Resp. civ. et assur.* 2003, n° de juin Chron. n°12, p. 6.

Jourdain (P.), « L'obligation de sécurité », *Gaz. Pal.* 1993, 2, Doctr. p. 1214.

Larribau-Terneyre (V.), *Le domaine de l'action résolutoire : recherches sur le contrat synallagmatique,* Thèse Pau, 1988.

Le Gac-Pech (S.), « Rompre son contrat », *RTD civ.*, 2005, p. 225.

Larroumet (C.), « Obligation essentielle et clause limitative de responsabilité », *D.* 1997, chron. p. 145.

Leduc (F.), « La spécificité de la responsabilité contractuelle du fait des choses », *D.* 1996, chron. p. 164.

Leturmy (L.), « La responsabilité délictuelle du contractant », *RTD civ.* 1998, p. 839.

Malaurie (Ph.), « La révision judiciaire de la clause pénale », *D.* 1976, chron. p. 229.

Malecki (C.), *L'exception d'inexécution,* LGDJ, coll. « Bibliothèque de droit privé », 2001.

Malecki (C.), *L'exception d'inexécution,* LGDJ, 1999.

Malinvaud (Ph.), « De l'application de l'article 1152 du Code civil aux clauses limitatives de responsabilité », in *Mélanges Terré,* 1999, p. 689.

Marais (A.), « Le maintien forcé du contrat par le juge », *LPA,* 2 octobre 2002, n° 197, p. 7.

Mazeaud (D.), *La notion de clause pénale,* LGDJ, 1992.

Mazeaud (H.), « L'obligation générale de prudence et de diligence et les obligations déterminées », *RTD civ.* 1936, p. 1 ;

Moury (J.), « Force majeure ? éloge de la sobriété », *RTD civ.* 2004, p.471.

Nguyen Than-Bourgeais (D.),« Contribution à l'étude de la faute contractuelle : la faute dolosive et sa place actuelle dans la gamme des fautes », *RTD civ.* 1973, p. 496.

Osman (F.), « Le pouvoir modérateur du juge dans la mise en œuvre de la clause résolutoire de plein droit », *Defrénois* 1993, 1, p. 65, art. 35433.

Oudot (P.), « L'obligation de sécurité et la responsabilité du distributeur », *Contrats, conc. consom.* 2003, p. 7.

Pancrazi-Tian (M.-E.), *La protection judiciaire du lien contractuel,* Presses universitaires d'Aix-Marseille, 1996.

Paisant (G.), « Dix ans d'application de la réforme des articles 1152 et 1231 du Code civil relative à la clause pénale (loi du 9 juillet 1975) », *RTD civ.* 1985, p. 647.

Pasqualini (F.), « La révision des clauses pénales », *Defrénois* 1995, I, p. 769, art. 36106.

Paulin (C.), *La clause résolutoire,* LGDJ, Coll. « Bibliothèque de droit privé », 1996.

Peloux-Halbout (P.), *L'abus dans l'exercice de mettre fin au contrat,* Presses universitaires du Septentrion, 2003.

Picod (Y.), « La clause résolutoire et la règle morale », *JCP* 1990, I, 3447.

Pinna (A.), « L'exception pour risque d'inexécution », *RTD civ.* 2003, p. 31.

Radé (Ch.), « Faute et responsabilité », *D.* 1998, chron. p. 301.

Rémy (P.), « La responsabilité contractuelle : histoire d'un faux concept », *RTD civ.* 1997, p. 323.

Rigalle-Dumetz (C.), *La résolution partielle du contrat,* Dalloz, Coll. Nouvelle bibliothèque des thèses, 2003.

Roche-Dahan (J.), « L'exception d'inexécution, une forme de résolution unilatérale du contrat synallagmatique », *D.* 1994, chron. p. 225.

ROUVIÈRE (F.), *Le contenu du contrat : essai sur la notion d'inexécution*, PUAM, coll. « IDA », 2005.

SAVAUX (E.), « La fin de la responsabilité contractuelle ? », *RTD civ.* 1999, p. 1

SIMLER (Ph.), « L'article 1134 du Code civil et la résiliation unilatérale anticipée des contrats à durée déterminée », *JCP* 1971, I, 2413.

SOULEAU (I.), *La prévisibilité du dommage contractuel,* Thèse Paris II, 1979.

TALLON (D.), « Pourquoi parler de faute contractuelle », in *Mélanges Cornu 1994*, p. 429 ; « L'inexécution du contrat : pour une autre présentation », *RTD civ.* 1994, p. 223.

TUNC (A.), « La distinction des obligations de résultat et des obligations de moyens », *JCP* 1945, I, 499.

VIATTE (J.), « La clause de résiliation de plein droit dans les baux commerciaux », *Gaz. Pal.* 1981, 1, Doctr. P. 314.

VINEY (G.), « Remarques sur la distinction entre faute intentionnelle, faute inexcusable et faute lourde », *D.* 1975, chron. p. 263.

VINEY (G.), « La responsabilité contractuelle en question », in *Mélanges J. Ghestin,* LGDJ, 2001.

PARTIE 2

*L*e fait juridique

Le fait juridique est un fait que la loi prend en considération pour y attacher un effet de droit. On distingue traditionnellement deux types d'obligations qui se forment sans convention. Ces faits volontaires peuvent être licites ou illicites. La gestion d'affaires, le paiement de l'indu, l'enrichissement sans cause, c'est-à-dire les quasi-contrats, constituent des faits volontaires licites. Les faits volontaires illicites sont des faits générateurs de responsabilité.

TITRE 1

La responsabilité civile

CHAPITRE 13

*L*e dommage et le lien de causalité

La responsabilité civile est le mécanisme juridique par lequel la victime d'un dommage peut obtenir réparation, par une autre personne, de ce dommage. Le responsable du dommage est tenu d'une obligation de réparation qui prend généralement la forme de dommages-intérêts. La responsabilité civile est une source d'obligation très importante même s'il y a peu d'articles sur ce point dans le Code civil. Le Conseil constitutionnel a récemment affirmé que l'article 1382 du Code civil, relatif à la responsabilité civile, traduisait une « *exigence constitutionnelle* » : à propos du PACS, il a ainsi indiqué que « *l'affirmation de la faculté d'agir en responsabilité met en œuvre l'exigence constitutionnelle posée par l'article 4 de la Déclaration des droits de l'homme et du citoyen de 1789 dont il résulte que tout fait quelconque de l'homme qui cause à autrui un dommage oblige celui par la faute duquel il est arrivé à le réparer* ». Depuis quelques années, il apparaît que le rôle de la faute est de plus en plus réduit en matière de responsabilité civile au profit du développement d'une responsabilité fondée sur le risque.

La mise en œuvre de la responsabilité civile exige la réunion de trois conditions : l'existence d'un fait générateur, celle d'un dommage et celle d'un lien de causalité entre le fait générateur et le préjudice.

1 • LE DOMMAGE

Le préjudice est indispensable. Il permet de mesurer la responsabilité. Il y a dommage quand une personne est atteinte dans ses intérêts. La jurisprudence avait exigé un temps la lésion d'un « *intérêt légitime juridiquement protégé* ». Un arrêt de la Chambre civile de la Cour de cassation a décidé le 27 février 1970[1] que la lésion de n'importe quel intérêt suffit à constituer le dommage.

A - La nature du dommage réparable

1) Le préjudice matériel

Il s'agit de toute atteinte au patrimoine et qui peut être évaluée en argent.

---

1. Civ., 27 février 1970, D. 1970, Jur. p. 201, note Combaldieu, *JCP* 1970, II, 16305, concl. R. Lindon, note G. Parleani, *Grands arrêts* n° 12, *RTD civ.* 1970, p. 353, obs. G. Durry.

Le dommage matériel peut être :

– *une perte subie* (*damnum emergens*) : tout appauvrissement occasionné à la victime ;

– *un gain manqué* (*lucrum cessans*) : le fait générateur a empêché la victime de réaliser certains projets.

2) Le préjudice moral

Le préjudice moral est celui qui ne porte pas atteinte au patrimoine. Il y a préjudice moral chaque fois qu'il y a atteinte à un préjudice extra-patrimonial. Il peut prendre plusieurs formes :
– souffrance physique (*pretium doloris*) : c'est le « prix de la douleur » ;
– souffrance morale : atteinte à l'honneur, atteinte à la vie privée… ;
– préjudice d'affection, causé par exemple par la perte d'un être cher… ;
– préjudice esthétique ;
– préjudice d'agrément : impossibilité pour la victime d'exercer une activité affectionnée.

3) Le préjudice corporel

Il s'agit d'un préjudice à la fois matériel et moral puisqu'il comporte aussi bien l'atteinte au patrimoine, telle que la perte des gains et salaires, que les souffrances physiques ou esthétiques. Il ne constitue donc pas forcément une catégorie à part.

B - Les caractères du dommage réparable

Le préjudice doit être direct, personnel et certain.

Le dommage ne doit pas forcément avoir porté atteinte à un intérêt légitime juridiquement protégé : l'absence d'atteinte à un droit n'exclut pas la réparation du dommage[1]. L'atteinte à un intérêt légitime suffit[1]. La jurisprudence a ainsi refusé la réparation du soi-disant préjudice qui serait causé par la naissance d'un enfant normalement constitué après l'échec d'une interruption de grossesse. Le Conseil d'État a affirmé dans un arrêt du 2 juillet 1982[2] « *que la naissance d'un enfant, même si elle survient après une intervention pratiquée sans succès en vue de l'interruption d'une grossesse demandée dans les conditions requises aux articles L. 162-1 à L. 162-6 du Code de la santé publique par une femme enceinte, n'est pas génératrice d'un préjudice de nature à ouvrir un droit à réparation par l'établissement hospitalier où cette intervention a eu lieu* ». De même, la Cour de cassation a affirmé que « *l'existence de l'enfant qu'elle a conçu ne peut, à elle seule, constituer pour sa mère un préjudice juridiquement réparable, même si la naissance est survenue après une intervention pratiquée sans succès en vue de l'interruption de la grossesse* »[3]. L'indemnisation serait donc réduite aux cas où les conditions de la conception ou celles de la naissance ont entraîné pour la mère un traumatisme physique ou psychique particulier (viol, inceste…) ou son décès ou au cas où l'enfant est né mal-formé. La Cour de cassation

---

1. Crim., 20 février 1863, S. 1863, 1, p. 321, *DP* 1864, 1, p. 99.
2. CE, 2 juillet 1982, *Gaz. Pal.* 1983, 1, 193, note F. Moderne, D. 1984, IR, p. 21, obs. F. Moderne et P. Bon, *AJDA* 1989. p. 206, obs. J. C., *RDSS* 1983, 95, concl. M. Pinault.
3. Civ. 1re, 25 juin 1991, *JCP* 1992, II 21784, note Barbieri, *D.* 1991, Jur. p. 567, note Ph. le Tourneau, *RTD civ.* 1991, 753, obs. P. Jourdain, *Défrénois* 1992, p. 45, obs. J. Massip, *Dr. enfance et fam.*, n° 35, 1992/2, p. 41, note P. Murat, pourvoi contre Riom, 6 juillet 1989, *D.* 1990, Jur. p. 284, note Ph. Le Tourneau, dans le cas d'un viol.

avait admis que ce handicap pouvait constituer un préjudice (arrêt *Perruche*)[1]. La loi du 4 mars 2002 a mis fin à cette jurisprudence en disposant dans son article 1er, I, alinéa 2 que « *La personne née avec un handicap dû à une faute médicale peut obtenir la réparation de son préjudice lorsque l'acte fautif a provoqué directement le handicap ou l'a aggravé, ou n'a pas permis de prendre les mesures susceptibles de l'atténuer* ». De plus, elle prévoit dans le deuxième alinéa du même article que « *Lorsque la responsabilité d'un professionnel ou d'un établissement de santé est engagée vis-à-vis des parents d'un enfant né avec un handicap non décelé pendant la grossesse à la suite d'une faute caractérisée, les parents peuvent demander une indemnité au titre de leur seul préjudice. Ce préjudice ne saurait inclure les charges particulières découlant, tout au long de la vie de l'enfant, de ce handicap. La compensation de ce dernier relève de la solidarité nationale* ». Ce texte ne permet pas à l'enfant d'obtenir une indemnisation telle que l'avait accepté l'arrêt *Perruche*.

1) Le caractère certain du dommage

Le dommage actuel est certain. Le préjudice incertain est celui dont l'existence ne peut être établie avec suffisamment de certitude. Ainsi, le dommage actuel est réparable mais le dommage futur entraîne une interrogation. En 1932, la Cour de cassation a décidé que « *s'il n'est pas possible d'allouer des dommages-intérêts en réparation d'un préjudice purement éventuel, il en est autrement lorsque le préjudice, bien que futur, apparaît au juge du fait comme la prolongation certaine et directe d'un état de chose actuel et comme susceptible d'évaluation immédiate* »[2]. Le dommage actuel donne droit à réparation ainsi que le dommage futur mais le dommage éventuel, qui n'est pas certain, ne peut donner lieu à réparation.

La jurisprudence admet également la réparation d'une perte de chance.

Exemple : accident empêchant un étudiant de se présenter à un examen : possibilité d'obtenir réparation de la perte d'une chance de réussir l'examen.

Il n'y a pas de réparation si la chance était faible. Les chances doivent être suffisamment sérieuses.

Lorsque le tribunal reconnaît qu'il y a une perte de chance constitutive d'un préjudice, l'indemnité n'est pas égale au gain espéré mais à une partie de celui-ci plus ou moins importante selon la probabilité du succès.

En cas de prédisposition de la victime, il faut faire une distinction : lorsque l'accident l'a révélée, on n'en tient pas compte mais si elle était connue avant l'accident, l'obligation de réparation est réduite parce que l'on considère que la prédisposition de la victime a joué un rôle dans le dommage.

2) Le caractère personnel du dommage

Le dommage doit être direct. Néanmoins, le dommage par ricochet est parfois réparable ainsi que le préjudice collectif.

---

1. Ass. plén., 17 novembre 2000, *JCP* 2000, II, 10438, rapport P. Sargos, concl. J. Sainte-Rose, note F. Chabas, D. 2001, Jur. p. 332, note D. Mazeaud et 336, note P. Jourdain, *D. Famille* 2001, p. 11, note P. Murat, Defrénois 2001, p. 262, obs. Aubert ; Aubert (J.-L.), « Indemnisation d'une existence handicapée qui, selon le choix de la mère, n'aurait pas dû être », *D.* 2001, Chron. p. 489 ; Ass. plén., 13 juillet 2001, *Bull.*, n° 10, p. 21, D. 2001, Jur. p. 2325, note P. Jourdain, *JCP* 2001, II, 10601, concl. J. Sainte-Rose et note F. Chabas, *JCP* E 2002, p. 40, note A. Pelissier.
2. Crim.,1er juin 1932 , DP 1932, 1, p. 102, S. 1933, 1,p. 49.

a) Le dommage par ricochet

Il s'agit du préjudice que subit une personne du fait d'une atteinte déjà subie par une autre personne.

Le droit à réparation du préjudice par ricochet a été admis par la jurisprudence[1].

En ce qui concerne le dommage matériel, après une phase très libérale qui a duré jusqu'en 1937[2], la jurisprudence a jusqu'en 1970[3] souvent limité le droit à réparation du préjudice par ricochet en exigeant que la victime justifie de la lésion d'un intérêt légitime juridiquement protégé. Il était en effet nécessaire de limiter le nombre de personnes pouvant invoquer un préjudice par ricochet. Cette exigence a été abandonnée : « *l'article 1382 du Code civil ordonnant que l'auteur de tout fait ayant causé un dommage sera tenu de le réparer n'exige pas, en cas de décès, l'existence d'un lien de droit entre le défunt et le demandeur en indemnisation* »[4]. Cette solution, qui concernait un concubinage, fut étendue au concubinage adultérin en 1975[5].

Quant au préjudice moral, la jurisprudence a peu à peu abandonné l'exigence d'un lien de parenté ou d'alliance entre la victime et le demandeur ainsi que celle du décès de la victime[6]. Il a toujours été admis que les héritiers pouvaient poursuivre l'action en réparation appartenant à leur auteur ; ils peuvent demander réparation du préjudice matériel, du préjudice moral et même du *pretium doloris* subi par leur auteur. Les héritiers peuvent mener cette action même si elle n'a pas été intentée de son vivant par leur auteur[7]. Les héritiers peuvent également demander réparation de leur propre préjudice. Si la victime n'est pas décédée, les proches ne peuvent se constituer partie civile, ils ne peuvent obtenir réparation que devant les juridictions civiles[8]. La faute de la victime directe est opposable à la victime par ricochet car la victime indirecte ne peut être mieux indemnisée que la victime principale même si son action est autonome[9]. La Cour de cassation a récemment confirmé que les actions des victimes directes et par ricochet étaient soumises aux mêmes conditions juridiques dans la mesure où elles ont la même origine : le préjudice par ricochent n'est pas indépendant du préjudice initial et subit les mêmes limitations[10].

---

1. Crim., 27 mars 1877, *Bull. crim*. n° 86.
2. Civ., 27 juillet 1937, DP 1938, 1, p. 5, note R. Savatier, S. 1938, 1, p. 321, note G. Marty, *Gaz. Pal.* 1937, 2, p. 376, note Dallaut, *Grands Arrêts*, n° 111.
3. Civ., 27 février 1970, *D*. 1970, Jur. p. 201, note R. Combaldieu, *JCP* 1970, II, 16305, concl. R. Lindon, note G. Parleani, *Grands arrêts* n° 12, *RTD civ*. 1970, p. 353, obs. G. Durry.
4. Civ., 27 février 1970, préc.
5. Crim., 19 juin 1975, *D*. 1976, Jur. p. 679, note Tunc.
6. Crim., 5 janvier 1956, *Bull. crim.*, n° 15, *D*. 1956, Jur., p. 216, *Gaz. Pal.* 1956, 1, p. 230, *JCP* 1956, II, 9146.
7. Ch. Mixte, 30 avril 1976, *D*. 1977, Jur. p. 185, note Contamine-Raynaud, confirmé par la jurisprudence administrative, *cf.* CE, 29 mars 2000, *JCP* 2000, II, 10360, note A. Derrien, *JCP* 2000, I, 280, n°s 23 et 24, obs. G. Viney, *D*. 2000, Jur. p. 563, note A. Bourrel.
8. Ass. plén., 12 janvier 1979, *JCP* 1980, II, 19335, *RTD civ*. 1979, p. 141.
9. Ass. plén., 19 juin 1981, *D*. 1981, Jur. p. 641, *D*. 1982, Jur. p. 85, *JCP* 1982, II, 19712.
10. Civ. 1re, 28 octobre 2003, *Bull. civ*. I, n° 219, R., p. 439, *D*. 2004, Jur. p. 233, note Delebecque, *JCP* 2004, II, 10006, note Lardeux, *JCP* 2004, I, 163, n°s 13 et s., obs. Viney, *Defrénois* 2004, p. 383, obs. Libchaber, *Contrats, conc. consom.* 2004, n° 1, note Leveneur, *Resp. civ. et assur.* 2004, n° 30, note Groutel, *Dr. et patr.*, avr. 2004, p. 113, obs. Chabas, et p. 121, obs. F. Monéger, *RLDC* 2004/2, n° 49, note Jesselin-Gall, *LPA* 23 décembre 2003, note P. Ancel, *LPA* 8 juin 2004, note Chanteloup, *LPA* 4 août 2004, note Azavant, *RTD civ*. 2004, p. 96, obs. Jourdain.

b) Le dommage collectif

C'est un dommage qui affecte une collectivité, c'est-à-dire toute une catégorie de personnes.

Il convient de distinguer deux hypothèses :

– lorsque le dommage collectif est constitué par la somme des dommages individuels : les particuliers peuvent se grouper en association pour faire valoir leurs intérêts[1] ;

Exemple : associations de consommateurs ;

– lorsque le dommage collectif est différent de la somme de dommages individuels : l'action a été acceptée tout d'abord pour les syndicats pour tous les faits « portant un préjudice direct ou indirect à l'intérêt collectif de la profession »[2].

Exemple : exercice illégal de la médecine.

Cette possibilité a été étendue par plusieurs lois aux différents ordres professionnels (médecins, avocats…) et à certaines associations en cas d'infraction spécifique (association de lutte contre le racisme, de lutte contre les violences sexuelles…). L'action est généralement refusée pour les associations en l'absence de texte, car s'agissant d'un préjudice moral, elles doivent justifier d'un préjudice personnel directement causé par l'infraction et distinct du préjudice social. La loi du 18 janvier 1992 a accordé une action en représentation conjointe. Il s'agit d'une exception au principe selon lequel « Nul ne plaide par procureur ».

2 • LE LIEN DE CAUSALITÉ ENTRE FAIT GÉNÉRATEUR ET DOMMAGE

L'exigence d'un rapport de causalité entre le fait générateur de responsabilité imputable au défendeur et le dommage subi par la victime demandeur est une condition qui n'est pas sanctionnée par les textes.

Cependant, il ne peut exister de mise en cause de la responsabilité sans lien de causalité prouvé. Quand il est démontré une cause étrangère au défendeur, cela lui permet de s'exonérer au moins partiellement.

Dans le cadre de la responsabilité, la causalité est un élément fondamental que personne ne conteste, mais il existe un problème de définition et d'appréciation de cette causalité.

A - La définition de la causalité

L'appréciation de la causalité ne se réduit pas à la simple recherche d'enchaînement d'une série d'événements. Tous ces faits ne sont pas considérés comme cause du

---

1. Loi 1er juillet 1901.
2. Ch. réunies, 5 avril 1913, DP 1914, 1, p. 65, S. 1920, 1, p. 47 ; loi 12 mars 1920.

dommage. La doctrine a proposé des méthodes de tri entre ces faits, dont le dispositif s'est inspiré.

1) Les théories doctrinales sur la causalité

Ce tri peut être conçu de manière plus ou moins large :

– on admet que tous les antécédents nécessaires du dommage sont des causes : c'est la *théorie de l'équivalence des conditions* ;

– on ne retient que certains événements : il peut s'agir de la *théorie de la cause adéquate* ou de la *théorie de la cause proche*.

a) La théorie de l'équivalence des conditions

Tout événement sans lequel le dommage ne se serait pas produit c'est-à-dire tout événement qui constitue la condition *sine qua non* du dommage peut être considéré comme cause du dommage.

b) Les théories opérant une sélection parmi les antécédents nécessaires du dommage

La théorie de la cause proche : parmi les conditions nécessaires du dommage, on prend en compte celle qui est la plus proche du dommage dans le temps.

La théorie de la causalité adéquate : parmi les antécédents nécessaires du dommage, seuls seront considérés comme causes ceux qui, d'après le cours normal des choses, étaient de nature à engendrer le dommage.

2) Le droit positif

Il est admis que le droit positif rejette la théorie de l'équivalence des conditions : cette idée serait tirée de l'article 1151 du Code civil. La jurisprudence retient la théorie de la causalité adéquate[1].

Cependant, de nombreuses décisions d'espèce tendent à tempérer ce principe, montrant une avancée de la théorie de l'équivalence des conditions. Ainsi, lorsqu'une personne négligente rend plus facile le vol d'un objet, elle n'est pas considérée comme responsable des dommages causés par le voleur à l'objet. Si une personne gravement blessée se suicide suite à l'accident, le suicide peut être imputé à l'auteur de l'accident[2]. En revanche, il n'existe pas de lien de causalité entre le préjudice moral subi par les enfants d'une personne restée handicapée à la suite de cet accident[1]. Enfin, lorsqu'une personne est transfusée à la suite d'un accident de voiture et est contaminée par le virus du Sida, l'auteur de l'accident de la circulation peut être considéré comme

1. Civ. 2e, 12 décembre 1968, *Bull. civ.* II, n° 306, p. 218, *RTD civ.* 1969, p. 569, obs. Durry ; Civ. 2e, 25 octobre 1973, *Bull. civ.* II, n° 277, p. 222, *D.* 1974, Somm. p. 8, *RTD civ.* 1974, p. 602, note Durry.
2. Crim., 14 janvier 1971, *D.* 1971, Jur. p. 161, Rapport Robert.
1. Civ. 2e, 24 février 2005, *D.* 2005, IR, p. 671, *JCP* 2005, I, 149, n° 1, obs. J. Viney.

responsable de la contamination[1]. La Cour de cassation a récemment décidé qu'il existait un lien de causalité entre l'erreur d'un médecin et celle d'un laboratoire qui, tous deux, n'avaient pas détecté la rubéole d'une patiente enceinte, qui n'avait dès lors pas pu procéder à une interruption de grossesse, et avait donné naissance à un enfant gravement handicapé[2]. La loi du 4 mars 2002 a remis en cause cette solution critiquable dans la mesure où elle énonçait un lien de causalité entre la faute du médecin et la naissance de l'enfant handicapé, tout en déclarant que le préjudice résidait dans le handicap ; or la faute du médecin n'avait assurément pas provoqué le handicap mais avait seulement empêché la mère d'exercer son choix d'interrompre sa grossesse (cf. *supra B. Les caractères du dommage*).

La prédisposition de la victime n'est pas prise en compte si c'est l'accident qui l'a révélée[3]. Dans le cas contraire, c'est-à-dire si elle était connue avant l'accident, on considère qu'elle a joué un rôle dans le dommage ; l'obligation de réparation en est limitée.

B - La mise en œuvre de la causalité

1) Le domaine de l'exigence de la causalité

Elle est exigée dans tous les cas de responsabilité civile proprement dite, responsabilité délictuelle ou contractuelle. La causalité n'intervient pas dans le cadre de la loi du 5 juillet 1985 sur les accidents de la circulation.

2) La preuve de la causalité

a) Le principe

Le lien doit être prouvé par le demandeur. S'agissant d'un fait juridique, la preuve se fait en principe par tout moyen. Il sera plus facile à prouver pour une faute intentionnelle que pour une faute d'imprudence.

b) Le problème de la difficulté de preuve de la causalité

Un problème se pose lorsque les dommages sont causés en groupe, c'est-à-dire lorsque l'auteur du dommage n'est pas identifié. La solution devrait être de considérer qu'aucun n'est responsable. Il y a des palliatifs. On considère ainsi soit que la faute est commune[4], c'est-à-dire que tous les membres du groupe sont responsables, soit que la garde de la chose ayant causé le dommage est commune, c'est-à-dire que les individus composant le groupe sont tous gardiens de cette chose.

---

1. Versailles, 1re ch., 30 mars 1989, *JCP* 1990, II, 21505, obs. Dorsner-Dolivet ; Paris, 20e ch. B, 7 juillet 1989, *Gaz. Pal.* 1989, n° du 30 sept., concl. G. Pichot ; Rennes, 7e ch., 23 octobre 1990, *Gaz. Pal.* 1991, n° des 7-9 avril ; Civ. 1re, 4 décembre 2001, *JCP* 2002, I, 10198, note O. Gout, *D.* 2002, Jur. p. 3044, note M.-C. de Lambertye-Autrand, *Gaz. Pal.* 2002, 1, p. 394, note C. Caseau-Roche, *Resp. civ. et assur.* 2002, Comm. n° 126, obs. H. Groutel, *RTD civ.* 2002, p. 308, obs. P. Jourdain, *JCP* 2002, I, 186, obs. G. Viney ; Margeat (H.), « Séropositivité, Sida et jurisprudence », *Gaz. Pal.* 1991, Doctr. n° des 13-15 oct. ; Morançais-Demeester (M.-L.) « Contamination par transfusion du virus du Sida : responsabilités et indemnisation », *D.* 1992, Chron. p. 189.
2. Ass. plén., 17 novembre 2000, Perruche, cf. *supra*.
3. Civ. 2e, 19 juillet 1966, *D.* 1966, Jur. p. 598.
4. Civ. 2e, 2 avril 1997, *Bull. civ.* II, n° 112, *JCP* 1997, IV, 1156, *JCP* 1997, I, 4068, obs. G. Viney.

c) Les exonérations de la preuve : la présomption de causalité

Dans certains cas, les tribunaux se fondent sur des présomptions de causalité pour établir la réalité du lien de causalité.

Dans la responsabilité du fait des choses, il y a intervention de la chose. On présume que cette intervention est la cause du dommage. Le gardien peut s'exonérer en prouvant qu'il y a cause étrangère.

3) L'exclusion de la causalité : la cause étrangère

La cause étrangère peut consister dans la force majeure, le fait d'un tiers ou la faute de la victime.

a) La force majeure

Les caractères de la force majeure sont ceux qui ont été décrits en matière de responsabilité contractuelle : imprévisibilité, irrésistibilité, extériorité. Elle a pour conséquence d'exonérer totalement l'auteur du dommage lorsqu'elle est la cause unique du dommage, sauf en matière d'accidents de la circulation, et partiellement lorsque le dommage est dû seulement partiellement à la force majeure et également à la faute de l'auteur.

b) Le fait d'un tiers

Le fait d'un tiers exonère totalement l'auteur du dommage lorsque celui-ci a un caractère imprévisible et irrésistible. Il s'agit alors d'une variété de force majeure. En l'absence de ces caractères, la responsabilité sera partagée entre le tiers et celui qui est considéré comme responsable du dommage.

c) La faute de la victime

Si la faute de la victime a un caractère irrésistible et imprévisible, celui qui était considéré comme responsable du dommage est totalement exonéré. Si la victime est seulement pour partie à l'origine de son préjudice, la responsabilité est partagée entre celle-ci et celui dont la responsabilité est recherchée.

BIBLIOGRAPHIE

Actes du colloque de Paris (12 décembre 1997) portant sur « Le préjudice : questions choisies », *Resp. civ. et assur.* mai 1998, n° spécial.

ARTUS (D.), « Hépatite C post-tranfusionnelle : des voies et des réponses contentieuses désormais clarifiées », *D.* 2001, Chron. p. 1745.

AUBERT (J.-L.), « Indemnisation d'une existence handicapée qui, selon le choix de la mère, n'aurait pas dû être (à propos de l'arrêt de l'Assemblée plénière du 17 novembre 2000) », *D.* 2001, Chron. p. 489.

AYNÈS (L.), « Préjudice de l'enfant né handicapé : la plainte de Job devant la Cour de cassation », *D.* 2001, Chron. p. 492.

BACH (L.), « Réflexions sur le problème du fondement de la responsabilité civile en droit français », *RTD civ.* 1977, p. 17.

BARROT (R.) et NICOURT (B.), *Le lien de causalité*, Masson, 1896.

BEHAR-TOUCHAIS (M.) (Sous la direction de), « Faut-il moraliser le droit français de la réparation du dommage ? (A propos des dommages et intérêts punitifs et de l'obligation de minimiser son propre dommage), *LPA*, n° spécial, 20 novembre 2002, n° 232, publication du colloque organisé par le Centre de droit des affaires et de gestion, Paris V, le 21 mars 2002.

BOURRIÉ-QUENILLET (M.), « Pour une réforme conférant un statut juridique à la réparation du préjudice corporel », *JCP* 1996, I, 3919, « Le préjudice sexuel : preuve, nature juridique et indemnisation », *JCP* 1996, I, 3986 ; « Le préjudice moral des proches d'une victime blessée. Dérive litigieuse ou prix du désespoir », *JCP* 1998, I, 186.

CHABAS (F.), « Bilan de quelques années de jurisprudence en matière de rôle causal », *D.* 1970, Chron. p. 113, *L'influence de la pluralité de causes sur le droit à réparation*, Thèse Paris, 1965 ; « Débat autour de l'affaire Perruche », *Droits*, 2002, n° 35, p. 119.

DREIFFUSS-NEITTER (F.), « Feue la responsabilité civile contractuelle du médecin ? », *Resp. civ. et assur.* 2002, n° d'octobre, Chron . n° 17.

EDUC (F.), « Handicap génétique ou congénital et responsabilité civile (à propos de l'*arrêt Perruche*) », *Resp. civ. et assur.* 2001, n° de février, Chron. n° 4, p. 4 à 7.

ESMEIN (P.), « Le nez de Cléopâtre ou les affres de la causalité », *D.* 1964, Chron. p. 205.

FABRE-MAGNAN (M.), « Avortement et responsabilité médicale », *RTD civ.* 2001, p. 285

FORGES (J.-M. de), « Handicap congénital : le dispositif « anti-Perruche » », *RD SS* 2002, p. 465.

GAUTIER (P.-Y.), « "Les distances du juge" à propos d'un débat éthique sur la responsabilité civile », *JCP* 2001, I, 287

GOBERT (M.), « République, Cour de cassation et Echographie (A propos des arrêts d'Assemblée plénière du 13 juillet 2001), *LPA* 2001, n° du 21 novembre, p. 7.

HAMONET (C.) et MAGALHAES (T.), « De la réparation des dommages subis par le corps humain à la réparation des dommages subis par la personne », in *Mélanges en l'honneur de Yvonne Lambert-Faivre et Denis-Clair Lambert, Droit et économie de l'assurance et de la santé*, Dalloz, Coll. Mélanges, 2002, p. 209.

HOCQUET-BERG (S.), « Remarques sur la prétendue convention d'assistance », *Gaz. Pal.* 1996, Doctr. p. 10.

JOLY (A.), « Vers un critère juridique du rapport de causalité au sens de l'article 1384, al. 1 du Code civil », *RTD civ.* 1992, p. 257.

KAYSER, « Un arrêt de l'Assemblée plénière de la Cour de cassation sans fondement juridique ? », *D.* 2001, Chron. p. 1889.

KIRAT (Th.), *Les mondes du droit de la responsabilité : regards sur le droit en action*, LGDJ, 2003.

LAMBERT-FAIVRE (Y.), « Le droit et la morale dans l'indemnisation des dommages corporels », *D.* 1992, Chron. p. 365, « De la poursuite à la contribution : quelques arcanes de la causalité », *D.* 1992, Chron. p. 311 ; « Le dommage corporel entre l'être et l'avoir », *Resp. civ. et assur.* 1997, n° de décembre, Chron. n° 31.

La responsabilité : aspects nouveaux, Travaux de l'Association Henri Capitant, LGDJ, 2003.

LAROQUE (M.), « La réparation de la perte de chances », *Gaz. Pal.* 1985, Doctr. p. 607.

LEDUC (F.), « Handicap génétique ou congénital et responsabilité civile », *Resp. civ. et assur.* 2001, Chron. p. 4.

MARKESINIS (B.), « Réflexions d'un comparatiste anglais sur et à partir de l'arrêt Perruche », *RTD civ.* 2001, p. 77.

MAYAUX (L.), « Naissance d'un enfant handicapé : la Cour de cassation au péril de la causalité », *RGDA* 2001, p. 13.

MAZEAUD (H.), « La lésion d'un intérêt juridiquement protégé », *Gaz. Pal.* 1981, 2, Doctr. p. 460.

MÉMETEAU (G.), « L'action de vie dommageable », *JCP* 2000, I, 279.

NEYRET (L.), « Handicaps congénitaux : tout risque d'action en responsabilité civile d'un enfant contre sa mère n'est pas écarté », *D.* 2003, Chron. p. 1711.

NGUYEN-THAN-NHA, « L'influence des predispositions de la victime sur l'obligation à réparation du défenseur à l'action en responsabilité », *RTD civ.* 1976, p. 1.

PRADEL (X.), Le préjudice dans le droit civil de la responsabilité, LGDJ, coll. « Biblio. Dr. privé », Tome 415, 2004.

PORCHY (S.), « Lien causal, préjudices réparables et non-respect de la volonté du patient », *D.* 1998, Chron. p. 379.

RADÉ (C.), « Etre ou ne pas naître ? Telle n'est pas la question ! (l'*arrêt Perruche*), *Resp. civ.* et assur. 2001, Chron. n° 4.

RADÉ (C.), « La réforme de la responsabilité médicale après la loi du 4 mars 2002 relative aux droits des malades et à la qualité du système de santé », *Resp. civ. et assur.* 2002, n° de mai, p. 4.

RAYNAUD (P.), « La nature de l'obligation des coauteurs d'un dommage. Obligation *in solidum* ou solidarité ? », in *Mélanges Vincent*, p. 317.

REIFEGERSTE (S.), *Pour une obligation de minimiser le dommage*, PUAM, 2002.

SAINT-JOURS (Y.), « Handicap congénital – Erreur de diagnostic prénatal – Risque thérapeutique sous-jacent (à propos de l'arrêt « P.... » du 17 novembre 2000) », *D.* 2001, Chron. p. 1263.

SARGOS (P.), « L'actualité du droit de la responsabilité médicale dans la jurisprudence de la Cour de cassation », *Dr. et patr.*, 2001, n 92, p. 18 , « Evolution et mise en perspective de la jurisprudence de la Cour de cassation en matière de responsabilité civile des médecins », in *Mélanges en l'honneur de Yvonne Lambert-Faivre et Denis-Clair Lambert, Droit et économie de l'assurance et de la santé*, Dalloz, Coll. « Mélanges », 2002, p. 375.

SAVATIER (E.), « Le principe indemnitaire à l'épreuve des jurisprudences civiles et administratives. À propos de l'indemnisation des victimes de transfusions sanguines », *JCP* 1999, I, 125.

STARCK (B.), « La pluralité des causes de dommage et la responsabilité civile », *JCP* 1970, I, 239.

STASIAK (F.), « Le fondement de la réparation du dommage résultant d'une assistance bénévole à l'égard des tendances actuelles de la jurisprudence civile », *LPA* 1996, n° 87, p. 9.

TERRASSON DE FOUGÈRES (A.), « Périsse le jour qui me vit naître », *RDSS* 2001, p. 1

TERRÉ (F.), « Propos sur la responsabilité civile », *Arch. phil. dr.* 1977, T. 22, p. 37.

VIANDIER (A.), « La complaisance », *JCP* 1990, I, 2987.

VIDAL (J.), « L'arrêt de la chambre mixte du 27 février 1970, le droit à réparation de la concubine et le concept de dommage réparable », *JCP* 1970, I, 2390.

VINEY (G.), « L'autonomie du droit à réparation de la victime par ricochet par rapport à celui de la victime initiale », *D.* 1974, Chron. p. 3 ; « Brèves remarques à propos d'un arrêt qui affecte l'image de la justice dans l'opinion, Cass. Ass. Pl. 17 novembre 2000 », *JCP* 2001, I, 286.

CHAPITRE 14

*L*e fait générateur de responsabilité
I – Responsabilité du fait personnel

La responsabilité du fait personnel est prévue aux articles 1382 et 1383 du Code civil. Le fait personnel, qui permet d'engager la responsabilité d'un individu, est toujours une faute. Il s'agit d'une responsabilité subjective. Par le fait même, cette responsabilité est d'application très générale : chaque fois qu'il y a une faute à l'origine d'un dommage, on peut appliquer la responsabilité délictuelle.

Dans la conception traditionnelle, très imprégnée par la morale, la faute civile se décomposait en deux éléments :
– élément objectif ou matériel ;
– élément subjectif ou psychologique.
Le deuxième a été abandonné.

1 • LA NÉCESSITÉ DE L'ÉLÉMENT OBJECTIF

Il faut un certain comportement, qualifié de fautif, pour engager la responsabilité. Selon l'article 1382 du Code civil : « *Tout fait quelconque de l'homme, qui cause à autrui un dommage, oblige celui par la faute du quel il est arrivé, à le réparer.* » Il n'y a pas de définition de la faute. Il existe sur ce point des divergences doctrinales. Pour certains, la faute résiderait dans la violation d'une obligation préexistante (Planiol). Pour d'autres, il s'agit d'un acte illicite, contraire au droit. La jurisprudence considère comme fautifs tous les comportements qui lui paraissent anormaux : imprudence, négligence et même simple maladresse[1]. Dès lors, la faute est l'erreur de conduite. L'appréciation de la faute se fait *in abstracto* : les tribunaux comparent le comportement de l'intéressé non pas à son propre comportement habituel mais aux comportements d'une personne moyenne normalement avisée. Cette appréciation ne se fait pas absolument *in abstracto* : le comportement de référence est celui d'un « bon père de famille » placé dans des circonstances analogues. Cependant, certaines circonstances, celles qui sont propres à l'intéressé, sont écartées des termes de la comparaison. Les méthodes

---

1. Pour deux exemples récents, cf. Civ. 2e, 18 mai 2000, *JCP* 2000, I, 280, nos 10 et 11, obs. G. Viney, *JCP* 2000, IV, 2218 ; Civ. 1re, 23 mai 2000, *JCP* 2000, I, 280, nos 12 et 13, obs. G. Viney, *JCP* 2000, IV, 2219.

d'appréciation conduisent à écarter la faute dans des cas où il y a apparemment erreur de conduite. Il y a des cas dans lesquels il y a des faits justificatifs :

– ordre de la loi ou commandement de l'autorité légitime ;

– état de nécessité ;

– légitime défense ;

– consentement de la victime : elle ne supprime la faute que dans certains cas. Le consentement de la victime n'exclut pas la faute en cas d'atteinte à l'intégrité corporelle de l'individu ;

– acceptation des risques : la victime participe consciemment à une activité dangereuse. Elle n'exclut pas complètement la faute : dans le cas d'activités sportives dangereuses, les règles du jeu doivent être respectées. La jurisprudence considère que l'acceptation des risques ne peut pas justifier l'attitude de l'auteur du dommage, tout au plus cette acceptation peut constituer une faute de la victime qui viendra partiellement dégager la responsabilité de son adversaire, à condition qu'il s'agisse de risques normaux[1].

2 • L'ABANDON DE L'ÉLÉMENT PSYCHOLOGIQUE DE LA FAUTE

Dans la conception classique, la faute implique la faculté de discernement, c'est-à-dire l'aptitude à apprécier la portée de ses actes. En l'absence de cette faculté, le comportement, même objectivement anormal, ne pouvait pas être considéré comme fautif. Cette exigence de l'imputabilité du comportement a servi pendant longtemps à justifier l'irresponsabilité des personnes privées de discernement. Le principe traditionnel d'irresponsabilité de ces personnes a été abandonné en deux temps :

– *loi du 3 janvier 1968 :* pendant longtemps, on a considéré que lorsqu'il n'y avait pas de conscience, il n'y avait pas de liberté et donc irresponsabilité. La victime ne pouvait donc être indemnisée pour le dommage qui lui était causé par un aliéné. La loi du 3 janvier 1968 relative aux incapables majeurs a modifié l'article 489-2 du Code civil qui prévoit désormais que « *celui qui a causé un dommage à autrui alors qu'il était sous l'empire d'un trouble mental n'en est pas moins obligé à réparation* ». Il y a obligation de réparer, même si on ne parle pas de faute de la part de l'aliéné. On écarte l'exigence d'imputabilité du comportement pour les personnes victimes de troubles mentaux, c'est-à-dire l'élément psychologique ;

– *dans cinq arrêts du 9 mai 1984[2],* la Cour de cassation a écarté la question du discernement pour étudier la responsabilité d'un mineur : l'enfant peut commettre une faute sans qu'il soit nécessaire de se demander s'il est doué de discernement. Avec ces arrêts, on est arrivé à une conception objective de la faute. La faute est un comportement objectivement anormal.

---

1. Des risques anormaux, tels que la mer, ne peuvent être considérés comme ayant été acceptés par la victime.
2. Ass. plén., 9 mai 1984, *D.* 1984, Jur. p. 525, concl. Cabannes, note F. Chabas, *JCP* 1984, II, 20256, note P. Jourdain, *RTD* civ. 1984, p. 508, obs. J. Huet, *Grands arrêts* n° 116.

3 • LA DIVERSITÉ DES FAUTES

A - Diversité de la faute et objet de la faute

La jurisprudence retient n'importe quel comportement anormal constituant une faute :

– *ce comportement peut être actif ou passif* : la jurisprudence ne fait pas de différence entre faute de commission et faute d'abstention :

■ *faute de commission :* il s'agit d'une faute active, l'intéressé fait ce qu'il ne doit pas faire ;

Par exemple, la jurisprudence a précisé peu à peu la nature de la faute engageant la responsabilité du sportif qui cause un dommage à un autre sportif au cours de leur activité commune : le sportif engage sa responsabilité en cas de faute volontaire contraire à la règle du jeu[1]. Une violation des règles du jeu du sport est donc nécessaire pour engager la responsabilité personnelle du sportif.

■ *faute d'abstention :* il s'agit de ne pas faire ce que l'on devrait faire. Ce type de faute est admis mais cela a soulevé quelques difficultés[2] ;

Par exemple, la jurisprudence a récemment reconnu la responsabilité d'un laboratoire pharmaceutique qui avait manqué à son obligation de vigilance et avait ainsi commis une faute « *en ne surveillant pas l'efficacité de produits litigieux, et ce, nonobstant les avertissements continus de la littérature médico-scientifique notamment en 1939 et en 1962-1963* »[3].

– *la faute dans l'exercice des droits* : *a priori,* quand une personne exerce ses droits, l'idée que cette personne pourrait commettre une faute paraît exclue. La jurisprudence sanctionne l'abus de droit qui, selon elle, peut être constitutif d'une faute. Les troubles de voisinage constituent une application de la théorie de l'abus de droit. Le dommage anormal est le seul à devoir être réparé, même s'il est commis sans faute : il s'agit d'une responsabilité objective. Le dommage doit avoir un caractère continu ou répétitif, ce ne doit pas être un trouble accidentel ou instantané. La réparation du trouble de voisinage incombe à l'auteur du trouble et non plus au propriétaire comme ce fut le cas autrefois. La faute de la victime exonère l'intéressé de sa responsabilité, par exemple en cas d'installation de la victime dans une zone où le trouble existait déjà du fait d'une « *activité agricole, industrielle, artisanale ou commerciale* » (interprétation restrictive de la jurisprudence). La sanction est déterminée par le juge qui octroie le plus souvent des dommages-intérêts. Il peut également ordonner, mais c'est plus rare, la suppression de la cause du dommage (fermeture de l'établissement, travaux d'amélioration…). Lorsque le dommage est causé par une activité autorisée par l'administration, le juge judiciaire ne peut interdire cette activité mais peut

---

1. Civ. 2ᵉ, 16 novembre 2000, *Bull. civ.* II, n° 151, *D.* 2000, IR, p. 307.
2. Civ. 1ʳᵉ, 27 février 1951, *Branly, D.* 1951, Jur. p. 329, note H. Desbois, *JCP* 1951, II, 6193, note J. Mihura, *Gaz. Pal.* 1951, 1, Jur. p. 230, concl. Rey.
3. CA Versailles, 30 avril 2004 (affaire du *Distilbène*), *D.* 2004. Jur. p. 2071, note A. Gossement, RFA 2004, étude 22, par F. Radé, confirmé par Cass., 8 mars 2006.

ordonner des travaux d'amélioration et même la fermeture jusqu'à accomplissement de ces travaux.

B - Diversité de la faute et gravité des fautes

En principe, dans la responsabilité du fait personnel, on ne distingue pas selon la gravité de la faute : la faute la plus grave n'est pas exigée et n'a pas d'effet particulier. La faute intentionnelle suppose un acte volontaire accompli avec l'intention ou du moins la certitude de causer un dommage. Selon l'article 1383 du Code civil, « *chacun est responsable du dommage qu'il a causé non seulement par son fait, mais encore par sa négligence ou par son imprudence* » : peu importe la gravité de la faute. Il arrive néanmoins que soit pris en compte le caractère inexcusable de la faute : c'est le cas dans la loi du 5 juillet 1985 relative aux accidents de la circulation.

BIBLIOGRAPHIE

APPLETON (P.), « L'abstention fautive en matière délictuelle, civile et pénale », *RTD civ.* 1912, p. 693.

BARBIÉRI (J.-F.), « Inconscience et responsabilité dans la jurisprudence civile : l'incidence de l'article 489-2 du Code civil après une décennie », *JCP* 1982, I, 3057.

BLANC (X.), « La responsabilité de l'"infans" », *RTD civ.* 1957, p. 28.

BRIÈRE DE l'ISLE (G.), « La faute intentionnelle », *D.* 1973, Chron. p. 259, « La faute dolosive », *D.* 1980, Chron. p. 133.

CAPITANT (H.), « Sur l'abus de droit », *RTD civ.* 1928, p. 365.

CARBONNIER (J.), « Le silence et la gloire », *D.* 1951, Chron. p. 119.

CHARMONIT (J.), « L'abus de droit », *RTD civ.* 1982, p. 113.

COURTIEU (G.), *Troubles du voisinage*, Litec, Coll. « Litec immo », 2002.

DAURY-FAUVEAU (M.), « La faute de l'aliéné et le contrat », *JCP* 1998, I, 160.

DESCAMPS (O.), *Les origines de la responsabilité pour faute personnelle dans le Code de 1804*, LGDJ Coll. « Biblio. dr. privé », Tome 436, 2005, préface M. Lefebvre-Teillard.

ESMAIN (P.), « La faute et sa place dans la responsabilité civile », *RTD civ.* 1949, p. 481.

GRUA (F.), « La responsabilité civile de celui qui fournit le moyen de causer un dommage », *RTD civ.* 1991, p. 1.

JAMBU-MERLIN (R.), « Dol et faute lourde », *D.* 1955, Chron. p. 84.

JOURDAIN (P.), *Recherche sur l'imputabilité en matière de responsabilité civile et pénale*, Thèse Paris II, 1982.

LAMBERT-FAIVRE (Y.), « L'éthique de la responsabilité », *RTD civ.* 1998, p. 1.

MAZEAUD (H.), « La "faute objective" et la responsabilité sans faute », *D.* 1985, Chron. p. 13.

PUECH (M.), *L'illicéité dans la responsabilité contractuelle*, LGDJ, 1973.

RADÉ (C.), « L'impossible divorce de la faute et de la responsabilité civile », *D.* 1998, Chron. p. 301.

ROBLOT (R.), « De la faute lourde en droit privé français », *RTD civ.* 1943, p. 1.

ROETS (D.), « Les droits discrétionnaires : une catégorie juridique en droit de disparition ? », *D.* 1997, Doctr. p. 92.

ROTONDI (M.), « Le rôle de la notion d'abus de droit », *RTD civ.* 1980, p. 66.

THÉRON (J.-P.), « Responsabilité pour trouble anormal de voisinage en droit public et en droit privé », *JCP* 1976, I, 2802.

VILLIEN (P.), « Vers une unification des régimes de responsabilité en matière de troubles du voisinage dans la construction immobilière », *RDI* 2000, p. 175.

VINEY (G.), « Remarques sur la distinction entre faute intentionelle, faute inexcusable et faute lourde », *D.* 1975, Chron. p. 263, « La réparation des dommages causés sous l'empire d'un état d'inconscience : un transfert nécessaire de la responsabilité vers l'assurance », *JCP* 1985, I, 3189.

VINEY (G.), *Le déclin de la responsabilité individuelle*, LGDJ, 1965.

WARENBOURG-AUQUE (F.), « Irresponsabilité ou responsabilité civile de l'*infans* », *JCP* 1985, I, 3189.

YOCAS (C.-P.), *Les troubles du voisinage*, Thèse Paris, 1964.

CHAPITRE 15

*L*e fait générateur de responsabilité
II – Responsabilité du fait d'autrui

La responsabilité du fait d'autrui est prévue par les alinéas 4 et suivants de l'article 1384 du Code civil :

– *responsabilité des parents du fait de leur enfant mineur ;*

– *responsabilité du commettant du fait de son préposé ;*

– *responsabilité des instituteurs du fait de leur élève :* la responsabilité de l'État est substituée à celle de l'instituteur (art. 1384 *in fine*) : il faut prouver la faute de l'instituteur. La faute varie surtout suivant l'âge et plus généralement suivant les circonstances mais la jurisprudence a une conception large de la faute entraînant la responsabilité de l'État substituée à celle de l'enseignant[1]. Lorsque la responsabilité d'un membre de l'enseignement public pourrait être engagée, « *la responsabilité de l'État sera substituée à celle desdits membres de l'enseignement qui ne pourront jamais être mis en cause devant les tribunaux civils par la victime ou ses représentants* » (art. 2 loi du 5 avril 1937). La même solution s'applique lorsqu'il s'agit d'un établissement privé ayant conclu un contrat avec l'État, mais pour les établissements n'ayant pas conclu un tel contrat, on applique les principes de la responsabilité pour faute prouvée (art. 1382, C. civ.) ;

– *responsabilité des artisans du fait de leurs apprentis* (art. 1384, al. 6, C. civ.) : elle suppose la réunion des trois conditions suivantes : l'artisan doit dispenser une formation professionnelle à l'apprenti, ce dernier doit loger chez l'artisan et doit avoir commis un fait dommageable.

La responsabilité du fait d'autrui est favorable aux victimes car elle leur fournit un second responsable qui est généralement plus solvable que l'auteur direct du dommage. Ces hypothèses sont exceptionnelles : à la différence de ce que la jurisprudence a décidé pour la responsabilité du fait des choses, l'article 1384, alinéa premier ne semble pas poser de principe général de responsabilité du fait d'autrui. Cependant, le 29 mars 1991[2], un arrêt de l'assemblée plénière de la Cour de cassation est revenu

---

1. Par exemple, Civ. 2e, 23 octobre 2003, *Bull. civ.* II, n° 331, p. 269, *D.* 2004, Jur. p. 728, note S. Petit et p. 729, note Y. Dagorne-Labbé.
2. Ass. plén., 29 mars 1991, *D.* 1991, Jur. p. 324, note C. Larroumet, Somm. p. 324, obs. J.-L. Aubert, *JCP* 1991, II, 21673, concl. Dontenville, note J. Ghestin, *Gaz. Pal.* 1992, 2, p. 513, obs. F. Chabas, *RTD civ.* 1991, p. 541, obs. P. Jourdain, *Grands arrêts* n° 147.

sur ce point. La Cour de cassation a décidé qu'était responsable de plein droit l'association gérant un centre d'accueil d'handicapés mentaux, lorsque l'un d'eux allume un incendie, dès lors qu'elle avait accepté la charge d'organiser et de contrôler, à titre permanent, le mode de vie de ces handicapés. La jurisprudence admet ainsi l'existence d'une responsabilité du fait d'autrui en dehors des régimes spéciaux prévus par le Code civil. D'autres décisions sont allées dans le même sens[1]. La jurisprudence précise peu à peu le domaine et les conditions d'application de la responsabilité du fait d'autrui fondée sur l'article 1384, alinéa 1er du Code civil. Ainsi, opérant un revirement, la Cour de cassation a finalement accepté d'appliquer ce principe général de responsabilité du fait d'autrui au tuteur, considérant que celui-ci « *avait accepté, en qualité de tuteur, la garde du mineur et la charge d'organiser et de contrôler à titre permanent son mode de vie* ». Il s'agit d'un nouveau pas dans l'évolution vers un fondement subjectif de la responsabilité[2]. De plus, en matière de responsabilité civile des associations sportives, la Cour de cassation a considéré que celles-ci pouvaient être tenues responsables du fait de leurs membres, bien que l'activité qu'elles dirigent est temporaire, à condition que le fait de leur membre soit fautif et non simplement causal[3].

1 • LA RESPONSABILITÉ DU COMMETTANT DU FAIT DE SON PRÉPOSÉ

Elle est prévue à l'article 1384, alinéa 5 du Code civil : « *Les maîtres et les commettants [sont responsables] du dommage causé par leurs domestiques et préposés dans les fonctions auxquelles ils les ont employés.* »

A - Les conditions

Elles sont de deux ordres :

1) Le lien de préposition

Il doit exister une relation entre commettant et préposé, c'est-à-dire un lien de subordination entre eux. Celui-ci existe dès lors que le commettant a « *le droit de donner au préposé des ordres ou des instructions sur la manière de remplir les fonctions auxquelles il est employé* »[4]. La responsabilité du fait d'autrui est exclue lorsque l'activité est exercée à titre indépendant.

---

1. Civ. 2e, 22 mai 1995, *JCP* 1995, II, 22250, note J. Mouly ; Crim., 10 octobre 1996, *D.* 1997, Jur. p. 309, note Huyette, *JCP* 1997, II, 22833, note F. Chabas ; Crim., 26, mars 1997, *Bull. crim.* n° 124, *JCP* 1997, II, 12868, rapp. F. Desportes, note P. Jourdain, *JCP* 1997, I, 4070, obs. G. Viney, *Resp. civ. et assur.* 1997, Comm. n° 292, obs. H. Groutel.
2. Crim., 28 mars 2000, *JCP* 2001, II, 10456, note C. Robaczewski.
3. Civ. 2e, 20 novembre 2003, *D.* 2004, Jur. p. 300, note G. Bouché, *JCP* 2004, II, 10017, note J. Mouly, *RTD civ.* 2004, p. 106, note P. Jourdain, *JCP* 2004, I, 163, obs. G. Viney ; Civ. 2e, 8 avril 2004, *Bull. civ.* II, n° 194, *D.* 2004, Jur. p. 2601, note Serinet, *D.* 2005, Pan. p. 187, obs. D. Mazeaud, *JCP* 2004, II, 10131, note Imbert, *Gaz. Pal.* 2004, Doctr. p. 2785, étude Perez et Polère, *Dr. et patr.*, oct. 2004, p. 105, obs. Chabas, *RTD civ.* 2004, p. 517, obs. Jourdain ; Civ. 2e, 13 mai 2004, *Resp. civ. et assur.* juillet-août 2004, Comm. n° 212 ; Civ. 2e, 21 octobre 2004, *Bull. civ.* II, n° 477, p. 404, *D.* 2005, Jur, p. 40, note J.-B. Laydu.
4. Civ., 4 mai 1937, *DH* 1937, Jur. p. 363, *Grands arrêts* n° 139.

2) Le fait du préposé

Cette condition se dédouble :

– *un fait dommageable doit avoir été commis par le préposé*. La responsabilité du commettant ne peut être mise en cause lorsque le préposé est gardien au sens de l'article 1384, alinéa premier : les qualités de gardien d'une chose et de préposé sont incompatibles[1] ;

– *il doit exister un lien entre l'acte dommageable commis par le préposé et ses fonctions :* c'est le problème de l'abus de fonction qui a donné lieu à une jurisprudence abondante et variable :

Crim., 20 juillet 1931[2]	La jurisprudence était favorable à la victime : le commettant est responsable des actes dommageables de son préposé, même s'ils sortent du cadre normal de sa fonction, dès lors que leur accomplissement a été facilité par l'exercice de celle-ci.
Civ. 2e, 14 juin 1957[3]	Divergences entre chambres civiles et chambre criminelle : la 2e chambre écarte la responsabilité du commettant « *lorsque l'acte dommageable a trouvé sa source dans un abus de fonction de la part du préposé, ledit abus supposant nécessairement que cet acte est étranger à la fonction* ».
Ch. réunies, 9 mars 1960[4]	Se rangent à l'opinion des chambres civiles mais la jurisprudence reste divisée.
Ass. Plén., 10 juillet 1977[5]	« *Le commettant n'est pas responsable du dommage causé par le préposé qui utilise, sans autorisation, à des fins personnelles, le véhicule à lui confié dans l'exercice de ses fonctions.* » La Chambre criminelle maintient la solution antérieure lorsqu'il ne s'agit pas d'un emprunt de véhicule.
Ass. Plén., 17 juin 1983[6]	« *Les dispositions de l'article 1384, al. 5 du Code civil ne s'appliquent pas au commettant en cas de dommage causé par le préposé qui, agissant sans autorisation à des fins étrangères à ses attributions, s'est placé hors des fonctions auxquelles il est employé.* » Manque de clarté, on ne sait pas si ces trois conditions sont cumulatives.
Ass. Plén., 11 novembre 1985[7]	Impose les trois conditions cumulativement.

---

1. Civ., 30 décembre 1936, *DP* 1937, 1, p. 5, rapp. L. Josserand, note R. Savater, *S.* 1937, 1, p. 137, note J. Mazeaud.
2. *DH* 1931, p. 493.
3. *D.* 1958, Jur. p. 53, note R. Savatier.
4. *Bull. crim.* n° 4, *D.* 1960, p. 329, note Savatier, *JCP* 1960, II, 11559, note R. Rodière, *Gaz. Pal.* 313, note J.-L. Aubert.
5. *D.* 1977, Jur. p. 465, note C. Larroumet, *JCP* 1977, II, 18730, Concl. P. Gulphe, *Defrénois* 1977, p. 1517, *RTD civ.* 1977, p. 74, obs. G. Durry.
6. *Bull.* n° 8, *D.* 1984, Jur. p. 134, note D. Denis, *JCP* 1983, II, 20120, concl. Sadon, note F. Chabas, *RTD civ.* 1983, p. 759, obs. Durry, *Grands arrêts* n° 141.
7. *Bull.* n° 9, *D.* 1986, *D.* 1986, Jur. p. 81, note J.-L. Aubert, *JCP* 1986, II, 20568, note G. Viney, *RTD civ.* 1986, p. 128, note J. Huet.

Ass. Plén., 19 mai 1988[1]

« *Le commettant ne s'exonère de sa responsabilité que si son préposé a agi hors des fonctions auxquelles il était employé, sans autorisation et à des fins étrangères à ses attributions* » : cette décision va dans le sens de l'exigence de la réunion de ces trois éléments.

Certaines décisions ultérieures ne semblent pas toujours respecter cet arrêt de principe.

B - Les effets de la responsabilité du commettant

Du point de vue de la victime : elle dispose d'une action contre le préposé et contre le commettant. Ils sont responsables *in solidum*[2]. La victime peut demander la réparation intégrale à l'un ou l'autre, elle peut choisir.

Du point de vue du commettant : on suppose que l'action est portée contre lui :

– si les conditions de sa responsabilité sont remplies : il ne peut pas s'exonérer de sa responsabilité en prouvant son absence de faute. Il ne peut invoquer la force majeure ;

– lorsqu'il a été condamné à indemniser la victime, il a une action récursoire contre le préposé. Traditionnellement, cette action était rarement exercée en pratique. En effet, le plus souvent, l'assureur du commettant indemnisait la victime et l'action récursoire lui était refusée en l'absence de faute intentionnelle du préposé. Un arrêt rendu en 2000 par l'Assemblée plénière *Costedoat* a opéré un revirement de jurisprudence en décidant que « *n'engage pas sa responsabilité à l'égard des tiers le préposé qui agit sans excéder les limites de la mission qui lui a été impartie par son commettant* »[3]. Cet arrêt s'inscrit dans la ligne d'un autre, rendu par la Chambre commerciale de la Cour de cassation en 1993 qui avait retenu mais limité la possibilité d'une action récursoire du commettant contre le préposé aux hypothèses dans lesquelles le préposé avait commis une faute personnelle susceptible d'engager sa responsabilité[4]. Un nouvel arrêt de l'Assemblée plénière, *Cousin*, a précisé que « *le préposé condamné pour avoir intentionnellement commis, fût-ce sur l'ordre du commettant, une infraction ayant porté préjudice au tiers, engage sa responsabilité civile à l'égard de celui-ci* »[5]. Il convient de relativiser la contradiction apparente entre les arrêts de 2000 et l'arrêt *Cousin*, le préposé ayant été condamné pénalement pour avoir commis une faute

---

1. *D.* 1988, Jur. p. 513, note Larroumet, *Gaz. Pal.* 1988, 2, p. 640, concl. M. Dorwling-Carter, *Defrénois* 1988, p. 1097, obs. Aubert, *RTD civ.* 1989, p. 89, obs. P. Jourdain.
2. Lorsqu'il y a obligation *in solidum,* plusieurs personnes sont tenues d'une même dette sans qu'il y ait pour autant solidarité. Par conséquent, le créancier peut demander le paiement de sa créance à l'un quelconque de ses débiteurs mais les codébiteurs ne peuvent se représenter les uns les autres, l'interruption de la prescription ou la chose jugée vis-à-vis de l'un d'eux ne s'étend pas aux autres (cf. Chapitre 22).
3. Ass. plén., 25 février 2000, *D.* 2000, Jur. p. 367, note Ph. Brun, *JCP* 2000, II, 10295, concl. Kessous, note M. Billiau, *JCP* 2000, I, 241, n° 16 et s., obs. G. Viney, *Gaz. Pal.* 2000, 2, p. 1462, note F. Rinaldi, *Resp. civ. et assur.* Chron. n° 11, obs. H. Groutel, *Dr. et patr.* 2000, n° 82, p. 107, obs. F. Chabas, *RTD civ.* 2000, p. 582, obs. P. Jourdain, *Grands arrêts* n°217.
4. Com., 13 octobre 1993, *D.* 1994, Jur. p. 124, note G. Viney, *Defrénois* 1994, p. 812, obs. J.-L. Aubert, *RTD civ.* 1994, p. 111, obs. P. Jourdain.
5. Ass. plén., 14 décembre 2001, *Bull.* n° 17, p. 35, *JCP* 2002, II, 10026, note M. Billiau, *JCP* 2002, I, 124, obs. G. Viney, *JCP* E 2002, p. 279, note C. Brière, *D.* 2002, Jur. p. 1317, note D. Mazeaud, *RTD civ.* 2002, p. 109, obs. P. Jourdain.

intentionnelle alors que dans l'arrêt *Costedoat*, le préposé n'avait commis aucune infraction pénalement réprimée. La question reste posée de la responsabilité civile à l'égard du tiers du préposé qui aurait été condamné pénalement pour avoir commis une infraction non intentionnelle. La jurisprudence *Costedoat* bénéficie également, depuis un arrêt de la Cour de cassation du 9 novembre 2004[1], aux médecins et sages-femmes salariés, opérant ainsi un important revirement puisque la jurisprudence considérait jusque-là que la sage-femme et le médecin[2] travaillaient dans une indépendance professionnelle incompatible avec la solution donnée par l'arrêt *Costedoat*[3]. Néanmoins, il n'est pas certain que cette jurisprudence s'applique aux médecins et sages-femmes qui officient dans des cliniques privées. En effet, la jurisprudence a écarté, dans ce cas, l'immunité du médecin, la nature de la responsabilité invoquée à l'encontre de la clinique étant contractuelle[4].

2 • LA RESPONSABILITÉ DES PARENTS DU FAIT DE LEUR ENFANT

A - Les conditions de la responsabilité

La responsabilité des parents du fait de leur enfant est soumise à trois conditions. Les parents sont responsables solidairement.

1) L'exercice de l'autorité parentale sur un enfant mineur

La responsabilité est la contrepartie de l'autorité parentale. La majorité et l'émancipation font cesser la responsabilité des parents du fait de leur enfant. Tirant les conséquences de la réforme de l'autorité parentale du 4 mars 2002, l'article 1384, alinéa 4 du Code civil ne fait plus référence au(x) parent(s) qui a (ont) la garde de l'enfant mais à celui ou ceux qui exerce(nt) l'autorité parentale.

2) Un fait dommageable de la part de l'enfant

L'enfant doit avoir commis un fait dommageable. La faute de l'enfant n'est plus exigée. Dès l'arrêt *Fullenwarth*, la jurisprudence avait admis qu'« *un acte commis par l'enfant, cause directe du dommage* » suffit à mettre en jeu la responsabilité des parents[5]. La Cour de cassation a confirmé que « *la responsabilité de plein droit encou-*

---

1. Civ. 1re, 9 novembre 2004, *Bull. civ.* I, n° 262, R., p. 348, *D.* 2005, Jur. p. 253, note Chabas, *D.* 2005, Pan. p. 406, obs. Penneau, *JCP* 2005, II, 10020, rapp. Duval-Arnould, note Porchy-Simon, *JCP* 2005, I, 132, n° 8 s., obs. Viney, *JCP* E 2005, p. 625, note Viottolo, *LPA* 22 décembre 2004, note Barbièri, *RTD civ.* 2005, p. 143 obs. Jourdain.
2. T. conflits, 14 février 2000, *JCP* 2001, II, 10584, note Hardy.
3. Civ. 1re, 30 octobre 1995, *Battaglia*, *D.* 1995, IR p. 276, *Gaz. Pal.* 1996, Pan. p. 142, *JCP* 1995, I, 3944, obs. G. Viney, *RTD civ.* 1996, p. 636, obs. P. Jourdain.
4. Civ. 1re, 9 avril 2002, *Bull. civ.* I, n° 114, *JCP* 2002, I, 186, n° 20 s., obs. Viney, *Resp. civ. et assur.* 2002 n° 234, et Chron. 13, par Radé, *Dr. et patr.*, juill.-août 2002, p. 96, obs. Chabas, *RTD civ.* 2002, p. 516, obs. Jourdain.
5. Ass. plén., 9 mai 1984, *Fullenwarth*, *JCP* 1984, II, 20255, note N. Dejean de la Bâtie, *D.* 1984, Jur. p. 525, concl. Cabannces, note F. Chabas, confirmé par Civ. 2e, 14 novembre 1984, *Bull. civ.* II, n° 168, *RTD civ.* 1986, p. 120, obs. J. Huet ; Civ. 2e, 13 avril 1992, *Bull. civ.* I, n° 122, *RTD civ.* 1992, p. 771, obs. P. Jourdain.

rue par les père et mère du fait des dommages causés par leur enfant mineur habitant avec eux n'est pas subordonnée à l'existence d'une faute de l'enfant »[1]. Il suffit donc que le dommage ait été directement causé par le fait, même non fautif, du mineur[2]. Il n'est pas non plus exigé, pour engager la responsabilité des parents, de faute de l'enfant lorsque celui-ci cause un dommage au moyen d'une chose ou d'un animal dont il a la garde[3].

3) L'enfant et ses parents doivent cohabiter

La jurisprudence parvient péniblement à trouver une certaine stabilité. Il s'agit de déterminer si les parents demeurent responsables du fait de leur enfant lorsque celui-ci se trouve hors du domicile parental et donc pas physiquement chez eux. Après avoir décidé en 1989[4] que l'enfant qui se trouvait en vacances chez ses grands-parents n'était alors plus sous la surveillance de ses parents et donc que la condition de cohabitation n'était pas remplie, la Cour de cassation a décidé en 1997[5] puis confirmé en 2000[6] qu'il n'y avait pas rupture de cohabitation. Dans le cas particulier où l'enfant se trouve en régime d'internat dans un collège, après avoir décidé en 1991[7] qu'il ne pouvait y avoir lieu à cohabitation dans ce cas, la deuxième Chambre civile a infirmé ensuite cette solution[8]. Jusqu'à un arrêt du 29 octobre 2002[9], la Chambre criminelle s'en tenait toujours à la solution de 1991, qu'elle avait confirmé à plusieurs reprises[10]. Finalement, elle considère comme la deuxième Chambre civile « *qu'en effet, la cohabitation de l'enfant avec ses parents, résultant de sa résidence habituelle à leur domicile ou au domicile de l'un d'eux, ne cesse pas lorsque le mineur est confié par contrat à un organisme de vacances, qui n'est pas chargé d'organiser et de contrôler à titre permanent le mode de vie de l'enfant ; que seule la force majeure ou la faute de la victime peut exonérer les*

---

1. Civ. 2e, 10 mai 2001, *Levert, Bull. civ.* II, n°96, *JCP* 2001, II, 10643, note J. Mouly, *JCP* 2002, I, 124, obs. G. Viney, *D.* 2001, Jur. p. 2851, note P. Guerder et O. Tournafond, *D.* 2002, Jur. p. 1315, note D. Mazeaud, *RTD civ.* 2001, p. 601, obs. P. Jourdain ; confirmé par Ass. plén., 13 décembre 2002, *D.* 2003, Jur. p. 231, note P. Jourdain (+ Ass. plén. 17 janvier 2003, *D.* 2003, Jur. p. 591 (rectification d'erreur matérielle), note P. Jourdain)
2. Ass. plén., 13 décembre 2002, *Bull. civ.* n° 4, R., p. 475, *BICC*, 1er mars 2003, concl. de Gouttes, rapp. Les Corroller, *D.* 2003, Jur. p. 231, note Jourdain (2 arrêts), *JCP* 2003, II, 10010, note Hervio-Lelong, *JCP* 2003, I, 154, nos 46 et s., obs. Viney, *Gaz. Pal.* 2003, p. 1008, note Chabas, *Gaz. Pal.* 2003, p. 1035, note Icard et Pansier, *Resp. civ. ; et assur.* 2003. Chron., par Groutel, *Dr. Famille* 2003, n° 23, note J. Julien ; *RJPF* 2003-5/32, note Saluden, *LPA* 18 avril 2003, note Laydu.
3. Ass. plén., 9 mai 1984, *Gabillet*, prec.
4. Civ. 2e, 24 avril 1989, *D.* 1990, p. 519, note Y. Dagorne-Labbé.
5. Civ. 2e, 4 juin 1997, *D.* 1997, IR, p. 1591, *JCP* 2000, I, 241, n°20.
6. Civ. 2e, 20 avril 2000, *D.* 2000, Somm., p.468, obs. P. Jourdain.
7. Civ. 2e, 2 juillet 1991, *Bull. civ.* II, n°224, *RTD civ.* 1991, p. 759, note P. Jourdain.
8. Civ. 2e, 29 mars 2001, *Bull. civ.* II, n° 69, p. 46 ; *Juris-data* 2001, n° 17 du 25 avril 2001, Actualités, *JCP* 2002, II, 10071, note S. Prigent, *D.* 2002, Jur. p. 1309, note P. Jourdain ; de même pour l'enfant confié temporairement à un centre médico-psychologique, cf. Civ. 2e, 9 mars 2000, *Bull. civ.* II, n°44, p. 31, *JCP* 2000, II, 10374, 2e espèce, *Resp. civ. et assur.* 2000, p. 179, note Groutel.
9. Crim., 29 octobre 2002, *Bull. crim.* n° 197, *D.* 2003, Jur. p. 2112, note L. Mauger-Vielpeau, *RJPF* 2003-2/42, obs. Chabas, *RTD civ.* 2003. 101, obs. Jourdain.
10. Crim., 15 juin 2000, *Bull. crim.*, n°233, *D.* 2001, Jur. p. 653, note M. Huyette, *JCP* 2000, I, 280, obs. G. Viney ; 28 juin 2000, *JCP* 2000, I, 280, obs. G. Viney

parents de la responsabilité qu'ils encourent de plein droit du fait des dommages causés par leur enfant mineur »[1].

La question s'est également posée de savoir qui, en cas de mesure d'assistance éducative, entraînant un placement de l'enfant, des parents ou des services éducatifs, était responsable du fait dommageable causé par l'enfant. Lorsqu'un service éducatif privé se voit confier un mineur en danger en application des articles 375 et suivants du Code civil, il est désormais établi que ce service *« ayant pour mission d'organiser, de diriger et de contrôler le mode de vie du mineur, est responsable des dommages qu'il cause à cette occasion »*[2]. Pour s'exonérer de sa responsabilité, ce service doit démontrer qu'il n'a commis aucune faute. De plus, il reste civilement responsable des dommages que peut causer l'enfant mineur lorsque celui-ci se trouve en visite chez ses parents *« dès lors qu'aucune décision judiciaire n'a suspendu ou interrompu cette mission éducative »*[3] ou même en stage[4]. Les mêmes solutions s'appliquent en cas de placement du mineur dans un cadre pénal : le service éducatif peut voir sa responsabilité engagée devant les juridictions civiles[5]. Désormais, la solution qui s'applique ainsi aux services éducatifs privés est appliquée aux départements, et plus précisément aux services départementaux de l'aide sociale à l'enfance, notamment dans le cadre d'une mesure de tutelle[6]. Le conseil d'État a récemment affirmé que la responsabilité de l'État était engagée, même sans faute, pour les dommages causés aux tiers par un mineur confié, en application d'une mesure d'assistance éducative, à un service ou un établissement qui relève de l'autorité de l'État, sauf force majeure ou faute de la victime[7].

B - L'exonération des parents

On considérait traditionnellement que l'article 1384, alinéa 4 posait une présomption de faute du parent lorsque ses conditions d'application étaient réunies. Un arrêt du

---

1. Confirmé par Crim., 29 octobre 2002, préc. et par Crim., 18 mai 2004, *Bull. crim.*, n° 123, R., p. 384, *LPA* 3 novembre 2004, note Laydu, *RTD civ.* 2005, p. 140, obs. Jourdain (enfant confié à un établissement d'éducation spécialisé pour handicapés en régime d'internat).
2. Crim., 10 octobre 1996, *D.* 1997, Jur. p. 309, note Huyette, *JCP* 1997, II, 22833, note Chabas, *Dr. Famille* 1997, n° 83, note Murat (2ᵉ esp.) ; Crim., 15 juin 2000, *Bull. crim.* n° 233, *D.* 2001. 653, note Huyette ; Crim., 20 janvier 2000, *Bull. civ.* II, n° 15 ; R., p. 398, *D.* 2000, Jur. p. 571, note Huyette, *JCP* 2000, I, 241, n° 14, obs. Viney, *RCA* 2000, n° 111, note Vaillier, *RTD civ.* 2000, p. 588, obs. Jourdain.
3. Civ. 2ᵉ, 6 juin 2002, *Bull. civ.* II, n° 120 (arrêt n° 2), R., p. 476, *D.* 2002, Jur. p. 2750, note Huyette, *JCP* 2003, II, 10068, note Gouttenoire et Roget, *JCP* 2003, I, 154, nᵒˢ 37 et s., obs. Viney *Dr. Famille* 2002, n° 109, note J. Julien, *RJPF* 2002-11/32, note Chabas, *LPA* 16 janvier 2003, note Laydu (2ᵉ esp.), *LPA* 9 juillet 2003, note Rexand-Pourias, *RTD civ.* 2002. 825, obs. Jourdain ; Civ. 2ᵉ, 7 octobre 2004, *Bull. civ.* II, n° 453, p. 385, *D.* 2005, Jur. p. 819, note M. Huyette, *RTD civ.* 2005, p. 100, obs. J. Hauser.
4. Civ. 2ᵉ, 22 mai 2003, *Bull. civ.* II, n° 157, *D.* 2004, Somm. p. 1342, obs. Jourdain, *Dr. Famille* 2003, n° 155, note J. Julien.
5. Civ. 2ᵉ, 7 mai 2003, *Bull. civ.* II, n° 129, *D.* 2003, Jur. p. 2256, note Huyette, *JCP* 2004, I, 101, nᵒˢ 19 et s., obs. Viney, *RJPF* 2003-9/35, obs. Chabas.
6. Civ. 2ᵉ, 7 octobre 2004, *Bull. civ.* II, n° 453, *D.* 2005, Jur. p. 819, note Huyette, *JCP* 2005, I, 132, n° 6, obs. Viney, *RJPF* 2005-1/34, note Chabas, *RTD civ.* 2005, p. 100, obs. Hauser.
7. CE, 11 février 2005, *JCP* 2005, I, 149, n° 4, obs. G. Viney, *D.* 2005, IR p. 918, *JCP* 2005, II, 10070, concl. Devys, note Rouault, *AJDA* 2005, p. 663, chron. Landais et Lenica, *LPA* 1ᵉʳ juin 2005, note Matutano.

19 février 1997[1], *Bertrand,* a cependant opté qu'il s'agissait d'une présomption de responsabilité. Alors que la présomption de faute permettait aux parents de s'exonérer s'ils prouvaient leur absence de faute, la présomption de responsabilité ne leur permet de faire de même qu'en cas de preuve d'un cas de force majeure ou de faute de la victime[2]. La jurisprudence a ensuite à plusieurs reprises confirmé sa volonté de voir les causes exonératoires de la responsabilité des parents limitées[3], par exemple lorsque l'enfant se trouve dans un centre de vacances[4] (la jurisprudence considère qu'il n'y a pas rupture de cohabitation et donc que le parent reste responsable civilement du fait - dommageable commis par son enfant mineur même à plusieurs centaines de kilomètres de lui) ou chez ses grands-parents[5] (cf. *supra*).

Les parents sont responsables solidairement.

BIBLIOGRAPHIE

Actes du colloque de Centre de droit de la responsabilité (2 juin 2000) concernant les responsabilités civile, pénale et administrative du fait d'autrui, *Resp. civ. et assur.* 2000, n° 11*bis* spécial.

ALT-MAES (F.), « La garde, fondement de la responsabilité du fait du mineur », *JCP* 1998, I, 154.

BÉHAR-TOUCHAIS (M.), « Nouvelles orientations en matière de responsabilité du fait d'autrui (à propos de l'arrêt du 29 mars 1991) », *RJDA* 1991, p. 487.

BLANC (G.), « À propos de la responsabilité des grands-parents… (brève contribution à la réflexion sur la responsabilité du fait d'autrui) », *D.* 1997, Chron. p. 327.

BLIN-FRANCHOMME (M.-P.), « Le critère de garde des personnes au regard du principe général de responsabilité civile du fait d'autrui », *LPA* 1997, n° du 24 novembre.

BLOCH-MAUREL (M.), « L'indemnisation des accidents médicaux », *LPA* 1997, n° du 4 avril.

BORÉ (J.), « La responsabilité des parents pour le fait des choses ou des animaux dont leur enfant mineur a la garde », *JCP* 1968, I, 2180.

BOULANGER (F.), « Autorité parentale des père et mère et faits dommageables de l'enfant mineur après la réforme du 4 mars 2002. Réflexions critiques », *D.* 2005, Chron. p. 2245.

DELMAS-MARTY (M.), « L'abus de fonction (à propos de l'arrêt de l'Assemblée plénière du 15 novembre 1985) », *D.* 1986, Chron. p. 143.

---

1. Civ. 2e, 19 février 1997, *Bertrand, D.* 1997, Jur. p. 265, note P. Jourdain, *JCP* 1997, II, 22848, concl. Kessous, note G. Viney, *Resp. civ. et assur.* 1997, Chron. 9, par Leduc, confirmé par Civ. 2e, 4 juin 1997, *D.* 1997, IR, p. 159.
2. Civ. 2e, 29 avril 2004, *Bull. civ.* II, n° 202, *D.* 2005, Pan. p. 188, obs. D. Mazeaud, *RJPF* 2004-11/41, obs. Chabas.
3. Civ. 2e, 2 décembre 1998, *Bull. civ.* II, n° 292, *D.* 1999, IR p. 29, *JCP* 1999, II, 10165, nota Josselin-Gall, *RTD civ.* 1999, p. 410, obs. Jourdain ; Civ. 2e, 16 novembre 2000, *JCP* 200, I, 340, n° 18, obs. Viney, *RTD civ.* 2001, p. 603, obs. Jourdain ; Crim., 28 juin 2000, *Bull. crim.*, n° 256, *D.* 2001, Somm. p. 2792, obs, Dumaine, *JCP* 2000, I, 280, n° 18, obs. Viney.
4. Crim., 29 octobre 2002, *Bull. crim.*, n° 197, *D.* 2003, Jur. p. 2113, note Mauger-Vielpeau, *JCP* 2003, I, 154, n°s 37 et s., obs. Viney, *RJPF* 2003-2/42, obs. Chabas, *RTD civ.* 2003, p. 101, obs. Jourdain.
5. Crim., 8 février 2005, *JCP* 2005, II, 10049, note Steinlé-Feuerbach, *JCP* 2005, I, 149, n° 5, obs. G. Viney, *RCA* 2005, n° 118, note Groutel (dans cette hypothèse, les grands-parents élevaient l'enfant depuis 12 ans).

DURR (M.), « Plaidoyer pour une révision de la jurisprudence *Costedoat* (ou une hérésie facile à abjurer) » in *Rupture, mouvements et continuité du droit. Autour de Michelle Gobert*, Economica, 2004, p. 549.

EUZEN (S.), « La distinction des responsabilités civiles contractuelle et délictuelle à l'épreuve de l'abus de fonction », *LPA* 1997, n° du 30 mai.

FLOUR (J.), *Les rapports de commettant à préposé dans l'article 1384 du Code civil,* Thèse Caen, 1933.

GALLIOU-SCANVION (A.-M.), L'enfant dans le droit de la responsabilité délictuelle, PU du Septentrion, 2003.

GROUTEL (H.), « La cohabitation, condition de la responsabilité des parents du fait de leur enfant mineur », *Resp. civ. et assur.* 1989, Chron. n° 17.

GROUTEL (H.), « L'enfant mineur ravalé au rang de simple chose ? », *Resp. civ. et assur.* 2001, Chron. n° 18.

HASSLER (T.), « La responsabilité des commettants », *D.* 1980, Chron. p. 125.

JOSSELIN-GALL (M.), « La responsabilité du fait d'autrui sur le fondement de l'article 1384, alinéa 1er, Une théorie générale est-elle possible ? », *JCP* 2000, I, 268.

JOSSELIN-GALL (M.), « Un pas en arrière sur le chemin de la reconnaissance d'un principe général de responsabilité du fait d'autrui », *JCP N* 1998, p. 1217.

JULIEN (J.), « Accidents scolaires et responsabilité civile », *Dr. Famille* 2002, Chron. 21.

LAMBERT-FAIVRE (Y.), « L'abus de fonction », *D.* 1996, Chron. p. 143.

LAPOYADE-DESCHAMPS (Ch.), « Les petits responsables (Responsabilité civile et responsabilité pénale de l'enfant) », *D.* 1988, Chron. p. 229.

LEBRETON (M.-C.), « Vers une interprétation restrictive de la jurisprudence Blieck ? », *Resp. civ. et assur.* avril 1997, Chron. n° 9, p. 7.

LEBRETON (C.), *L'enfant et la responsabilité civile,* Publications des Universités de Rouen et du Havre, 2001.

LEDUC (F.), « La responsabilité des père et mère : changement de nature », *Resp. civ. et assur.* 1997, n° d'avril, Chron. n° 2.

LEGEAIS (M.-R.), « La responsabilité civile introuvable ou les problèmes de la réparation des dommages causés par les mineurs », in *Mélanges Marty* 1978, p. 775.

MARTIN (L.), « La responsabilité des parents du fait de leurs enfants mineurs », *JCP* 1963, I, 1755.

MILLET (F.), « L'acceptation des risques réhabilitée ? Une application aux responsabilités du fait d'autrui », *D.* 2005, Chron. p. 2830.

OLLIER (P.-O.), *La responsabilité des père et mère,* LGDJ, 1961.

PONSEILLE (A.), « Le sort de la cohabitation dans la responsabilité des père et mère du fait dommagea-blede leur enfant mineur », *RTD civ.* 2003, p. 645.

PROUTIÈRE-MOLION (G.), « La notion de cohabitation dans la responsabilité des père et mère », *LPA* 2002, n° du 26 septembre, p. 6.

PUILL (B.), « Les fautes du préposé : s'inspirer de certaines solutions du droit administratif ? », *JCP* 1996, I, 3939 ; « Vers une réforme de la responsabilité des père et mère du fait de leurs enfants », *D.* 1988, Chron. p. 185.

RADÉ (C.), « Le renouveau de la responsabilité du fait d'autrui (apologie de l'arrêt *Bertrand*, deuxième chambre civile, 19 février 1997) », *D.* 1997, Chron. p. 279 ; « La résurgence de la faute dans la responsabilité civile au fait d'autrui », *RCA* juillet-août 2004.

RIVES-LANGE (M.-Th.), « Contribution à l'étude de la responsabilité des maîtres et commettants (pour une nouvelle approche de la question) », *JCP* 1970, I, 2309.

RODIÈRE (R.), « La disparition de l'alinéa 4 de l'article 1384 du Code civil », *D.* 1961, Chron. p. 207.

SAINT-PAU (J.-Ch), « Le fait d'autrui source de responsabilité : fait causal ou fait générateur », *Resp. civ. et assur.*, janv. 2004, p. 4

Viney (G.), *Le déclin de la responsabilité individuelle,* LGDJ, 1965 ; « Vers un élargissement de la caté-gorie des « personnes dont on doit répondre » : la porte entrouverte sur une nouvelle interprétation de l'article 1384, alinéa 1 du Code civil », *D.* 1991, Chron. p. 157.

Warenbourg-Auque (F.), « Irresponsabilité ou responsabilité civile de l'*infans* », *JCP* 1985, I, 3189.

CHAPITRE 16

*L*e fait générateur de responsabilité III – Responsabilité du fait des choses

Il s'agit du régime prévu à l'article 1384 alinéa premier du Code civil : « *On est responsable non seulement du dommage que l'on cause par son propre fait, mais encore de celui qui est causé par le fait des personnes dont on doit répondre, ou des choses que l'on a sous sa garde* ». On considérait à l'époque du Code civil que cette phrase ne faisait qu'annoncer les deux régimes spéciaux de responsabilité du fait des choses, c'est-à-dire la responsabilité du fait des animaux (art. 1385, C. civ.) et la responsabilité du fait de la ruine des bâtiments (art. 1386, C. civ.). Sous l'impulsion de la doctrine, la jurisprudence a accepté de faire de l'alinéa premier un principe général de responsabilité du fait des choses.

1 • LE RÉGIME GÉNÉRAL

A - Le domaine de la responsabilité du fait des choses

1) Quant aux choses

En principe, cette responsabilité fonctionne pour toutes les choses. Il y a eu plusieurs tentatives pour limiter l'application de ce principe général à certaines choses seulement mais elles ont échoué. Seules sont exclues les choses qui relèvent d'un régime spécial de responsabilité du fait des choses. On ne distingue pas entre :

– meubles et immeubles[1] ;

– choses dangereuses et choses non dangereuses[2] ;

– choses actionnées par la main de l'homme[3] et choses dotées d'un dynamisme propre ou atteintes d'un vice propre ayant causé le dommage[4] ;

– choses en mouvement et choses immobiles[5].

---

1. Req., 6 mars 1928, *DP* 1928, 1, p. 97, note Josserand, S. 1928, 1, p. 225, note Huguney.
2. Ch. réunies, 13 février 1930, Jand'heur, DP 1930, 1, p. 57, rapp. Le Mac'Hadour, concl. P. Matter, note G. Ripert, S. 1930, 1, p. 121, note P. Esmein, Grands arrêts n° 122.
3. Ch. réunies, 13 février 1930, Jand'heur, préc.
4. Ch. réunies, 13 février 1930, Jand'heur, préc.
5. Civ., 13 février 1941, S. 1941, 1, p. 49, DC 1941, p. 85, note J. Flour.

Il y a des limites : les *res nullius* (choses sans maître) échappent à l'application de l'article 1384, alinéa premier du Code civil : c'est le cas de la neige tombée du ciel, mais pas du sable apporté par le vent sur une terre appropriée. Le corps humain n'est pas en principe considéré comme une chose sauf dans des cas très limitées où la jurisprudence a admis l'application de l'article 1384, alinéa premier du Code civil[1]. Néanmoins, pour une personne évanouie ou endormie mais encore vivante, elle a écarté l'application de ce texte[2].

2) Quant aux personnes susceptibles d'invoquer l'article 1384, alinéa premier du Code civil

Il ne peut être invoqué par le gardien de la chose qui a subi un dommage. Quand il y a plusieurs gardiens de la chose, l'un des gardiens victime ne peut pas invoquer ce texte pour mettre en jeu la responsabilité des autres.

L'article 1384, alinéa premier du Code civil est parfois considéré comme inapplicable lorsque la victime a accepté les risques. En revanche, la réciprocité des risques n'exclut pas l'application de l'article 1384, alinéa premier du Code civil. La situation irrégulière de la victime par rapport au gardien ne l'empêche pas d'invoquer l'article 1384, alinéa premier du Code civil.

B - Les conditions de la responsabilité

1) Le fait de la chose

Le dommage doit être rattachable au fait d'une chose : la chose doit intervenir matériellement dans la production du dommage. Il est nécessaire que la chose ait joué un rôle actif dans la production du dommage, elle doit avoir été l'instrument du dommage. Pour autant, le contact entre la chose et la victime n'est pas indispensable[3].

La preuve du fait de la chose incombe à la victime sauf dans certains cas. Ainsi, lorsque la chose est en mouvement et est entrée en contact avec la victime, la chose est présumée être la cause du dommage ; la victime doit seulement prouver l'intervention de la chose. De même, lorsque la chose est en mouvement et n'est pas entrée en contact avec la victime ou si la chose était inerte, la victime doit prouver l'intervention de la chose et son rôle actif. Cependant, un arrêt récent de la Cour de cassation, dont la portée est incertaine, semble remettre en cause ce principe puisqu'elle affirme que le fait pour une personne de heurter une vitre permet d'engager la responsabilité du gardien sans que la victime n'ait à prouver le comportement anormal, la « *position anormale* » ou le « *vice de la chose* »[4].

---

1. Crim., 21 juin 1990, *Bull. crim*. n° 257, *Resp. civ. et assur.* 1990, Comm. p. 317, *RTD civ.* 1991, p. 124, obs. P. Jourdain.
2. Colmar, 18 décembre 1947, *JCP* 1947, II, 4013, note R. Rodière ; T. civ. Dieppe, 27 juillet 1950, *D.* 1950, Somm. p. 76.
3. Civ., 22 janvier 1940, *Poyet*, S. 1940, 1, p. 19, *DC* 1941, p. 101, note R. Savatier, *Gaz. Pal.* 1940, 1, p. 204.
4. Civ. 2ᵉ, 15 juin 2000, *Bull. civ.* II, n° 103, *D.* 2001, Jur. p. 886, note G. Blanc, *JCP* 2000, IV, 2354, I, obs. G. Viney.

Dans un autre arrêt rendu quelques mois plus tard, la jurisprudence a également considéré, dans une espèce où le demandeur avait heurté une boîte aux lettres qui occupait pourtant une position normale, que celle-ci avait été l'instrument du dommage, sans qu'il soit exigé que soit apportée la preuve du « *fait de la chose* »[1]. Comme dans l'arrêt précédent[2], la jurisprudence se contente de constater que la chose est l'instrument du dommage sans exiger la preuve de son rôle actif.

Finalement, par deux arrêts du 24 février 2005, la deuxième Chambre civile de la Cour de cassation opère une mise au point en affirmant que le gardien de la chose ne peut voir sa responsabilité engagée sur le fondement des dommages résultant d'un contact de la victime avec la chose : la victime doit démontrer l'anormalité de la chose[3].

2) La détermination du gardien de la chose

a) Régime général

Pendant longtemps, la jurisprudence a rattaché la garde à un pouvoir juridique sur la chose : il fallait un droit sur ou par rapport à la chose.

Depuis un arrêt de 1941[4], il est admis que la garde découle d'un simple pouvoir de fait, défini comme un pouvoir d'usage, de direction et de contrôle de la chose. Aujourd'hui, ce pouvoir ne suppose pas le discernement chez le gardien[5].

La détention de la chose est transférée en même temps que la garde (*exemple* : locataire, emprunteur…).

Le propriétaire de la chose est présumé être gardien mais il peut démontrer qu'il a perdu la garde. On dit que la garde est alternative et non cumulative : il n'y a en principe qu'un seul gardien. Il y a une exception : deux ou plusieurs personnes peuvent être cogardiens d'une chose lorsqu'elles sont toutes dans une même situation par rapport à la chose. Elles peuvent être condamnées *in solidum*. La notion de garde commune est notamment utilisée dans le cadre des sports collectifs lorsqu'un dommage est causé par le ballon, la balle ou le palet dans la mesure où « *tous les joueurs ont l'usage du ballon mais nul n'en a individuellement le contrôle et la direction* »[6].

b) Cas particuliers

Il s'agit de distinguer entre la garde de la structure et la garde du comportement. Le dommage découle d'un vice de la structure interne de la chose et non pas de son comportement : la doctrine a proposé de distinguer deux gardiens et de rendre

---

1. Civ. 2ᵉ, 25 octobre 2001, *Bull. civ.* II, n° 162, p. 110, *D.* 2002, Jur. p. 1450, note C. Prat, *JCP* 2002, I, 122, obs. G. Viney, *RTD civ.* 2002, n° 1, p. 108, obs. P. Jourdain, confirmé par Civ. 2ᵉ, 18 septembre 2003, *D.* 2004, Jur. p. 25, note N. Damas, *RTD civ.* 2004, p. 108, obs. P. Jourdain, Pour un autre exemple : Civ. 2ᵉ, 11 décembre 2003, *Bull. civ.* II, n° 386, *D.* 2004, Jur. p. 2181, note Godechot, *AJDJ* 2004, p. 227, note Denizot.
2. Civ. 2ᵉ, 15 juin 2000, *Bull. civ.* II, n° 103, *D.* 2001, Jur. 886, note G. Blanc, *JCP* 2000, IV, 2354, I, obs. G. Viney.
3. Civ. 2ᵉ, 24 février 2005 (2 arrêts), *D.* 2005. Jur. p. 1395, note Damas, *Resp. civ. et assur.* 2005, n° 121, note Groutel, *JCP* 2005, I, 149, n° 6, obs. G. Viney.
4. Ch. réunies, 2 décembre 1941, *Franck*, *DC* 1942, p. 25, note G. Ripert, *S.* 1941, 1, p. 217, note H. Mazeaud, *JCP* 1942, II, 1766, note J. Mihura.
5. Ass. plén., 9 mai 1984, *préc.*
6. Civ. 2ᵉ, 13 janvier 2005, *Bull. civ.* II, n° 9, p. 8, *D.* 2005, Jur. p. 2435, note E. Comut.

responsable le gardien de la structure interne. La jurisprudence a retenu cette théorie en 1956[1] : la SNCF transporte de l'*Oxygène liquide* qui explose au cours du voyage. Le transporteur n'est pas responsable car l'explosion provient de la structure interne. Le propriétaire est donc responsable. La solution traditionnelle découlait de l'arrêt *Franck* : la garde appartient au propriétaire sauf s'il y a transmission de l'usage de la direction et du contrôle de la chose. Cette distinction est limitée aux choses ayant un dynamisme propre selon la jurisprudence. Le gardien est le propriétaire et souvent le fabricant.

La jurisprudence a parfois paru résoudre le problème de la détermination du gardien par le recours à la notion d'obligation d'information. Il s'agissait d'un nouveau critère de détermination du gardien d'une chose. Des conditions nouvelles sont posées pour le transfert de la garde par un arrêt de la première chambre civile de la Cour de cassation le 9 juin 1993[2] : il faut qu'il y ait transfert de l'information portant sur la chose.

Pour qu'il y ait transfert, il faut que le tiers sache quel préjudice peut causer la chose. Le rôle de la notion de professionnel du propriétaire est important : en effet, le professionnel perdra plus difficilement la garde car il devra pour la transmettre, communiquer également l'information qui lui est attachée. Cette obligation d'information n'existait pas dans la jurisprudence antérieure. Il s'agit en réalité de la simple application de la distinction traditionnelle entre garde de la structure et garde du comportement, même si la décision contient de véritables apports.

C - L'exonération du gardien de la chose

Le gardien ne peut pas s'exonérer en démontrant qu'il n'a pas commis de faute : il doit démontrer qu'en réalité, le dommage provient d'une cause étrangère qui est une cause exclusive de dommage. Il faut également prouver que les conditions de l'article 1384, alinéa premier du Code civil ne sont pas réunies.

2 • LES RÉGIMES SPÉCIAUX

On peut inclure dans cette catégorie la théorie des troubles du voisinage, thème traité à propos de l'abus de droit (cf. *supra*).

Il s'agit surtout de la loi du 5 juillet 1985 sur les accidents de la circulation (*cf.* Chapitre 17). Les régimes spéciaux peuvent être fondés sur la faute ou exister en l'absence de toute faute.

---

1. Civ. 2e, 5 janvier 1956, *D.* 1957, Jur. p. 261, note R. Rodière, *JCP* 1956, II, 9095, note R. Savatier.
2. *JCP* 1994, II, 22264, note F. Roussel, *Resp. civ. et assur.* 1993, comm. p. 331

A - La responsabilité fondée sur la faute

L'article 1384, alinéa 2 du Code civil prévoit la responsabilité civile en cas de comunication d'incendie : le gardien de la chose dans laquelle l'incendie a pris naissance n'est responsable que si la faute est démontrée. Il faut un dommage causé par un incendie (dans la première chose) puis communication d'incendie. La jurisprudence a interprété restrictivement ce texte.

B - La responsabilité sans faute

Trois hypothèses :

1) La responsabilité du fait des animaux

Elle est prévue par l'article 1385 du Code civil et fonctionne en général comme la responsabilité du fait des choses.

2) La ruine des bâtiments

Selon l'article 1386 du Code civil, cela implique qu'il y ait un bâtiment, qu'il soit en ruine (dégradation totale ou partielle) et que cette ruine soit due à un défaut d'entretien ou à un vice de construction : le propriétaire est alors responsable.

Pour s'exonérer, il ne peut pas démontrer son absence de faute mais doit prouver une cause étrangère.

3) La responsabilité du fait des produits défectueux

Un titre IV *bis* du Livre III du Code civil « De la responsabilité du fait des produits défectueux » a été introduit par la loi n° 98-389 du 19 mai 1998. Il s'agissait d'introduire dans le Code civil la directive du 25 juillet 1985 sur la responsabilité du fait des choses.

a) Domaine d'application

• *Personnes concernées*

Les responsables :

– *le producteur :* il se distingue du fabricant. Il s'agit du producteur du produit fini ou d'une composante de celui-ci ;

– *les personnes assimilées aux producteurs :* celui qui appose sa marque ou tout autre signe distinctif sur le produit, le vendeur, le loueur professionnel c'est-à-dire le fournisseur…

Les victimes : il s'agit du consommateur ou de l'utilisateur professionnel du produit.

• *Les produits (art. 1386-3, C. civ.)*

Ce sont des biens meubles. Il peut s'agir d'une matière première non transformée, transformée ou bien intégrée à une autre.

b) Le régime de la responsabilité

• Caractère impératif de la responsabilité des producteurs

Aucune clause ne peut être contraire au régime de responsabilité instauré par la loi (art. 1386-15, C. civ.). Cependant, pour les dommages aux biens, les clauses exclusives ou limitatives de responsabilité sont admises dans les rapports entre professionnels (art. 1386-15, al. 2, C. civ.).

• Le fait générateur de responsabilité

Il est constitué par le défaut d'un produit mis en circulation.

• Le lien de causalité

Le demandeur doit prouver le lien de causalité entre le défaut du produit et le dommage[1]

• Les causes d'exonération

Elles sont diverses :

– le défaut du produit n'est pas la cause du dommage ;

– le produit n'était pas encore en circulation lors du dommage ;

– la faute de la victime a les caractères de la force majeure ;

– délai de responsabilité : 10 ans à compter de la mise en circulation du produit ;

– délai de prescription : 3 ans à compter de la connaissance du dommage par la victime.

BIBLIOGRAPHIE

BATTEUR (A.), « L'application de la loi du 19 mai 1998 relative à la responsabilité du fait des produits dans les rapports entre professionnels », *LPA* 2001, n° 200.

BERG (O.), « La notion de risque de développement en matière de responsabilité du fait des produits défectueux », *JCP* 1996, I, 3945.

CASSON (Ph.), « La responsabilité du fait des bâtiments », *LPA* 19 juin et 26 juin 1995.

CONFINAO (J.Ph.), « La mise en circulation dans la loi du 19 mai 1998 sur la responsabilité du fait des produits défectueux », *Gaz. Pal.* 2001, Doctr., n° du 2-3 février.

CHABAS (F.), « La responsabilité pour défaut de sécurité des produits dans la loi du 19 mai 1998 », *Gaz. Pal.* 1998, 2, Doctr. n° du 9-10 sept.

---

1. Civ. 1re, 23 septembre 2003, *Bull. civ.* I, n° 188, R., p. 458, *D.* 2004, Jur. p. 898, note Serinet et Misiawski, *D.* 2004, Somm. p. 1344, obs. D. Mazeaud, *JCP* 2003, II, 10179, note Jonquet, Maillols, Mainguy et Terrier, *JCP* 2004, I, 101, n° 23 et s., obs. Viney, *JCP* E 2003, p. 1749, note Mistretta et Faict, *Resp. civ.* et *assur.* 2003, Chron. 28, par Radé, *Contrats, conc. consom.* 2004, Chron. 2, par Paul, *Dr. et patr.*, janv. 2004, p. 87, obs. Chabas, *RLDC* 2004/1, n° 9, note Hocquet-Berg, *LPA* 16 janvier 2004, note Gossement, *LPA* 22 avril 2004, note Mémeteau, *Gaz. Pal.* 2004. Doctr. p. 869, étude Pitet, *RTD civ.* 2004, p. 101, obs. Jourdain.

DAGORNE-LABBÉ (Y.), « La loi du 19 mai 1998 du fait des produits défectueux », *Defrénois* 1998, 1, p.1265, art. 36888.

DÉJARDIN (J.), « Le fondement de l'article 1384, al. 1 et la théorie du risque créé », *RTD civ.* 1949, p. 491.

DUPICHOT (P.), *La garde de la structure et la garde du comportement dans la responsabilité,* Thèse Paris XII, 1984.

DURRY (G.), « L'irremplaçable responsabilité du fait des choses », *L'avenir du droit, Mélanges F. Terré,* Dalloz, PUF, Juris-Classeur, 1999, p. 707.

FLORAND (J.M.), *La présomption de garde,* Thèse Paris XII, 1985.

GHESTIN (J.), « Le nouveau titre IV *bis* du Livre III du Code civil "De la responsabilité du fait des produits défectueux". L'application en France de la directive sur la responsabilité du fait des produits défectueux après l'adoption de la loi n° 98-389 du 19 mai 1998 », *JCP* 1998, I, 148.

GOLDMAN (B.), « Garde de la structure et garde du comportement », in *Mélanges P. Roubier,* Tome 2, p. 51.

GOLDMAN (B.), *La détermination du gardien responsable du fait des choses inanimées,* Thèse Lyon, 1946.

GROUZEL, « La responsabilité du fait des animaux dans la doctrine classique », *RTD civ.* 1923, p. 23.

HUET (J.), « Une loi peut en cacher une autre : mise en perspective de la loi sur la responsabilité du fait des produits défectueux », *D. aff.* 1998, p. 1160.

JOURDAIN (P.), « Aperçu rapide sur la loi n° 98-389 du 19 mai 1998 relative à la responsabilité du fait des produits défectueux », *JCP* N 1998, p. 1204.

JOURDAIN (P.), « Aperçu rapide sur la loi n° 98-389 du 19 mai 1998 relative à la responsabilité du fait des produits défectueux », *JCP* N 1998, I, 105.

JOSSERAND (L.), *De la responsabilité du fait des choses inanimées,* 1897

LAPORTE (Ch.), « Responsabilité du fait des produits défectueux : la France à nouveau épinglée », *Contrats, conc. consom.* juillet 2000, Chron. n° 11.

LARROUMET (Ch.), Outin-Adam (A), Mazeaud (D.), Molfessis (N.), Leveneur (L.), « La responsabilité du fait des produits défectueux », *LPA* n° 155 du 28 décembre 1998.

LARROUMET (C.), « La responsabilité du fait des produits défectueux après la loi du 19 mai 1998 », *D.* 1998, Chron. p. 311.

LEDUC (F.) et alii, *La responsabilité du fait des choses : réflexion autour d'un centenaire,* Colloque organisé le 7 juin 1996 à la faculté de droit et des sciences économiques du Mans, Economica, 1997.

LEDUC (F.), « La spécificité de la responsabiilité contractuelle du fait des choses », *D.* 1996, Chron. p. 164 ; « L'état actuel du principe de responsabilité du fait des choses », *Le responsabilité du fait des choses, réflexion autour d'un centenaire,* Economica, 1997, p. 35.

LEGEAIS (R.), « Un gardien sans discernement. Progrès ou régression dans le droit de la responsabilité civile », *D.* 1984, Chron. p. 237.

MAYER (D.), « La "garde" en commun », *RTD civ.* 1975, p. 197.

PÉANO (M.-A.), « L'incompatibilité entre les fonctions de gardien et de préposé », *D.* 1991, Chron. p. 51.

MAZEAUD (H.), « La faute dans la garde », *RTD civ.* 1925, p. 793.

MONTANIER (J.-Cl.), *Les produits défectueux,* Litec, 2000.

RADÉ (C.), « Les limites de l'immunité civile du préposé », *Resp. civ. et assur.* 2000, Chron. n° 22.

RODIÈRE (R.), « De l'obligation de sécurité due par le gardien d'une chose inanimée et ses degrés », *RTD civ.* 1947, p. 406.

TUNC (A.), « Garde du comportement et garde de la structure dans la responsabilité du fait des choses inanimées », *JCP* 1957, I, 1384, « La détermination du gardien dans la responsabilité du fait des choses inanimées », *JCP* 1960, I, 1592, « Les causes d'exonération de la responsabilité de plein droit de l'article 1384, alinéa 1 », *D.* 1985, Chron. p. 83.

VINEY (G.), « Les principaux aspects de la responsabilité civile des entreprises pour atteinte à l'environnement en droit français », *JCP* 1996, I, 3900 ; « L'introduction en droit français de la directive européenne du 25 juillet 1985 relative à la responsabilité du fait des produits défectueux », *D.* 1998, Chron. p. 291.

VINEY (G.), « Les principaux aspects de la responsabilité civile des entreprises pour atteinte à l'environnement en droit français », *JCP* 1996, I, 3900 ; « L'introduction en droit français de la directive européenne du 25 juillet 1985 relative à la responsabilité du fait des produits défectueux », *D.* 1998, Chron. p. 291.

CHAPITRE 17

*L'*indemnisation des victimes d'accidents de la circulation
(loi du 5 juillet 1985)

La mise en œuvre de la responsabilité du fait des choses sur la base de l'alinéa premier de l'article 1384 du Code civil en cas d'accident de la circulation est apparue rapidement inadaptée en raison du développement de la circulation automobile et par conséquent des accidents. La victime devait pouvoir être assurée d'une indemnisation rapide et certaine. Dans un arrêt de 1982[1], *Desmares*, la Cour de cassation décida que même en cas de faute de la victime, le gardien du véhicule automobile était entièrement responsable du dommage qu'elle subissait sauf en cas de force majeure. Cette solution ne pouvait être étendue aux autres hypothèses de responsabilité du fait des choses. Il apparaissait donc indispensable de créer un régime spécifique d'indemnisation des victimes d'accidents de la circulation. La loi du 5 juillet 1985 dite « loi Badinter » répondit à cet objectif.

1 • DOMAINE D'APPLICATION

A - Un véhicule terrestre à moteur

Sont visés par l'article premier de la loi du 5 juillet 1985 le véhicule terreste à moteur et ses remorques ou semi-remorques. En sont exlus les véhicules circulant sur des chemins de fer et les tramways circulant sur des voies qui leur sont propres. La conception adoptée par la jurisprudence est large.

En cas de collision entre une automobile et un train à un passage à niveau :

– pour les dommages causés à la SNCF, on applique la loi de 1985 ;
– pour les dommages causés aux passagers du train, on applique la loi de 1985 ;
– pour les dommages causés à l'automobile, on applique le droit commun.

---

1. Civ. 2ᵉ, 21 juillet 1982, *Desmares, D.* 1982, Jur. p. 449, concl. Charbonnier, note C. Larroumet, *JCP* 1982, II, 19681, note F. Chabas, *Defrénois* 1982, p. 1689, obs. J.-L. Aubert, *RTD civ.* 1982, p. 607, obs. Durry, *Grands arrêts* n° 139.

B - Un accident de la circulation

1) Une voie de circulation

Sur quel type de voie doit se produire l'accident pour que la loi soit applicable ? Il n'est pas nécessaire que ce soit la voie publique : il peut s'agir d'une voie privée de desserte d'un ensemble immobilier, d'un champ, d'une piste de ski ou d'un circuit automobile destiné à des courses. Le domaine d'application retenu par la jurisprudence est plutôt large sur ce point.

Néanmoins, dans un arrêt de la Cour de cassation de 1996[1], l'application de la loi du 5 juillet 1985 a été exclue entre concurrents d'une compétition sportive dans laquelle sont engagés des véhicules terrestres à moteur. Il ne s'agit pas d'une remise en cause de la jurisprudence antérieure qui appliquait cette loi à des accidents dont avaient été victimes des spectateurs n'ayant pas pris une part active au déroulement de l'épreuve[2]. Il s'agit d'exclure les victimes qui seraient également concurrentes : ils ne peuvent demander réparation que sur la base du droit commun. La loi de 1985 n'est pas exclue lorsque l'accident est provoqué par un véhicule autre que celui des compétiteurs.

2) Un fait de circulation

Un problème se pose lorsqu'un véhicule n'est pas en circulation parce qu'il remplit une fonction particulière autre, par exemple, lorsqu'un piéton se blesse en heurtant sur le trottoir un tuyau qui reliait la cuve d'un camion citerne à la cuve à mazout lors d'une opération de déchargement. La loi de 1985 n'est pas applicable à un véhicule garé pour exécuter un travail à poste fixe[3]. On considère généralement que la loi de 1985 ne s'applique pas lorsque le dommage est causé par un véhicule occupé à une tâche particulière correspondant à une fonction spécifique qui n'a rien à voir avec leur fonction naturelle de déplacement, notamment lorsque ces engins sont immobiles[4], par exemple lorsque des engins agricoles ou de chantiers sont utilisés comme instruments de travail.

Un arrêt de la 2e Chambre civile de la Cour de cassation du 22 novembre 1995 a posé le problème des incendies déclarés dans des automobiles en stationnement. Selon cet arrêt, « *le stationnement d'une automobile sur la voie publique est un fait de circulation au sens de l'article 1er de la loi de 1985* ». Il n'y a aucune distinction entre stationnement et arrêt, ni entre immobilité et mouvement du véhicule : il y a disparition de la distinction entre véhicules en stationnement et véhicules à l'arrêt. De plus, l'incendie du véhicule implique celui-ci dans l'accident qu'il provoque.

1. Civ. 2e, 28 février 1996, *D.* 1996, Jur. p. 438.
2. Crim., 16 juillet 1997, *Gaz. Pal.* 1987, 2, Jur. p. 767, *Bull. crim.* n° 294, *RTD civ.* 1997, p. 770 ; Civ. 2e, 13 janvier 1988, *Gaz. Pal.* 1988, 2, Somm. p. 490, *Bull. crim.* n° 11 ; 10 mars 1988, *Bull. crim.* n° 59, 22 juin 1988, *Rev. jur. éco. sport.* n° 6, 1988, p. 58 ; CA Besançon, 18 octobre 1989, *Gaz. Pal.* 1990, 1, Jur. p. 274.
3. Civ. 2e, 13 janvier 1988, *Bull. civ.* II, n°12 ; Civ. 2e, 9 juin 1993, *Bull civ.* II, n°198 ; Paris, 20 mars 1986, *RTD civ.* 1987, p. 329 ; Civ. 2e, 3 juillet 1991, *Bull civ.* II, n°201, *RTD civ.* 1991, p. 763, *D.* 1992, somm. p. 207 ; Civ. 2e, 14 octobre 1992, *Resp. civ. et assur.* 1992.C. n°450 ; Civ. 2e, 8 janvier 1992, *Bull. civ.* II, n°4.
4. Civ. 2e, 5 novembre 1998, *D.* 1999, Jur. p. 256, note J. Mouly.

Cependant, tous les incendies de véhicules ne sont pas systématiquement des accidents de la circulation. L'incendie ou l'explosion peut être due à une cause étrangère à la circulation. Dans un arrêt de la Cour d'appel de Lyon[1], le chauffeur d'un poids lourd provoque une explosion en utilisant une lampe à souder pour dégeler un bouchon d'essence : la jurisprudence a considéré que le sinistre était dû à la seule faute du conducteur.

C - L'implication du véhicule dans l'accident

1) Les accidents simples

Il s'agit de collisions entre deux véhicules ou entre la victime et un véhicule qui se réalisent en un trait de temps.

a) Vis-à-vis des occupants du véhicule

Il y a implication dès lors que l'accident survient entre la période qui sépare le moment où le passager est entré en contact avec le véhicule jusqu'au moment où il a perdu tout contact avec lui. Peu importe si l'accident se produit en cours de circulation ou à l'arrêt.

Exemple : un passager est déséquilibré par un autre à l'intérieur d'un autobus durant un arrêt : le fait que l'accident soit survenu à bord du véhicule révèle l'implication, même si les conditions de transport ne sont pas en cause[2].

Le véhicule est impliqué même si l'accident se produit au moment où la victime est en train de prendre place dans le véhicule ou d'en descendre[3].

L'implication peut découler d'un accident survenu à bord ou communiqué au véhicule alors même qu'il n'y a pas eu de choc avec un obstacle extérieur[4].

b) Vis-à-vis des tiers extérieurs au véhicule

Il s'agit des piétons, cyclistes, conducteurs ou passagers d'autres véhicules. Lorsque le véhicule est en stationnement, la jurisprudence a, dans un premier temps, considéré qu'il y avait implication lorsque la position du véhicule est de nature à perturber la circulation[5]. Lorsque le véhicule est à l'arrêt (exemple : feu rouge), la Cour de cassation a exigé une simple participation matérielle[6] puis la démonstration du rôle perturbateur du véhicule[7]. Dans un second temps, la jurisprudence a unifié le régime des véhicules à l'arrêt et des véhicules en stationnement : le contact avec le véhicule suffit à établir l'implication de celui-ci quelles que soient les circonstances[8].

---

1. Lyon, 25 novembre 1992, *RTD civ.* 1993, p. 843, obs. P. Jourdain.
2. Civ. 2e, 12 octobre 1989, *Bull. civ.* II, n° 163.
3. Ass. plén. 25 octobre 1985, *Bull.* n° 5.
4. Civ. 2e, 3 mars 1993, *Bull. civ.* II, n° 79, *D.* 1994, Somm. p. 265, note Couvrat et Massé ; 8 janvier 1992, *Bull. civ.* II, n° 5.
5. Civ. 2e, 21 juillet 1986, *JCP* 1987, II, 20769, note G. Durry, *D.* 1987, Jur. p. 160, *Grands arrêts* n° 220-222.
6. Civ. 2e, 7 juin 1989, *Bull. civ.* II, n°122, p. 62.
7. Civ. 2e, 7 juin 1990, *Bull. civ.* II, n°124, p. 65, *RTD civ.* 1990, p. 507, obs. P. Jourdain.
8. Civ. 2e, 23 mars 1993, *D.* 1994, Jur. p. 299, *JCP* 1994, I, 3773, *JCP* 1994, II, 22292, note Ph. Conte, *RTD civ.* 1994, p. 627, obs. P. Jourdain ; Civ. 2e, 25 janvier 1995, *Bull. civ.* II, n°27, *RTD civ.* 1995, p. 382, obs. P. Jourdain.

La jurisprudence admet que l'implication ne nécessite pas forcément un heurt ou un choc mais exige que le véhicule ait joué un rôle dans l'accident, c'est-à-dire qu'il soit intervenu « à quelque titre que ce soit »[1]. Cette décision de 1998 est la résultante d'une rapide évolution jurisprudentielle. Dans un arrêt du 14 décembre 1987, elle avait admis que la simple coïncidence spatiale et temporelle entre la présence physique du véhicule et l'accident suffisait à caractériser l'implication[2]. En 1994, la Cour de cassation avait exigé une manœuvre perturbatrice de la part du véhicule[3]. Selon un arrêt de 1995, l'implication du véhicule tracté réclame la preuve de son intervention dans l'accident, à un titre quelconque : « *La voiture remorquée a joué, en l'espèce, un rôle dans la réalisation de la collision : elle a bel et bien orienté le cours des événements tant par son immobilisation sur le bord de la route, que par le fait qu'elle a imposé au véhicule tracteur de se placer en travers de la voie de circulation afin de la prendre en remorque* »[4].

2) Les accidents complexes

Il s'agit des carambolages auxquels ont participé plusieurs voitures ou de collisions successives ayant atteint la même victime.

a) Les carambolages

Chaque collision a longtemps été traitée comme un accident distinct et l'implication des véhicules est appréciée par rapport à chacune de ces collisions. Seuls certains assureurs étaient tenus d'indemniser certaines victimes : on limite le droit de la victime contre chacun des assureurs à l'indemnisation de la part du dommage imputable à l'un des chocs.

Cette solution a été critiquée par le professeur Viney : tous les véhicules sont impliqués dès lors qu'il y a un carambolage et leurs assureurs son tenus « *in solidum* » vis-à-vis de toutes les victimes. En effet, la loi a pour but de faciliter l'indemnisation des victimes en rejetant les difficultés d'appréciation de la causalité. La loi n'a pas pour but de départager les responsabilités.

Un arrêt de la deuxième Chambre civile du 28 juin 1995[5] a constitué une timide avancée : il reconnaît le caractère unique de l'accident, qualifié de collision en chaîne. Cependant, il y a encore une référence au rôle perturbateur du premier véhicule vis-à-vis du troisième. Il s'agit d'un pas important accompli vers l'implication de tous les véhicules au profit de toutes les victimes. La seule constatation du caractère quasi-simultané des collisions devrait suffire à caractériser l'implication de tous les véhicules dans l'accident global sans avoir à déterminer qui a heurté qui, ni à caractériser le rôle plus ou moins actif de tel ou tel véhicule.

---

1. Civ. 2e, 18 mars 1998, *Bull. civ.* II, n° 88 ; Civ. 2e, 15 janvier 1997, *JCP* 1997, II, 22889, note F. Chabas, *Bull. civ.* II, n° 62 ; Civ. 2e, 6 janvier 2000, *Resp. civ. et assur.* 2000, p. 80 (cas d'un conducteur ayant immobilisé son véhicule sur la voie de droite pour fermer le capot).
2. Civ. 2e, 14 décembre 1987, *Bull. civ.* II, n° 264.
3. Civ. 2e, 5 janvier 1994, *JCP* 1994, IV, 606 ; 25 mai 1994, *Bull. civ.* II, n° 133.
4. Civ. 2e, 18 octobre 1995, *JCP* 1996, II, 22651, note F. Dusquesne.
5. Civ. 2e, 28 juin 1995, *Bull. civ.* II, n° 203, *JCP* 1995, IV, 2129, *Resp. civ. et assur.* 1995, Comm. n° 328.

Finalement, un arrêt du 24 juin 1998[1], rendu par la deuxième Chambre civile de la Cour de cassation, a décidé qu'en cas de carambolage, il y a un accident unique dans lequel sont impliqués tous les véhicules y ayant participé. Par conséquent, chaque victime peut s'adresser à l'un quelconque des gardiens ou conducteurs du véhicule impliqué pour être indemnisé. Cette décision a été récemment confirmée[2].

b) Chocs successifs atteignant la même victime

Il s'agit par exemple de l'hypothèse dans laquelle un piéton est renversé par un premiervéhicule et retrouvé mort ou gravement blessé après avoir été heurté à nouveau par une ou plusieurs voitures.

Lorsqu'une victime est renversée par plusieurs véhicules successivement sans qu'il soit possible de savoir lequel a provoqué le décès, la Cour de cassation considère que l'implication du véhicule dans l'une des collisions emporte une présomption d'imputabilité du dommage final[3]. Le conducteur du véhicule impliqué dans un accident ne peut se dégager que s'il établit que cet accident est sans relation avec le dommage. En l'absence de preuve, l'indemnisation pourra être demandée à l'un quelconque des conducteurs. Certains arrêts ont écarté cette présomption d'imputabilité : les victimes devaient faire la preuve de l'implication dans le dommage, ce qui est quasiment impossible. Dans un arrêt de 1995, un piéton était heurté par un premier véhicule, puis évité par un ensemble routier puis heurté à nouveau par un troisième véhicule. La Cour de cassation confirme l'implication des 3 véhicules mais répartit le poids final de l'indemnisation entre le premier conducteur à l'origine des blessures mortelles (2/3) et le troisième (1/3). L'implication de l'ensemble routier est critiquable et montre une conception large de l'implication, n'exigeant pas un rôle perturbateur du véhicule mais seulement une participation quelconque à l'accident[4]. L'indemnisation par le troisième conducteur l'est également dans la mesure où il n'a pas été à l'origine du décès, c'est-à-dire en l'absence de participation causale au dommage.

La loi de 1985 ne s'applique pas à l'accident causé par un piéton. L'automobiliste agira contre le piéton sur la base du droit commun. Quant au piéton à l'origine de l'accident, il peut agir contre le conducteur sur le fondement de la loi de 1985. En effet, c'est le véhicule du défendeur qui doit être impliqué dans l'accident. La victime ne peut invoquer la loi de 1985 lorsque le seul véhicule impliqué dans l'accident est celui qu'elle conduit : la victime ne peut se prévaloir de la loi de 1985 à l'encontre de son assureur.

---

1. Civ. 2e, 24 juin 1998, *JCP* 1998, IV, 2889, *JCP* 1998, I, 187, obs. G. Viney, *RTD civ.* 1998, p. 922, obs. P. Jourdain.

2. Civ. 2e, 24 février 2000, *JCP* 2000, I, 243, n°32, obs. G. Viney, *Bull. civ.* II, n°30, p. 20, *Resp. civ. et assur.* 2000, p. 152 (1re espèce), *RTD civ.* 2000, p. 348, obs. P. Jourdain ; Civ. 2e, 12 octobre 2000, *Resp. civ. et assur.* 2001, p. 16.

3. Civ. 2e, 25 mars 1991, *Bull. civ.* II, n°96, 5 juin 1991, *Resp. civ. et assur.* oct. 1991, Comm. n°336 et 16 octobre 1991, *JCP* 1991, IV, p. 440, *JCP* 1992, II, 21934, note Ph. Conte.

4. Cet arrêt confirme l'arrêt du 23 mars 1994 où les magistrats renoncent à exiger que le véhicule en stationnement perturbe la circulation pour caractériser son implication dans l'accident.

2 • LE RÉGIME D'INDEMNISATION

A - La victime non-conducteur

1) Les atteintes à la personne

La victime non-conducteur ne perd son droit à indemnisation que dans des hypothèses limitées.

Situation de la victime	Cause de refus d'indemnisation
< 16 ans ou > 70 ans ou taux d'incapacité permanente ou d'invalidité ≥ 80 %	La victime « *a volontairement recherché le dommage qu'elle a subi* » (art. 3, al. 2 et 3 de la loi) ≅ tentative de suicide[1].
entre 16 et 70 ans + n'est pas titulaire d'un titre lui reconnaissant un taux d'incapacité permanente ≥ 80 %	Lorsque la victime a commis une « *faute inexcusable si elle a été la cause exclusive de l'accident* » (art. 3, al. 1er de la loi). – Faute inexcusable = « *la faute volontaire d'une exceptionnelle gravité exposant sans raison valable son auteur à un danger dont il aurait dû avoir conscience* »[2]. – Cause exclusive = le conducteur n'est exonéré en cas de faute inexcusable de la victime que si celle-ci présente les caractères de la force majeure. – *Exemple* : traversée brutale d'une autoroute ou d'une voie à grande circulation par un piéton franchissant les barrières de sécurité (Civ. 2e, 15 juin 1988), circulation d'un cycliste en sens interdit sur un boulevard (Civ. 2e, 7 juin 1990) mais pas la traversée par un piéton d'une route nationale (Civ. 2e, 20 février 1988), ni au feu vert et sans regarder (Civ. 2e, 20 avril 1988).

2) Les atteintes aux biens

L'article 5 alinéa premier de la loi de 1985 prévoit que « *la faute commise par la victime a pour effet de limiter ou d'exclure l'indemnisation des dommages aux biens qu'elle a subis* ».

La victime peut donc se voir opposer sa faute, ce qui aboutira à un partage des responsabilités ou à une exclusion totale de l'indemnisation. Le conducteur du véhicule peut également lui opposer la force majeure ou le fait d'un tiers sauf dans deux cas :

---

1. Civ. 1re, 21 juillet 1992, *1.* II, n° 218.
2. Civ. 2e, 20 juillet 1987, *Bull. civ.* II, n° 160, *Gaz. Pal.* 1988, 1, p. 26, note F. Chabas, *Grands arrêts* n° 142.

– *pour les fournitures et appareils délivrés sur prescription médicale* : le régime est le même que celui des atteintes à la personne (art. 5, al. 1er de la loi) ;

– *dans le cas où le conducteur du véhicule n'en est pas le propriétaire,* la faute de ce conducteur peut être opposée au propriétaire pour l'indemnisation des dommages causés à son véhicule. Le propriétaire dispose alors d'un recours contre le conducteur (art. 5, al. 2 de la loi).

B - La victime conducteur

La réparation des dommages résultant d'atteintes aux biens obéit au même régime que pour les victimes non conducteurs.

1) Définition du conducteur

La loi du 5 juillet 1985 n'a pas défini la notion de conducteur, ce qui donne lieu à une jurisprudence parfois controversée. Le conducteur peut être défini comme la personne qui se trouvait aux commandes du véhicule à l'instant où l'accident a commencé à se produire :

– le conducteur éjecté de son véhicule par l'accident est considéré comme conducteur[1] ;

– le conducteur éjecté de son véhicule juste avant l'accident est considéré comme non-conducteur[2] (l'accident se réalise en quelque sorte en deux temps) ;

– l'automobiliste au volant de sa voiture remorquée par un autre véhicule est conducteur[3] ;

– celui qui n'est pas encore aux commandes de son véhicule, même s'il s'y prépare[4] ou vient de les quitter[5], est non-conducteur, par exemple la personne qui change une roue[6] ;

– le conducteur resté aux commandes de son véhicule qui est victime d'un accident qui l'empêche de piloter est un non-conducteur en cas de nouvelle collision[7].

1. Civ. 2e, 4 octobre 1989, *JCP* 1991, II, 21600, note Dagome-Labbe : Civ. 2e, 15 mai 1992, *Bull. civ.* II, n° 140, *RTD civ.* 1992, p. 775, obs. P. Joudain ; Civ. 2e, 5 juin 2003, *Bull. civ.* II, n° 168, *D.* 2003, IR p. 1735 ; Civ. 2e, 6 février 2003, *Bull. civ.* II, n° 26, *Dr. et patr.*, sept. 2003, p. 114, obs. Chabas ; Civ. 2e, 20 juin 2002, *Bull. civ.* II, n° 135, *RTD civ.* 2002, p. 827, obs. Jourdain.
2. Civ. 2e, 28 mai 1986, *JCP* 1986, II, 20692, note Chabas ; Civ. 2e, 24 mai 1991 et 11 décembre 1991, *JCP* 1993, II, 21987, note Dagome ; Civ. 2e, *JCP* 1993, II, 21987, note Dagome-Labbe ; Crim., 9 mars 2004, *Bull. crim.* n° 59, R., p. 385, *D.* 2004, IR, p. 1645 ; Civ. 2e, 7 octobre 2004, *Bull civ.* II, n° 437, p. 372, *D.* 2005, Jur. p. 938, note C. Maury.
3. Civ. 2e, 14 janvier 1987, *Bull civ.* II, n° 2, p. 2, *JCP* 1987, II, 20768, note F. Chabas.
4. Civ. 2e, 20 avril 1988, *Bull civ.* II, n° 90.
5. Civ. 2e, 10 mars 1988, *Bull civ.* II, n° 60.
6. Civ. 2e, 12 février 1986, *Bull civ.* II, n° 12 et 13, *JCP* 1988, IV, 110.
7. Civ. 2e, 24 octobre 1990, *Gaz. Pal.* 1992, 2, Somm. p. 282, obs. F. Chabas.

2) Situation du conducteur

Il se trouve dans une situation inférieure par rapport aux autres victimes de dommages corporels :

• *Il doit subir les conséquences de ses fautes, même légères, qui peuvent réduire ou exclure son droit à réparation*

On considérait traditionnellement que la faute de la victime conducteur excluait toute réparation dès lors qu'elle était la seule faute établie à l'origine de l'accident, sans qu'il soit nécessaire de prouver qu'elle avait été imprévisible et irrésistible pour le défendeur[1].

Une importante opposition entre la deuxième Chambre civile de la Cour de cassation et la Chambre criminelle est apparue :

– **selon la deuxième Chambre civile**[2], le conducteur fautif, même s'il s'agit d'une faute légère, ne peut prétendre à aucune indemnisation s'il ne prouve pas que l'autre conducteur a lui-même commis une faute :

■ le conducteur qui a commis une faute n'a pas d'action contre un autre qui n'en a pas commis. En cas de collision, seule la faute commise par l'un des conducteurs a pour effet de permettre l'indemnisation partielle du dommage subi par l'autre ;

■ l'examen des fautes respectives est très important. Il vient même précéder l'implication. Lorsque la victime est en faute, elle doit avant tout prouver la faute du défendeur. Cela devient une condition de recevabilité de son action.

Elle applique strictement les principes de la responsabilité pour faute ;

– **selon la Chambre criminelle**[3], en cas de collision de VTM, chaque conducteur, même non fautif, est tenu d'indemniser l'autre, sauf limitation ou exclusion de cette indemnisation, par suite de la faute commise par ce dernier. Une telle faute ne s'apprécie qu'en la personne du conducteur auquel on l'oppose et ne revêt un caractère exclusif que lorsqu'elle est la seule à l'origine du dommage. La faute du conducteur victime, pour exonérer le défendeur, doit être la seule à l'origine du dommage. La faute du conducteur victime s'apprécie en sa seule personne, peu importe que le défendeur en ait commis une de son côté. La faute de la victime est examinée par référence à son dommage et non à l'accident. Elle doit être la cause unique pour exclure toute indemnisation. Ainsi, lorsque la victime est en faute, il n'y a pas de raison logique de la priver de toute indemnisation lorsqu'elle est la seule à avoir causé son dommage. Il n'est logique d'exonérer le défendeur que s'il n'a en rien causé le dommage. Selon la Chambre criminelle, la 2e chambre civile ajoute une condition qui est que le défendeur n'ait pas commis de son côté une faute. La Chambre criminelle a

---

1. Civ. 2e, 7 juillet 1993, *JCP* 1993, IV, 2324 ; 17 juillet 1993, *JCP* 1993, IV, 2417 ; 20 juillet 1993, *JCP* 1993, IV, 2418 ; 8 novembre 1993, *Bull. civ.* II, n° 357 et 11 janvier 1995, *Bull. civ.* II, n° 1.
2. Civ. 2e, 13 avril 1992, *JCP* 1992, IV, 1832 ; 6 juillet 1994, *Bull. civ.* II, n° 178 ; 2 novembre 1994, *Bull. civ.* II, n° 209.
3. Crim., 22 juin 1996, *D.* 1997, Jur. p. 138.

la volonté de s'éloigner des principes de la responsabilité traditionnelle et de consacrer le caractère indemnitaire de la responsabilité.

Le 28 mars 1997, la Chambre mixte de la Cour de cassation a décidé que lorsque plusieurs véhicules sont impliqués dans un accident de la circulation, chacun des conducteurs peut obtenir une indemnisation des dommages qu'il a subis, directement ou par ricochet, sauf lorsqu'il a commis une faute ayant contribué à la réalisation de son préjudice[1]. Dans le même sens, la deuxième Chambre civile a décidé que dans l'hypothèse de l'implication d'un véhicule unique, le conducteur, s'il n'en est pas le gardien, a droit de la part de ce dernier à l'indemnisation des dommages qu'il a subis directement ou par ricochet sauf s'il a commis une faute qui a contribué à la réalisation de son dommage[2].

• *Indemnisation de la victime par ricochet*

Selon l'article 6 de la loi de 1985, « *le préjudice subi par un tiers du fait des dommages causés à la victime directe d'un accident de la circulation est réparé en tenant compte des limitations ou exclusions applicables à l'indemnisation de ces dommages* » :

– le traitement de la victime par ricochet reste le reflet de celui de la victime directe : il n'y a donc pas lieu de s'interroger sur une éventuelle faute de la victime par ricochet ;

– la faute de la victime directe est opposable à la victime par ricochet :

■ si la victime directe est spécialement protégée, le préjudice de la victime par ricochet sera réparé en tenant compte de cet élément ;

■ cas particulier de la victime par ricochet qui est également une victime directe de l'accident : on a considéré longtemps que sa faute personnelle lui était inopposable pour le calcul de son préjudice réfléchi. Lorsque le préjudice de la victime immédiate était intégralement réparé, celui subi par la victime par ricochet devait l'être également malgré sa faute personnelle. Un revirement a été opéré par un arrêt de la Chambre criminelle de 1995[3] : dans le cas où la victime par ricochet est le conducteur lui-même, le principe de l'indemnisation intégrale du préjudice par ricochet doit être écarté lorsque la victime a commis une faute qui a contribué à la réalisation de son préjudice.

C'est à celui qui invoque contre la victime sa qualité de conducteur de la prouver.

C - Le débiteur de l'indemnité

En principe, elle pèse sur le conducteur du véhicule terrestre à moteur ou à défaut sur le gardien du véhicule.

---

1. Cass. ch. mixte, 28 mars 1997, *D.* 1997, Jur. p. 294, note H. Groutel, *D.* 1997, Somm. p. 291, obs. *D.* Mazeaud, *JCP* 1997, I, 4025, obs. G. Viney, *RTD civ.* 1997, p. 681, obs. P. Jourdain.
2. Civ. 2e juillet 1997, *Bull. civ.* II, n° 209, *D.* 1997, Jur. p. 448, note H. Groutel, *D.* 1998, Somm. p. 203, obs. D. Mazeaud.
3. Crim., 15 mars 1995, *Bull. crim.* n° 103, *D.* 1996, Somm. p. 119, *RTD civ.* 1995, p. 642, obs. P. Jourdain.

1) Premier problème : plusieurs véhicules sont impliqués

Les victimes non conducteurs peuvent demander une indemnisation à tous les conducteurs et gardiens de véhicules impliqués dans l'accident ; ils sont tenus *in solidum*.

Les victimes conducteurs peuvent demander chacune l'indemnisation des dommages aux autres conducteurs.

Répartition définitive complexe :

■ celui qui a payé possède un recours contre les autres, fondé sur la subrogation dans les droits de la victime et sur le droit commun ;

■ la répartition définitive se fera en fonction de l'importance des fautes de chacun des coauteurs ;

■ exclusion du recours du conducteur fautif contre le non-fautif (sous réserve de la jurisprudence de la Chambre criminelle, cf. *supra*) ;

■ possibilité d'un recours pour le tout d'un conducteur non fautif contre le conducteur fautif ;

■ partage des responsabilités en tenant compte des fautes ou par parts viriles si les causes de l'accident sont inconnues.

2) Deuxième problème : il y a d'autres personnes que les conducteurs qui ont participé à l'accident : il y a à la fois des personnes responsables sur le fondement de la loi de 1985 et d'autres sur le fondement du droit commun

Lorsqu'ont participé à l'accident à la fois des personnes responsables sur le fondement de la loi de 1985 et des personnes responsables sur le fondement du droit commun, les deux sont tenus *in solidum*. Celui qui a indemnisé la victime a ensuite recours contre l'autre coauteur. La répartition de la charge de l'indemnité se fait alors selon des règles précisées par la jurisprudence :

– tout d'abord, la charge de l'indemnité est répartie en tenant compte de la gravité des fautes respectives de chacun mais ce principe ne concerne pas la part d'indemnisation mise à la charge du conducteur malgré la faute de la victime, ceci afin que la loi de 1985 n'ait pas pour conséquence d'augmenter la responsabilité de droit commun ;

– le recours d'un coauteur contre un responsable ne doit pas priver, même incidemment, la victime de son droit à réparation.

BIBLIOGRAPHIE

« Dixième anniversaire de la loi Badinter sur la protection des victimes d'accidents de la circulation : bilan et perspective », Colloque des 8 et 9 juin 1995, Revue *Responsabilité civile et assurance*, n° 4 bis (hors-série), avril 1996.

AMOUROUX (H.-V.), « Le véhicule et l'outil – L'applicabilité de la loi du 5 juillet 1985 aux matériels de travaux et de chantier », *Gaz. Pal.* 1990, 1, Doctr. p. 131.

APPIETTO (J.), « Loi Badinter. L'indemnisation du conducteur, victime directe ou par ricochet : évolution », *Gaz. Pal.* 1997, n° des 9 et 13 mai.

AUBERT (J.-L.), « L'arrêt *Desmares :* une provocation… à quelles réformes ? », *D.* 1983, Chron. p. 1.

BÉHAR-TOUCHAIS (M.), « Observations sur l'exigence d'imputabilité du dommage à l'accident de la circulation », *JCP* 1991, I, 3492.

BIGOT (J.), « Les trois lectures de la loi Badinter », *JCP* 1987, I, 3278.

BLOCH (F.), « La faute inexcusable du piéton », *JCP* 1988, I, 3332.

BORIES (S.), « Les confins de l'irresponsabilité de la victime d'un accident de la circulation ou la faute inexcusable devant le juge du premier degré », *Gaz. Pal.* 1992, 2, Doctr. n° du 18 sept.

CARCALY (V.), « Le juge, l'accidenté et le conjoint », *LPA* 1998, n° du 18 mars.

CHABAS (F.), « Brèves remarques complémentaires sur la notion d'implication », *Gaz. Pal.* 1986, 1, Doctr. p. 262 ; *Le droit des accidents de la circulation après la réforme du 5 juillet 1985,* 2ᵉ éd., 1988.

CHABAS (F.), *Les accidents de la circulation,* Dalloz, Coll. « Connaissance du droit », 1995.

CHARTIER (Y.), « Accidents de la circulation. Accélération des procédures d'indemnisation », *D.* 1986, n° spécial.

CLAVIER (J.-P.), « La réparation du préjudice par ricochet sur le fondement de la loi du 5 juillet 1985 », *LPA* 1997, n° du 6 août.

CONTE (P.), « Le législateur, le juge, la faute et l'implication », *JCP* 1990, I, 3471.

GROUTEL (H.), *Le droit à indemnisation des victimes d'un accident de la circulation,* 1987 ; « Le fondement de la réparation institué par la loi du 5 juillet 1985 », *JCP* 1986, I, 3244 ; « La pluralité d'auteurs dans un accident de la circulation », *D.* 1987, Chron. p. 86 ; « L'implication du véhicule dans la loi du 5 juillet 1985 », *D.* 1987, Chron. p. 1 ; « L'extension du rôle de l'implication du véhicule », *D.* 1990, Chron. p. 263 ; « L'intervention du fonds de garantie automobile devant les juridictions : l'anarchie à son comble », *Resp. civ. et assur.,* avril 1990 ; « Véhicules en quête de conducteur », *Resp. civ. et assur.* 1995, n° de novembre, Chron. p. 42 ; « La faute du conducteur victime, dix ans après (plaidoyer pour l'absent de la fête) », *D.* 1995, Chron. p. 335. ; « À la recherche du caractère indemnitaire des assurances de personnes », *Resp. civ. et assur.* 1997, n° de janvier, Chron. n° 2 ; « Le conducteur victime rétabli dans ses droits », *D.* 1997, Chron. p. 18 ; « Fonds d'indemnisation des victimes d'infraction : questions de procédure », *Resp. civ. et assur.* 1998, n° de juin, Chron. n° 13 ; « Le cours de l'implication est en hausse », *Resp. civ. et assur.* 1998, n° de juin, Chron. p. 14 ; « Nouveau régime de l'indemnisation du conducteur victime : les conditions du succès », *Resp. civ. et assur.* 1998, Chron. n° 17 ; « Morcellement et globalisation des situations complexes », *Resp. civ. et assur.* 1998, Chron. p. 19 ; « Les surprises de l'implication en solitaire », *Resp. civ. et assur.* 1998, Chron. p. 23 ; « Inopposabilité des exceptions à la victime et recours de l'assureur », *Resp. civ. et assur.* 1999, n° de janvier, Chron. n° 2.

LAMBERT-FAIVRE (Y.), « Les droits de la victime et les recours de la sécurité sociale », *JCP* 1998, I, 110.

LEDUC (F.), « Les contours de la notion d'accident de la circulation (à propos des accidents de chargement et de déchargement) », *Resp. civ. et assur.* 1997, n° de juin, Chron. n° 5.

LUCAS-GALLAY (I.), « La notion de véhicule terrestre à moteur au sens de l'article 1ᵉʳ de la loi du 5 juillet 1985 », *Gaz. Pal.* 1997, n° des 3 et 4 octobre.

RADÉ (C.), « L'article 1ᵉʳ de la loi du 5 juillet 1985 à la dérive », *LPA* 1996, n° du 19 janvier.

RAFFI (R.), « Implication et causalité dans la loi du 5 juillet 1985 », *D.* 1994, Chron. p. 158.

VINEY (G.), *L'indemnisation des victimes d'accidents de la circulation,* LGDJ, 1992.

CHAPITRE *18*

*L*a mise en œuvre
de la responsabilité civile

La victime a le choix entre la voie contentieuse et la voie non contentieuse.

Les intéressés peuvent s'accorder au cours d'une procédure amiable. Il en existe de deux types :

– *régime de droit commun :* l'article 2044 du Code civil prévoit la possibilité d'une transaction qui constitue une convention qui évite une contestation ou met fin à un litige ;

– *régime prévu par la loi de 1985 sur les accidents de la circulation :* la loi impose à l'assureur du véhicule ou au Fonds de garantie automobile de faire une offre d'indemnité à la victime dans les 8 mois à compter de l'accident. L'assureur peut être sanctionné lorsque cette offre est faite avec retard ou est manifestement insuffisante.

1 ● LA RÉPARATION DU DOMMAGE

Ce droit existe dès que la victime subit le dommage. Le jugement est déclaratif, il ne fait que constater ce droit.

A - Les principes de la réparation

1) Les modalités de la réparation

Il existe deux modes de réparation possibles :

– *réparation en nature par le rétablissement des choses dans leur état antérieur*[1]. Il s'agit par exemple de supprimer la cause du trouble par une limitation ou une interdiction de l'activité dommageable ou, dans une atteinte aux biens, de condamner le responsable à restituer le bien à la victime, à lui fournir un bien équivalent ou à remettre en état ce qui a été détruit. Elle n'est pas toujours possible car on ne peut pas toujours contraindre quelqu'un à réparer quelque chose. Parfois la réparation est matériellement impossible : préjudice insusceptible de compensation, impossibilité d'obliger l'intéressé à s'exécuter… ;

---

1. Civ. 2ᵉ, 4 février 1982, *JCP* 1982, II, 19984, note J.-F. Barbiéri.

– *réparation par équivalent ou pécuniaire :* dommages-intérêts prenant la forme d'un capital ou d'une rente.

Il s'agit d'une réparation intégrale.

2) Le principe de réparation intégrale

a) Contenu du principe

Le montant de la réparation est indépendant de la gravité de la faute : il dépend du seul préjudice. En effet, la mise en œuvre de la responsabilité civile a pour objectif la réparation de la victime et non pas la sanction du fautif. Néanmoins, les juges se montrent souvent plus sévères lorsque la faute est grave que lorsqu'elle est légère, spécialement en matière de préjudice moral. Ils tiennent également compte de la faute de chacun en cas de partage de responsabilité.

b) L'évaluation du préjudice

Les juges du fond ont un pouvoir souverain d'appréciation dans l'évaluation du dommage.

• *Date d'évaluation du préjudice*

Le préjudice est évalué au jour du jugement. Il y a donc prise en compte de l'évolution du préjudice entre le jour où il a été causé et le jour du jugement. À compter du jour du jugement, les intérêts (au taux légal) commencent à courir (art. 1153-1, C. civ.).

L'amélioration du sort de la victime postérieurement au jugement n'amène pas de diminution de l'indemnité qui lui a été allouée[1]. Lorsque son état s'aggrave, l'indemnité n'est pas non plus augmentée mais il est possible à la victime d'intenter une nouvelle action faisant état d'éléments nouveaux d'aggravation. En l'absence d'éléments nouveaux, il y aura identité d'objet et donc autorité de la chose jugée[2].

Lorsque l'indemnité est allouée sous forme de rente, la jurisprudence prévoit que celle-ci peut être indexée. La loi a interdit l'indexation pour les rentes allouées en réparation du préjudice causé par les automobiles et deux roues à moteur en cas de décès ou d'invalidité grave mais une majoration de plein droit calquée sur les revalorisations de rentes est prévue. L'évolution du préjudice peut avoir été prévue par le jugement qui s'appliquera alors.

En cas d'érosion monétaire, certaines lois prévoyaient la révision des dommages-intérêts accordés sous forme de rente dans certaines hypothèses particulières puis la jurisprudence a accepté l'indexation des rentes. Enfin, la loi du 27 décembre 1974 a exclu cette possibilité pour les rentes allouées en réparation du préjudice causé par les autos et les deux roues à moteur en cas de décès ou d'invalidité grave mais les rentes sont majorées périodiquement de plein droit (même barème que pour la revalorisation des rentes pour accident du travail).

---

1. Civ., 12 octobre 1972, *D.* 1974, Jur. p. 536, *JCP* 1974, II, 17609, note Brousseau.
2. Civ. 2ᵉ, 6 janvier 1993, *RTD civ.* 1993, p. 587, obs. P. Jourdain.

• *Cumul d'indemnités*

Il s'agit de savoir si la victime peut cumuler l'indemnité résultant de l'action contre le civilement responsable avec prise en charge des frais médicaux par la Sécurité sociale, l'indemnité complémentaire de l'employeur et/ou le capital lié à une assurance volontaire…

Pour ce qui concerne les dommages aux biens, il n'est pas possible de cumuler l'indemnité versée par l'assureur si la victime bénéficie d'une assurance dommage aux biens et l'indemnité due par le responsable. Lorsque l'assureur verse une somme forfaitaire, la victime peut réclamer au tiers responsable seulement un complément lui assurant une réparation intégrale. L'assureur a la possibilité d'exercer un recours subrogatoire contre le tiers responsable ou son assureur responsabilité (art. L. 121-12, C. assur.).

En cas de dommages à la personne, la loi du 5 juillet 1985 organise un recours subrogatoire concernant le paiement de certaines sommes présentant un caractère indemnitaire telles que les prestations versées par les organismes de Sécurité sociale par exemple. Un recours n'est possible que pour l'indemnité qui tend à réparer l'atteinte à l'intégrité physique de la victime et non pas pour la part d'indemnité correspondant aux souffrances physiques ou morales ni au préjudice physique ou d'agrément[1]. La loi du 5 juillet 1985 a également donné la possibilité d'un recours direct de certains tiers payeurs contre le tiers responsable ou son assureur[2]. Cette liste est limitative.

B - Les difficultés de la réparation

1) Les dommages matériels

a) Les dommages matériels aux biens

Un problème se pose lorsque le bien endommagé est usagé :

– si la chose endommagée ne peut pas être remplacée par une chose équivalente, la jurisprudence refuse d'opérer une déduction tenant compte de l'état de vetusté, c'est-à-dire qu'une chose neuve remplacera la chose usagée endommagée ;

– lorsque la chose ne peut être remplacée par une chose équivalente, le montant des dommages-intérêts tient compte de l'usage de la chose. S'il y a eu réparation de la chose, l'indemnité ne peut pas être supérieure à la valeur de remplacement de la chose ;

– s'il y a eu remise en état de la chose, l'indemnité ne peut pas être supérieure à la valeur de remplacement de la chose ;

---

1. Ass. plén., 19 décembre 2003, *Bull. civ.*, n° 8, R., p. 358, *BICC* 15 février 2004, rapp. Lesueur de Givry, concl. de Gouttes, *D.* 2004, Jur. p. 161, note Lambert-Faivre, *D.* 2005. Pan. 190, obs. Jourdain, *JCP* 2004, II, 10008, note Jourdain, *JCP* 2004, I, 163, n° 32 s., obs. Viney, *Resp. civ. et assur.* 2004, Chron. 9, par Groutel, *LPA* 12-13 avril 2004, note Steinlé-Feurbach, *LPA* 10 septembre 2004, note Dagorne-Labbe, *Dr. et patr.*, octobre 2004, p. 104, obs. Chabas, *RTD civ.* 2004, p. 300, obs. Jourdain.
2. Par exemple l'employeur pour le remboursement des charges patronales relatives aux rémunérations maintenues ou versées à la victime.

– si la chose a été détruite, la Cour de cassation refuse de tenir compte de l'état de vétusté de la chose remplacée pour minorer les dommages-intérêts. La victime doit pouvoir acquérir un bien de nature comparable à celui qui a été détruit.

b) Les dommages résultant de l'inexécution d'une obligation ayant pour objet une somme d'argent

Le préjudice est compensé par des intérêts moratoires (*cf.* Chapitre 24).

On distingue les **intérêts compensatoires**, qui viennent compenser le préjudice, des **intérêts moratoires,** qui ont pour objet d'indemniser la victime du retard dans l'exécution du contrat. Le préjudice est compensé par des dommages-intérêts moratoires qui courent dès la mise en demeure. Ils consistent dans la condamnation à un pourcentage de la somme due, appelé « intérêt légal », sauf les règles particulières au commerce et au cautionnement (art. 1153, al. 1er, C. civ.). La condamnation au paiement de ces dommages-intérêts n'est pas subordonnée à la preuve d'une perte de la part du créancier. Selon la loi du 23 juin 1989, le taux d'intérêt légal est « *égal, pour l'année considérée, à la moyenne arithmétique des douze dernières moyennes mensuelles des taux de rendement actuariel des adjudications de bons du Trésor à taux fixe à treize semaines* ». Ainsi, il est de 2,11% pour l'année 2006.

2) Le dommage corporel

Il est composé de plusieurs éléments :

– réparation des frais occasionnés par les soins ;

– dommages-intérêts compensant l'incapacité de travail :

■ incapacité temporaire totale ou partielle (ITT ou ITP) : incapacité de travail correspondant à la période pendant laquelle une personne ne peut exercer d'activité professionnelle ;

■ incapacité permanente totale ou partielle (IPT ou IPP) ;

■ les différents dommages subis par la victime doivent être pris en compte : diminution de salaire, préjudice d'agrément… ;

■ des barèmes ont été créés pour éviter les disparités entre tribunaux : 1 % correspond à une somme.

L'état végétatif de la victime qui n'aurait pas conscience de son état ne peut pas limiter l'indemnisation.

Selon la jurisprudence, la victime peut refuser les soins qui réduiraient ou devraient faire disparaître le dommage sans que la réparation de son préjudice subisse une atteinte lorsque les soins sont pénibles ou aléatoires. Dans les autres cas, elle commet une faute qui peut conduire à réduire l'étendue de la réparation.

2 • LE PROCÈS EN RESPONSABILITÉ

A - Les parties à l'action

1) Le défendeur à l'action

En principe, il s'agit de la personne civilement responsable du dommage : ce peut être l'auteur même du dommage (responsabilité du fait personnel) ou le responsable du fait d'autrui (responsabilité du fait d'autrui) ou le gardien de la chose (responsabilité du fait des choses). S'il est décédé, l'action sera conduite contre ses héritiers. Parfois, il peut y avoir plusieurs personnes civilement responsables de plusieurs défendeurs, ils sont co-responsables *in solidum*. Souvent, une action est dirigée en même temps contre :

– *l'assureur :* c'est le cas le plus fréquent car les victimes disposent contre l'assureur d'une action directe. La victime est la seule à pouvoir percevoir l'indemnité due par l'assureur ;

– *le fonds de garantie des assurances obligatoires de dommages :* il intervient pour les accidents de la circulation piétonniers quand l'auteur du dommage est inconnu, non assuré ou si l'assureur est insolvable (art. L. 421-1, C. assur.) ;

– *l'État :*

■ pour l'indemnisation des victimes de dommages corporels résultant d'infractions pénales (art. 706-3 à 706-13, C. pr. pén.) ;

■ pour l'indemnisation des victimes d'actes de terrorisme (loi du 6 septembre 1986) ;

■ pour l'indemnisation des victimes d'une contamination par le sida suite à une transfusion sanguine (loi du 31 décembre 1991).

2) Le demandeur à l'action

Normalement, il s'agit de la victime.

a) La victime

• La victime immédiate, directe

La jurisprudence a hésité à permettre aux héritiers d'une personne décédée d'agir en réparation du préjudice moral subi par leur auteur mais elle l'a finalement accepté. Les héritiers sont assimilés à la victime directe.

Lorsque la victime est incapable, l'action sera intentée par son représentant légal.

• La victime par ricochet

Ce sont le plus souvent les proches de la victime immédiate. Parmi ces proches, il y a les héritiers de la victime immédiate. S'agissant des victimes par ricochet, leur action est-elle complètement indépendante de l'action qu'aurait pu intenter la victime immédiate ? Le problème se pose à deux points de vue :

– problème de l'opposabilité de la faute de la victime immédiate à la victime par ricochet : la Cour de cassation a admis cette opposabilité ;

– problème de l'opposabilité des clauses exclusives de responsabilité : la jurisprudence considère que ces clauses sont inefficaces par rapport à la victime par ricochet car celle-ci agit comme tiers au contrat (terrain délictuel).

b) L'action des personnes autres que la victime

Deux séries de problèmes :

– quand la victime a été indemnisée par le tiers payeur, celui-ci est subrogé dans les droits de la victime. Elle peut intenter contre la personne civilement responsable l'action de la victime ;

– l'action des créanciers de la victime : ils peuvent exercer l'action oblique (*cf.* Chapitre 24).

B - L'exercice de l'action

1) Les règles propres à l'action en responsabilité civile

a) Le fondement de l'action

• Responsabilité contractuelle et responsabilité délictuelle

Il y a un principe dit du « *non-cumul des deux ordres de responsabilité* ». La victime de l'inexécution d'un contrat n'a pas d'option : il est obligé de situer son action sur le terrain contractuel. Lorsque des tiers peuvent exceptionnellement mettre en jeu la responsabilité contractuelle du débiteur, le principe de non-cumul pour eux ne s'applique pas de manière aussi rigoureuse. Si le tiers dispose d'une action directe en garantie, elle est nécessairement contractuelle. Lorsque le tiers est autorisé à mettre en jeu la responsabilité contractuelle dans le cas d'une stipulation pour autrui, ce tiers peut situer son action sur le terrain extra-contractuel puisqu'il peut refuser le bénéfice de la stipulation pour autrui.

• Le choix entre les différentes hypothèses de responsabilité délictuelle

Il se peut que le dommage résulte de la faute du défendeur et de la personne dont elle a la garde et de la faute du gardien : la victime peut invoquer indifféremment l'un des deux fondements ou les deux. Les responsables sont tenus in *solidum*. La victime peut demander à n'importe lequel d'entre eux la réparation de la totalité de son préjudice.

b) Les règles de procédure

• Compétence

Compétence d'attribution : tribunal de grande instance ou d'instance (montant de la demande inférieur à 10 000 €) sauf pour les accidents causés par un véhicule (le tribunal de grande instance statue à juge unique) ;

Compétence territoriale : tribunal du domicile du défenseur ou du tribunal du lieu où s'est produit le fait dommageable ou du lieu où le dommage est subi (art. 42 à 46, NCPC)

• Preuve

S'agissant d'un fait juridique, la preuve est libre (art. 1348, C. civ.). Elle pèse toujours sur le demandeur.

• *Prescription de l'action*

L'action en responsabilité délictuelle se prescrit par 10 ans (art. 2270-1, C. civ.).

2) L'incidence de la responsabilité pénale

Une infraction peut être à l'origine d'un dommage : il existe deux sortes d'actions possibles. L'action peut être pénale sur le terrain répressif ou civile en indemnisation. Des rapports s'établissent entre les deux sortes d'actions, par exemple lorsque l'action civile est fondée sur la faute.

a) Le choix entre la voie pénale et la voie civile

• *L'existence du choix*

La possibilité de l'action devant les juridictions pénales est prévue par l'article 3 du Code de procédure pénale. C'est un avantage pour la victime car l'action devant les juridictions pénales est facilitée sur le terrain de la preuve (faite par l'autorité publique). Certaines conditions doivent être remplies : il faut qu'existe une infraction, mais la juridiction pénale peut statuer au civil soit après acquittement ou relaxe, et il faut un dommage découlant directement de l'infraction. C'est pourquoi le préjudice moral par ricochet n'est pas admis devant la juridiction pénale. L'action civile devant les juridictions pénales est refusée aux créanciers et aux assureurs. Quand il y a à la fois inexécution du contrat et infraction pénale, la jurisprudence considère que l'action civile devant la juridiction répressive ne peut être jugée qu'en application des règles de la responsabilité délictuelle.

• *La portée du choix*

La constitution de partie civile déclenche l'instance. Si la victime se porte devant la juridiction civile, elle ne peut revenir sur son choix et aller devant les juridictions pénales (art. 5, C. civ.).

b) L'influence du criminel sur le civil

Il n'y a plus de solidarité des prescriptions depuis 1980.

• *L'obligation du juge civil de surseoir à statuer*

L'article 4 du Code de procédure pénale prévoit que : « *L'action civile peut être aussi exercée séparément de l'action publique.*

Toutefois, il est sursis au jugement de cette action exercée devant la juridiction civile tant qu'il n'a pas été prononcé définitivement sur l'action publique lorsque celle-ci a été mise en mouvement. »

• *L'autorité de la chose jugée au criminel sur le civil*

Lorsque le juge pénal a prononcé une condamnation, le juge civil (au sens large, c'est-à-dire y compris le juge pénal statuant sur l'action civile) doit accorder des dommages-intérêts à la victime.

Si une relaxe a été prononcée par le tribunal de police ou le tribunal correctionnel, le prévenu ne peut normalement pas être condamné au civil mais si la relaxe est motivée par l'absence d'intention, le juge civil peut condamner l'intéressé à des dommages-intérêts sur le fondement d'une faute civile d'imprudence ou d'une négligence génératrice de responsabilité civile.

La loi du 10 juillet 2000, modifiant l'article L. 121-3 du Code pénal, a mis fin au principe de l'identité de la faute pénale d'imprudence et de la faute civile d'imprudence prévue à l'article 1383 du Code civil. Cette règle avait pour conséquence de qualifier de faute pénale très facilement les fautes des « décideurs » tels que les maires et les chefs d'entreprise. Désormais, la faute pénale d'imprudence est une faute lourde, voire inexcusable ; *cf.* Salvage (Ph.), « La loi n° 2000-647 du 10 juillet 2000. Retour vers l'imprudence pénale », *JCP* 2000, I, 281.

Si la Cour d'assises acquitte l'accusé, il sera toujours possible au juge civil de prononcer des dommages-intérêts car cet acquittement résulte d'une réponse négative sur la question générale de la culpabilité. Par conséquent, la condamnation à des dommages-intérêts ne pourra être fondée sur la faute pénale mais sur une faute civile ou une obligation légale.

BIBLIOGRAPHIE

Barbancey (J.), « Valeur à neuf et enrichissement », *Gaz. Pal.* 1988, Doctr. p. 28.

Bourrié-Quenillet (M.), « Le préjudice moral des proches d'une victime blessée : dérive litigieuse ou prix du désespoir ? », *JCP* 1998, I, 186.

Bruschi (M.), *La prescription en droit de la responsabilité*, Economica, Coll. « Droit civil », Série « Études et Recherches », 1997.

Douaoui (L.-D.), « La réparation du préjudice moral causé par les médias », *D.* 2001, Chron. p. 1333.

Evade (J.-L.), « La réparation du préjudice résultant de l'état végétatif du blessé », *Gaz. Pal.* 1991, Doctr. p. 339.

Guinchard (S.), « L'action publique en procédure civile française », *JCP* 1994, I, 3756.

Groutel (H.), « Loi du 5 juillet 1985 : du nouveau au sujet de l'absence d'offre à la victime », *Resp. civ. et assur.* 1998, n° de janvier, Chron. n° 2.

Huet (J.), *Responsabilité contractuelle et responsabilité délictuelle. Essai de délimitation*, Thèse Paris II, 1978.

Jarrosson (C.), « Les concessions réciproques dans la transaction », *D.* 1997, Chron. p. 267.

Lambert-Faivre (Y.), *Le préjudice par ricochet*, Thèse Lyon, 1959 ; *Le droit du dommage corporel (systèmes d'indemnisation),* Dalloz, 1990. ; « Méthodologie d'évaluation du dommage corporel », *Gaz. Pal.* 1991, Doctr. p. 335 ; « Le droit et la morale dans l'indemnisation des dommages corporels », *D.* 1992, Chron. p. 165, « Avancées et trébuchements de la jurisprudence sur le recours des organismes sociaux », *D.* 2001, Chron. p. 248.

Larroumet (C.), « L'indemnisation de l'aléa thérapeutique », *D.* 1999, Chron. p. 33.

Leturmy (L.), « La responsabilité délictuelle du contractant », *RTD civ.* 1998, p. 839.

Le Roy (M.), *L'évaluation du préjudice corporel*, 11ᵉ éd., Litec, 1989.

Quenillet-Bourrié (M.), « L'évaluation monétaire du préjudice corporel : pratique judiciaire et données transactionnelles », *JCP* 1995, I, 3818 ; « Pour une réforme conférant un statut à la réparation du préjudice corporel », *JCP* 1996, I, 3919.

Radé (Ch.), « Plaidoyer en faveur d'une réforme de la responsabilité civile », *D.* 2003, Chron. p. 2247.

Ripert (G.), « Le prix de la douleur », *D.* 1948, Chron. p. 1.

Ripert (L.), *La réparation du préjudice dans la responsabilité délictuelle* , Thèse Paris, 1933.

Roujou de Boubée (M.-E.), *Essai sur la notion de réparation,* 1974.

Salvage (Ph.), « La loi n° 2000-647 du 10 juillet 2000 : Retour vers l'imprudence pénale », *JCP* 2000, I, 281.

Savatier (R.), « Le dommage et la personne », *D.*1955, Chron. p.1.

Viney (G.) et Markesinis (B.), *La réparation du dommage corporel. Essai de comparaison des droits français et anglais,* Economica, 1985.

Les quasi-contrats

CHAPITRE 19

*L*a gestion d'affaires

Le quasi-contrat est un fait volontaire et licite. C'est un acte qui a été voulu, mais pas en vue de créer des obligations, même si c'est le cas.

Le Code civil envisage trois hypothèses de quasi-contrats (art. 1371 et s., C. civ.) : la gestion d'affaires, le paiement de l'indu et l'enrichissement sans cause.

La gestion d'affaires résulte de l'accomplissement d'un acte par une personne, le gérant, dans l'intérêt d'une autre, le géré ou maître de l'affaire, sans en avoir été chargée par celle-ci, c'est-à-dire sans mandat (art. 1372 à 1375, C. civ.).

1 • LES CONDITIONS DE LA GESTION D'AFFAIRES

A - Les protagonistes de la gestion d'affaires

1) Les conditions relatives au gérant d'affaires

a) L'intention de gérer l'affaire d'autrui

Le gérant doit avoir eu la volonté d'intervenir dans les affaires d'autrui et pour le compte d'autrui, c'est-à-dire dans l'intérêt du géré, maître de l'affaire (art. 1372, C. civ.). En conséquence, celui qui croit agir pour lui-même alors qu'en réalité, il gère pour l'affaire d'autrui, ne peut bénéficier des règles de la gestion d'affaires.

Exemple : réparation d'un bien que l'on croit être le sien.

De même, celui qui agit parce qu'il y est contraint par un contrat ou par la loi ne peut pas se prévaloir des règles de la gestion d'affaires, ni celui qui agit dans l'intérêt général.

La jurisprudence a été très peu exigente. On peut ainsi appliquer la gestion d'affaires lorsque le gérant a agi à la fois pour lui et pour autrui.

b) La capacité du gérant

Si le gérant est incapable, la gestion d'affaires ne produit pas d'effet pour lui mais fera naître des obligations à la charge du géré. Cependant, cette incapacité empêchera de faire naître des obligations à la charge du gérant.

2) Les conditions relatives au maître de l'affaire

Peu importe qu'il soit capable ou non.

Il ne peut y avoir gestion d'affaires que lorsque le maître de l'affaire ne manifeste pas sa volonté au moment de l'acte. Il peut être au courant de la gestion d'affaires.

Le gérant doit s'abstenir si le maître de l'affaire s'oppose à son intervention et, s'il l'accepte, il y a contrat et plus exactement mandat et non pas gestion d'affaires.

B - Les conditions relatives à l'acte de gestion

1) L'objet de la gestion

La gestion peut avoir pour objet des actes juridiques aussi bien que des actes matériels :

– *acte matériel ;*

Exemple : réparer soi-même une partie du bâtiment du voisin ;

– *acte juridique* : 2 sortes de gestion d'affaires :

■ *gestion avec représentation* : le gérant agit au nom et pour le compte du géré ;

■ *gestion sans représentation :* le gérant agit pour le compte du géré mais en son propre nom.

Le gérant d'affaires ne peut intenter une action en justice dans le cadre de la gestion d'affaires.

2) L'utilité de la gestion

Selon l'article 1375 du Code civil, l'affaire doit avoir été bien administrée :

– il n'est pas nécessaire que la gestion soit urgente ;

– l'utilité s'apprécie au moment où l'acte intervient.

En définitive, la condition d'utilité de la gestion se ramène pour l'essentiel à une condition d'opportunité de la gestion. C'est le résultat escompté et non celui obtenu qui est pris en compte ici. Cette utilité n'a plus de raison d'être quand le géré ratifie la gestion *a posteriori.*

2 • LES EFFETS DE LA GESTION D'AFFAIRES

A - Les effets de la gestion d'affaires dans les rapports entre le gérant et le géré

Lorsque le maître ratifie la gestion, les effets de la gestion d'affaires ne se produisent pas. Cette ratification le rend obligé. On considère traditionnellement que l'opération se transforme en mandat.

En l'absence de ratification, la gestion d'affaires crée des obligations aussi bien à l'égard du géré que du gérant. C'est la raison pour laquelle on parle parfois en la matière de quasi-contrat synallagmatique.

Obligations du gérant	Obligations du géré
Le gérant d'affaire est tenu des mêmes obligations qu'un mandataire (art. 1372, al. 2, C. civ.) : – il doit gérer l'affaire en bon père de famille (art. 1374, al. 1er, C. civ.) ; – il doit rendre compte de sa gestion ; – il ne répond pas des cas fortuits ; – il est ainsi tenu de continuer la gestion qu'il a commencée jusqu'à son terme à moins que le géré ou ses héritiers ne la refusent* ; – il doit se charger également de toutes les dépendances de l'affaire (art. 1372, al. 1er, C. civ.)*.	En principe, le maître de l'affaire est tenu des mêmes obligations que le mandant (art. 1375, C. civ.) : – il doit accomplir les obligations que le gérant a contractées en son nom ; – il doit ainsi payer au gérant toutes les dépenses utiles et nécessaires qu'il a faites ; – il doit l'indemniser des pertes qui ne sont pas dues à ses fautes (art. 2000, C. civ.) ; – il doit lui payer les intérêts des avances à compter du jour où il les a consenties et indépendamment de toute mise en demeure (art. 2001, C. civ.) ; – il n'a pas l'obligation de le rémunérer.

* En cela, il est traité plus sévèrement que le mandataire.

B - Les effets de la gestion d'affaires à l'égard des tiers

Le gérant d'affaires est engagé envers les tiers avec lesquels il a traité en son nom personnel.

Le maître de l'affaire est engagé envers les tiers avec lesquels le gérant d'affaires a agi pour le compte du maître (art. 1375, C. civ.). Le maître de l'affaire n'est pas tenu envers eux.

BIBLIOGRAPHIE

AQUARONE (D.), « La nature juridique de la responsabilité civile du gérant d'affaire dans ses rapports avec le maître de l'affaire », D. 1986, Chron. p. 21.

BOUT (R.), La gestion d'affaires en droit français contemporain, 1972.

GORE, « Le fondement de la gestion d'affaires, source autonome et générale d'obligation », D. 1953, Chron. p. 39.

HONORAT (J.), « Rôle effectif et rôle concevable des quasi-contrats en droit actuel », RTD civ. 1969, p. 653.

LECÈNE-MARÉNAUD (M.), « Le rôle de la faute dans les quasi-contrats », RTD civ. 1994, p. 515.

PICARD (M.), « La gestion d'affaires dans la jurisprudence contemporaine », RTD civ. 1921, p. 419. et 1922, p. 3.

SINAY (H.), « La fortune nouvelle de la gestion d'affaires », Gaz. Pal. 1946, 2, Doctr. p. 13.

TERRIER (E.), « La fiction au recours des quasi-contrats ou l'achèvement d'un débat juridique », D. 2004, Chron. p. 1179.

VIZIOZ (H.), La notion de quasi-contrat, Thèse Bordeaux, 1912.

CHAPITRE 20

*L*e paiement de l'indu

Selon l'article 1235 du Code civil, « *tout paiement suppose une dette : ce qui a été payé sans être dû, est sujet à répétition* ». La loi oblige celui qui a reçu ce qui ne lui était pas dû à le restituer.

1 • LES CONDITIONS DE LA RÉPÉTITION

Il y a deux conditions principales :

A - La condition objective : l'absence de dettes

On distingue 4 cas de paiements de l'indu (art. 1376 et 1377, C. civ.) :

– le *solvens*[1] paie une dette qui n'existe pas ;
– le *solvens* paie une dette qui n'existe plus ;
– le *solvens* paie sa dette à une personne qui n'est pas son créancier ;
– le *solvens* paie une dette dont il n'est pas débiteur.

L'action en répétition ne doit pas être prescrite : le délai est celui du droit commun, c'est-à-dire 30 ans.

B - Les conditions subjectives

Du côté du *solvens*	Du côté de l'*accipiens*
Le *solvens* a droit à la répétition de l'indu dès lors qu'il a payé alors qu'il n'était pas débiteur (art. 1235, C. civ.) : – la répétition de l'indu n'est plus subordonnée à l'existence d'une erreur de la part du *solvens* (Ass. plén., 2 avril 1993[2]) ;	– lorsque l'*accipiens* est créancier mais qu'il a supprimé son titre, l'article 1377, alinéa 2 exclut la répétition ; – la jurisprudence étend cette solution aux hypothèses où l'*accipiens* n'a pas d'action contre le véritable débiteur parce que son action est prescrite ou lorsque l'*accipiens* a abandonné ses sûretés : le *solvens* aura alors une action fondée sur l'enrichissement sans cause.

→

1. *Solvens* : celui qui paie ; *accipiens* : celui qui reçoit le paiement (cf. Chapitre 24).
2. *D.* 1993, Jur. p. 373, concl. Jéol, *JCP* 1993, II, 22051, *Defrénois* 1993, 2, p. 1380, note J.-L. Aubert, *RTD civ.* 1993, p. 820, obs. J. Mestre, *Grands arrêts* n° 153.

(suite)

Du côté du *solvens*	Du côté de l'*accipiens*
– la jurisprudence est encore variable sur le point de savoir si la faute du *solvens* est un obstacle à l'action en répétition. La Chambre sociale exige une erreur grossière de la part du *solvens* ainsi qu'un préjudice anormal pour l'*accipiens* pour fermer l'action au demandeur[1]. La première Chambre civile tient compte de la faute du *solvens*, même légère dès lors qu'elle cause à l'*accipiens* un quelconque préjudice[2]. La Chambre criminelle a décidé qu'une simple faute du *solvens* suffit à le priver de toute action à condition qu'elle crée un préjudice anormal pour l'*accipiens* et que ce dernier soit de bonne foi.	

L'action en répétition de l'indu est exclue pour les obligations naturelles. En effet, elles ne sont pas susceptibles d'exécution forcée mais si elles sont exécutées, on suppose qu'il y a eu exécution d'obligations préexistantes, de même si la dette était prescrite. Il y a répétition de l'indu lorsque l'on paye une dette qui n'existe pas ou lorsque l'on paie plus que ce que l'on doit.

2 • LES MODALITÉS DE LA RÉPÉTITION

A - Les modalités de la répétition liées à la situation de l'*accipiens*

Selon la jurisprudence, l'action en répétition de l'indu peut être exercée contre celui qui a reçu le paiement ou contre celui pour le compte duquel il a été reçu.

L'*accipiens* de bonne foi est tenu de restituer ce dont il s'est enrichi, c'est-à-dire le capital ou la chose perçu, mais pas les intérêts et fruits qu'il a perçus ou consommés. Dans le cas contraire, il subirait une perte, car il se croyait propriétaire. Selon l'article 1380 du Code civil, il ne doit restituer que le prix de la vente s'il a vendu la chose ; si elle a péri, il doit en rembourser la valeur.

L'*accipiens* de bonne foi ne répond que des pertes et détériorations dues à sa faute (art. 1379, C. civ.). Selon l'article 1379 du Code civil, l'*accipiens* de mauvaise foi doit restituer la valeur de la chose lorsque celle-ci a péri par cas fortuit. Il est tenu de réparer intégralement le préjudice subi par le *solvens* : il restitue les fruits et les intérêts

---

1. Soc., 3 novembre 1972, *JCP* 1974, II, 17692, note J. Ghestin ; Soc., 8 janvier 1975, *Bull. civ.* V, n° 4 ; Soc., 4 juillet 1984, *Bull. civ.* V, n° 290.
2. Civ. 1re, 18 juillet 1979, *JCP* 1979, II, 19258, concl. R. Gulph, *D.* 1980, Jur. P. 172, note M. Vasseur ; Civ. 1re, 5 juillet 1989, *Bull. civ.* I, n° 278, *RTD civ.* 1990, p. 282, obs. J. Mestre.

du jour du paiement. S'il a aliéné la chose, il restitue en valeur de même en cas de perte fortuite.

L'*accipiens* doit toujours être remboursé de ses dépenses même s'il est de mauvaise foi car il a ainsi augmenté la valeur de la chose. Selon l'article 1381 du Code civil, le *solvens* doit rembourser à l'*accipiens* les dépenses nécessaires à la conservation de la chose en totalité et les dépenses utiles jusqu'à concurrence de la plus-value qu'elles ont donnée à cette chose.

B - Les modalités de la répétition liées à la situation du *solvens*

Selon l'article 1381 du Code civil, le solvens auquel une chose est restituée doit rendre compte à l'*accipiens* même de mauvaise foi de toutes dépenses nécessaires et utiles que celui-ci a faites sur la chose.

Quand le *solvens* s'est montré imprudent, il peut voir sa responsabilité engagée envers l'*accipiens* et le montant de la répétition pourra être diminué.

BIBLIOGRAPHIE

DEFRÉNOIS-SOULEAU (I .), « La répétition de l'indu objectif », *RTD civ.* 1989, p. 243.

DEROUIN (Ph.), « Le paiement de la dette d'autrui : répétition de l'indu et enrichissement sans cause », *D.* 1980, Chron. p. 199.

DE SAINT-DIDIER-NIZARD (St.), *La répétition de l'indu*, Thèse Paris II, 1998.

GHESTIN (J.), « L'erreur du *solvens*, condition de la répétition de l'indu », *RTD civ.* 1949, p. 212.

LOUSSOUARN (Y.), « La condition d'erreur du *solvens* dans la répétition de l'indu », *RTD civ.* 1949, p. 212.

LENOAN, « Du recours du véritable créancier contre celui qui a reçu indûment un paiement à sa place », *RTD civ.* 1923, p. 925.

KHADEM (J.-F.), « L'évolution du régime de l'action en répétition de l'indu objectif », *JCP* 1997, I, 4018.

PERRUCHOT – TRIBOULET (V.), « L'indu à trois », *RTD civ.* 2003, p. 427.

ROMANI (A.-M.), « La faute de l'appauvri dans l'enrichissement sans cause et dans la répétition de l'indu », *D.* 1983, Chron. p. 127.

CHAPITRE 21

L'enrichissement sans cause

« *Nul ne doit s'enrichir injustement aux dépens d'autrui.* » Le Code civil connaît plusieurs applications de cette idée. Le principe général n'existe pas dans le Code civil mais il a été appliqué par la jurisprudence en particulier dans un arrêt de la Chambre des requêtes du 15 juin 1982[1], dans lequel elle a admis l'action *de in rem verso* dans des termes très généraux. Cette action n'est soumise à aucune condition déterminée. La jurisprudence postérieure a posé des conditions.

1 • LES CONDITIONS DE L'ACTION *DE IN REM VERSO*

A - Les conditions d'ordre économique

L'action *de in rem verso* suppose qu'une personne se soit appauvrie et l'autre enrichie. Les deux événements doivent être liés.

1) L'existence d'un enrichissement et d'un appauvrissement

Enrichissement	Appauvrissement
Tout avantage appréciable en argent :	Il peut résulter :
– accroissement d'actif ou ;	– d'une perte matérielle ;
– diminution de passif ou ;	– d'un service rendu ;
– perte évitée.	– d'un travail fait sans rémunération.
Selon la jurisprudence, l'enrichissement peut être intellectuel, moral.	L'appauvrissement ne doit pas trouver son origine dans une faute de l'appauvri.
L'action ne peut être intentée si l'enrichissement n'existe pas encore ou a disparu : l'enrichissement doit subsister au moment où l'action est intentée.	De plus en plus, la jurisprudence semble ajouter une condition : l'absence d'intérêt personnel de l'appauvri. Ainsi, l'action serait écartée lorsque l'appauvrissement résulte d'un risque pris par l'appauvri en vue d'en tirer éventuellement un profit[2].

---

1. Req., 15 juin 1982, *DP* 1892, 1, p. 596, *S.* 1893, 1, p. 281, note Labbé, *Grands arrêts* n° 154.
2. Civ. 1re, 7 juillet 1987, *RTD civ.* 1988, p. 132, obs. J. Mestre ; G. Bonet, « La condition d'absence d'intérêt personnel et de faute chez l'appauvri pour le succès de l'action *de in rem verso* », in *Mélanges Hébraud* 1981, p. 59.

Enrichissement et appauvrissement doivent être appréciés au jour de la demande en restitution[1].

2) La corrélation entre appauvrissement et enrichissement

Le même événement doit être à l'origine à la fois de l'appauvrissement et de l'enrichissement.

L'enrichissement ne doit pas nécessairement être direct : il ne doit pas obligatoirement se réaliser dans les rapports entre l'enrichi et l'appauvri. L'enrichissement peut donc être indirect, procuré par l'intermédiaire du patrimoine d'un tiers.

B - Les conditions d'ordre juridique

1) L'absence de cause

L'enrichissement doit être sans cause, c'est-à-dire qu'il ne doit exister aucune raison juridique fondant l'appauvrissement, qu'il s'agisse de la loi, d'une décision judiciaire ou d'un contrat.

2) La subsidiarité de l'action de in rem verso

Le demandeur ne peut intenter une action *de in rem verso* si pour obtenir ce qui lui est dû, il a à sa disposition une autre action naissant d'un contrat, d'un quasi-contrat, d'un délit ou d'un quasi-délit.

Il y a une exception : en cas d'enrichissement indirect, l'appauvri doit agir d'abord contre le tiers puis ensuite contre l'enrichi.

2 • LES EFFETS DE L'ACTION *DE IN REM VERSO*

L'appauvri peut obtenir une indemnisation de la part de l'enrichi.

L'indemnité ne peut dépasser ni le montant de l'enrichissement, ni celui de l'appauvrissement. Elle sera fixée à la moins élevée des deux sommes.

L'appauvrissement s'apprécie au jour où il s'est réalisé[2].

L'enrichissement s'apprécie au jour de la demande en justice.

BIBLIOGRAPHIE

BONNET (G.), « La condition d'absence d'intérêt personnel et de faute chez l'appauvri pour le succès de l'action *de in rem verso* », *in Mélanges Hébraud*, p. 59.

---

1. Civ. 1re, 18 juin 1960, *D.* 1960, Jur. p. 753, note P. Esmein, *JCP* 1961, II, 11994, note F. Goré, *RTD civ.* 1960, p. 513, obs. P. Hébraud.
2. Civ. 3e, 18 mai 1982, *Bull. civ.* III, n° 122.

CHEVALLIER (J.), « Observations sur la répétition des enrichissements non causés », *in Etudes Ripert,* Tome 2, p. 237.

CONTE (Ph.), « Faute de l'appauvri et cause de l'appauvrissement », *RTD civ.* 1987, p. 223.

DEFRENOIS-SOULEAU (I.), « La répétition de l'indu objectif. Pour une application sans erreur de l'article 1376 du Code civil », *RTD civ.* 1989, p. 243.

DELPLANQUE (H.), « Enrichissement sans cause et rapports de famille », *Gaz. Pal.* 1997, n° des 16 et 18 février.

DJOUDI, « La faute de l'appauvri : un pas de plus vers une subjectivisation de l'enrichissement sans cause (à propos de Cass. com. 18 mai 1999, *Crédit du Nord c/TP Trouville –* sur-Mer), D. 2000, Chron. p. 609.

DRAKIDIS (Ph.), « La « subsidiarité », caractère spécifique et international de l'action d'enrichissement sans cause », *RTD civ.* 1961, p. 577.

FLOUR (J.) et AUBERT (J.-L.), « Les effets de l'action *de in rem verso* », *Defrénois* 1983, p. 286.

FURET (M.-F.), « L'enrichissement sans cause dans la jurisprudence administrative », *D.* 1967, Chron. p. 265.

GORÉ (F.), *L'enrichissement aux dépens d'autrui,* Thèse Paris, 1945 ; « Les lois modernes sur les baux et la réparation de l'enrichissement aux dépens d'autrui », *D.* 1949, Chron. p. 69.

LECÈNE-MARÉNAUD (M.), « Le rôle de la faute dans les quasi-contrats », *RTD civ.* 1994, p. 515.

PÉRINET-MARQUET (H.), « Le sort de l'action *de in rem verso* en cas de faute de l'appauvri », *JCP* 1982, I, 3075.

PERRUCHOT-TRIBOULET (V.), « L'indu à trois », *RTD civ.* 2003, p. 427.

ROMANI (A.-M.), « La faute de l'appauvri dans l'enrichissement sans cause et dans la répétition de l'indu », *D.* 1983, Chron. p. 127.

ROUAST (A.), « L'enrichissement sans cause et la jurisprudence civile », *RTD civ.* 1922, p. 23.

SINAY-CYTERMANN (A.), « Enrichissement sans cause et communauté de vie », *D.* 1983, Chron. p. 159.

PARTIE 3

Le régime des obligations

CHAPITRE 22

*L*es modalités de l'obligation

Les obligations de faire, de ne pas faire ou de donner peuvent se présenter sous des formes différentes, sous des modalités diverses. Ces modalités peuvent affecter soit le rapport d'obligation lui-même, c'est-à-dire le lien de droit créancier/débiteur, soit les parties à ce rapport d'obligation créancier/débiteur ou l'objet de ce rapport d'obligation. On parle de pluralité d'objets quand il y a variabilité de l'objet. De ce point de vue, il y a trois sortes d'obligations :

– *obligations conjonctives :* le débiteur est tenu cumulativement de deux ou plusieurs obligations ;

– *obligations alternatives :* l'obligation comporte deux ou plusieurs objets mais le débiteur n'en doit qu'un (art. 1189 et s., C. civ.) ;

– *obligations facultatives :* l'obligation a un objet unique mais le débiteur peut se libérer en fournissant une autre prestation. Si l'objet principal devient impossible à exécuter, le débiteur sera libéré même de la prestation secondaire.

1 • LES MODALITÉS DU RAPPORT D'OBLIGATION LUI-MÊME OU MODALITÉS *STRICTO SENSU*

Les parties peuvent décider que leurs obligations s'éteindront ou prendront effet à l'arrivée d'un certain événement. Ils utilisent alors les mécanismes du terme et de la condition. Il existe deux modalités particulières :

A - Les obligations conditionnelles

La condition est un événement futur et incertain dont dépend l'existence même d'une obligation, c'est-à-dire sa naissance ou son maintien[1]. L'événement doit également être possible et conforme aux bonnes mœurs (art. 1172 C. civ.).

---

1. Civ. 1re, 13 avril 1999, *Bull. civ.* I, n° 131, *D. aff.* 1999, p. 937, obs. J.F., *JCP* 2000, II, 10309, note Barthez, *Defrénois* 1999, p. 1001, obs. D. Mazeaud, *Contrats, conc. consom.* 1999, n° 125, note Leveneur ; Civ. 1re, 13 juillet 2004, *Bull. civ.* I, n° 204, *D. 2005,* Jur. p. 1009, note Bories, *JCP 2004,* II, 10155, concl. Saint-Rose, *Defrénois* 2004, p. 1396, obs. Albert, *Contrats, conc. consom.* 2004, n° 172, note Leveneur, *RTD civ.* 2004, p. 734, obs. Mestre et Fages.

1) La diversité des conditions

a) La classification des conditions en fonction de leurs effets

Condition suspensive *:* les effets du contrat (naissance de l'obligation) dépendent d'un évenement futur et incertain.

Condition résolutoire : les effets du contrat (naissance de l'obligation) se produisent mais disparaissent si la condition se produit.

b) La classification des conditions en fonction de la nature de l'événement

Condition casuelle (art. 1169, C. civ.) : il s'agit de « *celle qui dépend du hasard et qui n'est nullement au pouvoir du créancier ni du débiteur* » ;

Condition potestative (art. 1170, C. civ.) :

– *condition purement potestative :* elle dépend de la volonté pure et simple d'une personne (du créancier ou du débiteur). Elle est valable si elle dépend du seul créancier. L'article 1174 du Code civil prévoit la nullité de l'obligation soumise à une condition purement potestative de la part du débiteur ;

– *condition simplement potestative :* elle dépend de la volonté de l'un des intéressés et d'un événement extérieur. Elle est en principe valable, sauf dans les donations.

Condition mixte : l'événement dépend à la fois de la volonté de l'un des intéressés et de la volonté d'un tiers.

2) Le régime des conditions

a) Avant l'arrivée de la condition

Condition suspensive *:* le contrat existe mais ne produit pas ses effets. Le créancier peut faire des actes conservatoires. Son droit est transmissible entre vifs et peut être cédé à cause de mort.

Condition résolutoire *:* tout se passe comme si le contrat était un contrat pur et simple. Le terme ne doit pas obligatoirement être fixé. Dans ce cas, la condition […] n'est censée défaillir que lorsqu'« *il est devenu certain que l'événement n'arrivera pas* »[1].

---

1. Civ. 3e, 18 décembre 2001, *D.* 2002, Jur. p. 1586, note H. Kenfack.

b) Après l'arrivée de la condition

Condition résolutoire	Condition suspensive
– le contrat est censé n'avoir jamais existé ; – lorsqu'il s'agit d'un contrat translatif de propriété, l'acquéreur sous condition résolutoire doit restituer la chose mais pas les fruits ; – droits des tiers qui ont acquis un droit de l'acquéreur sous condition : le tiers voit son droit anéanti avec les mêmes limites qu'en cas de nullité (*exemple* : maintien des actes d'administration) ; – le contrat est définitivement consolidé en cas de défaillance de la condition.	– le contrat est censé produire ses effets depuis le jour de sa formation ; – lorsqu'il s'agit d'un contrat translatif de propriété, le propriétaire est censé l'être depuis la conclusion du contrat mais il n'a pas droit aux fruits ; – validation rétroactive des actes accomplis par l'acquéreur ; – anéantissement rétroactif des actes accomplis par le cédant (sous réserve des limites qui sont les mêmes qu'en cas de nullité) ; – en cas de défaillance de la condition, les actes accomplis par le créancier sont rétroactivement anéantis.

B - Le terme

Il s'agit d'un événement futur et certain dont dépend l'exigibilité ou la durée de l'obligation.

1) Les différentes sortes de termes

On distingue traditionnellement :

– *terme suspensif* : il suspend l'événement d'une obligation exigible jusqu'à un certain moment ;

– *terme extinctif* : il fixe le moment où une obligation cesse d'être due.

Il y a deux catégories de termes quant à la nature de l'événement :

– *terme incertain* : l'arrivée du terme correspond à un événement dont la date est incertaine ;

– *terme certain* : une date précise est prévue pour le terme.

Il y a plusieurs catégories de termes quant à l'origine de celui-ci :

– *terme conventionnel* : il est prévu par les parties ;

– *terme légal :* il est déterminé par la loi ;

– *terme judiciaire :* il est accordé par un tribunal.

2) Les effets du terme

a) Le mécanisme du terme

• *Avant la survenance du terme*

La créance existe : le débiteur qui a payé n'a pas droit à répétition (art. 1186, C. civ.) ;

La créance n'est pas exigible : le créancier ne peut agir en exécution ; la prescription ne peut commencer à courir (art. 2257, al. 4, C. civ.).

• *Lors de la survenance du terme*

La survenance du terme rend la créance exigible. Le créancier peut agir en exécution forcée après une mise en demeure préalable du débiteur (art. 1139, C. civ.).

b) La disparition du terme

3 modalités :

– *échéance du terme :* c'est la modalité « normale » d'extinction du terme ;

– *renonciation au bénéfice du terme* : seul le bénéficiaire peut renoncer au terme ;

– *déchéance du terme :* il s'agit d'une sanction du bénéficiaire.

Exemple : art. 1188, C. civ. : « *Le débiteur ne peut plus réclamer le bénéfice du terme lorsque par son fait il a diminué les sûretés qu'il avait données par le contrat à son créancier.* »

2 • LES MODALITÉS RELATIVES AUX SUJETS DU RAPPORT D'OBLIGATION : LA PLURALITÉ DE SUJETS

L'obligation peut avoir plusieurs sujets, c'est-à-dire plusieurs créanciers ou plusieurs débiteurs. En principe, quand il y a pluralité de sujets, la créance ou la dette se divise entre les créanciers ou entre les débiteurs. Il s'agit d'obligations conjointes (A). Ce principe de division connaît trois sortes d'exceptions : la solidarité (B), l'obligation *in solidum* (C) et l'indivisibilité (D).

A - L'obligation conjointe

Elle permet la division de l'obligation par parts égales entre les créanciers ou les débiteurs. Les conséquences de l'obligation conjointe sont multiples.

Il s'agit d'une situation de droit commun en cas de pluralité de débiteurs ou de créanciers à défaut de stipulation particulière telle que la solidarité ou l'application d'autres stipulations légales ou judiciaires. En effet, la solidarité active ne peut découler que d'une stipulation expresse (art. 1197, C. civ.). Elle ne peut par conséquent être tacite, n'a pas à être forcément prévue par la loi et n'est donc pas présumée.

Lorsqu'il y a obligation conjointe, plusieurs personnes sont tenues d'une même dette : le créancier peut demander le paiement de sa créance à l'un quelconque de ses débiteurs. Le débiteur ne peut être poursuivi que pour sa part de dette. L'interruption de la prescription ou la chose jugée vis-à-vis de l'un des débiteurs ne s'étend pas aux autres. La mise en demeure d'un débiteur n'a pas d'effet sur ses codébiteurs. L'obligation nulle ou éteinte à l'égard de l'un ne l'est pas à l'égard des autres sauf dans les cas où l'obligation est elle-même en cause.

B - La solidarité

2 sortes de solidarités :

– *solidarité active* (art. 1197 à 1199, C. civ.) : entre les créanciers, elle se manifeste quand il y a plusieurs créanciers pour la même créance et que chacun d'eux a le droit de demander le paiement intégral au débiteur ;

Exemple : comptes bancaires joints ;

– *solidarité passive* (art. 1210 à 1216, C. civ.) : il y a plusieurs débiteurs pour la même dette, qui sont chacun tenus pour la totalité de celle-ci (art. 1200, C. civ.). La solidarité passive est peu répandue.

1) Existence de la solidarité

a) Solidarité passive

La solidarité doit être stipulée dans le contrat qui fait naître la dette ou doit être prévue par la loi : « *La solidarité ne se présume point ; il faut qu'elle soit expressément stipulée. Cette règle ne cesse que dans les cas où la solidarité a lieu de plein droit, en vertu d'une disposition de la loi* » (art. 1202, C. civ.). Celui qui invoque la solidarité doit apporter la preuve de son existence, c'est-à-dire de la stipulation contractuelle ou de la disposition légale qui la prévoit. Il s'agit d'une question de droit sur laquelle la Cour de cassation exerce son contrôle. Par exception, en matière commerciale, une règle coutumière veut que la solidarité se présume entre débiteurs tenus d'une même dette. Elle ne peut être exclue que par une clause expresse du consentement.

Il existe deux sortes de solidarité passive. La **solidarité conventionnelle** est prévue par l'acte juridique, c'est-à-dire le contrat mais il peut s'agir également d'un acte unilatéral tel qu'un testament[1]. Cette volonté doit être claire et explicite mais la jurisprudence n'impose pas la mention des termes « solidarité » ou « solidaire ».

La **solidarité légale** peut avoir plusieurs fondements : la communauté d'intérêt entre les débiteurs, la responsabilité commune des codébiteurs et, plus généralement, l'idée de sanction ou le but de renforcer le crédit.

La solidarité peut également trouver sa source dans les usages. Ainsi, elle se présume en matière commerciale pour les dettes nées d'une même opération juridique.

b) Solidarité active

La solidarité active ne peut trouver sa source que dans une stipulation expresse (art. 1197, C. civ.). Elle est rare en pratique.

2) Effets de la solidarité

L'obligation à la dette (rapports débiteurs/créanciers) doit être distinguée de la contribution à la dette (rapports entre codébiteurs).

---

1. Req., 27 novembre 1905, *DP* 1906, 1, p. 310.

a) Solidarité active

Chacun des créanciers peut demander le paiement intégral de la créance au débiteur (art. 1197, C. civ.). Le débiteur qui a payé à l'un des créanciers est libéré à l'égard de tous (art. 1198, al. 1er C. civ.). Le créancier qui a été payé doit alors rembourser leur part à chacun des autres créanciers. Les actes accomplis par un créancier (mise en demeure, interruption de la prescription…) peuvent profiter aux autres mais en aucun cas leur nuire (art. 1199, C. civ.). La remise faite par l'un des créanciers solidaires ne libère le débiteur que pour la part de ce créancier. Le même principe est applicable lorsqu'une transaction, une novation ou une confusion libératoire a lieu entre le débiteur et l'un seulement des créanciers solidaires (art. 1365, al. 3, C. civ.).

b) Solidarité passive

• Effets principaux

1. L'obligation à la dette

Le créancier peut demander le paiement de la totalité de la dette à l'un quelconque des codébiteurs mais les codébiteurs ne sont pas tous forcément tenus de la même manière (art. 1200, C. civ.) : il y a unité de la dette. Le paiement de la dette libère tous les débiteurs ; le paiement partiel les libère partiellement. Sauf si la dette est indivisible, les héritiers ne sont tenus de la dette que pour leur part et non pour le tout.

Le créancier peut engager une action contre plusieurs débiteurs ou contre un seul d'entre eux sans même mettre en cause ou avertir les autres. Chacun des codébiteurs peut opposer les exceptions communes à tous les débiteurs. Un débiteur peut opposer une action qui lui est personnelle (art. 1208, C. civ.) ainsi que les exceptions relatives à la dette mais il ne peut invoquer un bénéfice de division ou de discussion. Néanmoins, il peut appeler ses codébiteurs en garantie.

2. La contribution à la dette

La dette est divisée entre les codébiteurs au point de vue de la charge définitive : « *L'obligation contractée solidairement envers le créancier se divise de plein droit entre les débiteurs, qui n'en sont tenus envers eux que chacun pour sa part et portion* » (art. 1213, C. civ.). Le débiteur qui a payé le tout peut poursuivre chacun de ses codébiteurs pour sa part (art. 1214, C. civ.).

• Effets secondaires

Chacun des codébiteurs représente les autres vis-à-vis du créancier lorsqu'il y va de leur intérêt. La jurisprudence considère que la chose jugée à l'égard de l'un des codébiteurs est opposable aux autres, de même que la tierce-opposition ou la transaction si elle profite aux autres. Lorsque la prescription est interrompue par le créancier auprès d'un débiteur, elle est également interrompue à l'égard des autres créanciers (art. 1206, C. civ.). Si l'un des débiteurs solidaires est mis en demeure, celle-ci ne vaut pas pour les autres débiteurs (art. 1205, C. civ.). Si une demande d'intérêts a été formée contre l'un des débiteurs solidaires, elle fait courir les intérêts à l'égard de tous (art. 1207, C. civ.).

3) Disparition de la solidarité

La solidarité peut disparaître par le décès de l'un des codébiteurs solidaires : sa part de dettes se divise entre ses cohéritiers. Elle peut également disparaître par la remise de solidarité : elle peut être expresse ou tacite, totale ou partielle.

C. L'obligation *in solidum*

La notion d'obligation *in solidum* a été créée par la doctrine puis reprise par la jurisprudence.

1) Notion d'obligation in solidum

L'obligation *in solidum* permet de mettre à la charge de plusieurs personnes une même dette en l'absence de solidarité. L'exemple le plus courant est celui de l'obligation *in solidum* qui existe entre coauteurs d'un dommage.

2) Effets de l'obligation in solidum

Les effets secondaires de la solidarité ne s'appliquent pas à l'obligation *in solidum* ; seuls les effets principaux peuvent être mis en œuvre. L'obligation *in solidum* et l'obligation solidaire sont proches dans la mesure où elles tendent toutes les deux à protéger la victime. C'est la raison pour laquelle la Cour de cassation ne censure pas l'emploi d'un terme à la place d'un autre.

D. L'indivisibilité

L'obligation indivisible est insusceptible d'être exécutée partiellement. La jurisprudence a parfois utilisé la notion d'indivisibilité pour expliquer les liens qui peuvent unir certains contrats qui faisaient partie d'un ensemble contractuel[1]. Les tribunaux fondent leur décision directement sur l'indivisibilité ou associent cette notion à différentes théories telles que l'accession, la condition ou la cause. Parfois, il leur arrive de renoncer totalement à la notion d'indivisibilité au profit de l'une de ces théories considérée comme suffisante.

La notion d'indivisibilité est floue et complexe[2]. Les manifestations de l'indivisibilité en droit civil sont nombreuses : elle s'applique à l'aveu, au paiement, à l'état des personnes, au patrimoine, etc. Si le domaine de l'indivisibilité est varié, il connaît ses principales applications en matière d'obligations. C'est la jurisprudence qui a transposé l'application de l'indivisibilité aux contrats.

L'extension est double : d'une part, l'indivisibilité touche désormais les contrats alors qu'elle n'intéressait que les obligations ; d'autre part, initialement, l'obligation était

---

1. Com., 4 avril 1995, *D.* 1996, Jur. p. 141, note S. Piquet. Pour un exemple de reconnaissance de l'existence d'un « ensemble contractuel » excluant la notion d'invisibilité, *cf.* Civ. 3e,13 novembre 2003, *D.* 2004, Jur. p. 657, note I. Najjar.

2. J. Boulanger, « Usages et abus de la notion d'indivisibilité dans les actes juridiques », *RTD civ.* 1950, p. 1 ; J. Moury, « De l'indivisibilité entre les obligations et entre les contrats », *RTD civ.* 1994, p. 255.

considérée comme divisible ou indivisible du point de vue de son exécution ; elle atteint désormais le domaine de la formation du contrat.

L'objectif avoué de cette extension est que la nullité qui affecte l'une des conventions de l'ensemble contractuel contamine les autres contrats. Le même principe vaut pour la résiliation ou la résolution. Cette initiative n'est pas incontestable.

L'utilisation de l'indivisibilité n'est pas neutre du point de vue du principe de l'effet relatif des contrats, prévu à l'article 1165 du Code civil : l'anéantissement d'un contrat ne devrait pas avoir de conséquences pour le cocontractant à un autre contrat, qui subit pourtant également les effets de la nullité qui s'étend au contrat dont il est le signataire. Dès lors, l'atteinte à ce principe fondamental du droit des obligations ne peut se justifier qu'en présence d'ensembles de contrats qui répondent à des conditions précises pour pouvoir être qualifiés d'indivisibles.

L'indivisibilité ne se présume pas, elle doit être prouvée. Les hypothèses d'indivisibilité légalement prévue sont peu nombreuses. Traditionnellement, on distingue indivisibilité objective et indivisibilité subjective.

Ce qui apparaît plus important pour déterminer l'existence de l'indivisibilité, c'est la volonté des parties, c'est-à-dire l'*indivisibilité subjective.* Il s'agit d'appliquer ici le principe de l'autonomie de la volonté. Cette indivisibilité subjective, c'est-à-dire liée à la volonté des parties, peut découler de stipulations contractuelles mais peut également être tacite. Il s'agit pour le juge d'apprécier si les parties ont voulu une opération juridique globale.

BIBLIOGRAPHIE

Boré (J.), « Le recours entre co-obligés *in solidum* », *JCP* 1967, I, 2126 ; « La causalité partielle en noir et blanc ou les deux visages de l'obligation *in solidum* », *JCP* 1971, I, 2369.

Chabas (F.), « Remarques sur l'obligation *in solidum* », *RTD civ.* 1967, p. 310.

Derouin (Ph.), « Pour une analyse "fonctionnelle" de la condition », *RTD civ.* 1978, p. 1.

Derrida (F.), « De la solidarité commerciale », *RTD com.* 1953, p. 329.

Duchon, *De l'idée de représentation dans la solidarité,* Thèse Paris, 1907.

Gebler (M.-J.), « Les obligations alternatives », *RTD civ.* 1969, p. 1.

Ghestin (J.), « La notion de condition potestative au sens de l'article 1174 du Code civil », *in Mélanges Weill,* p. 243.

Goubeaux (G.), « Remarques sur la condition suspensive stipulée dans l'intérêt exclusif de l'une des parties », *Defrénois* 1979, 1, p. 753, art. 31987.

Kenfack (H.), « La défaillance de la condition suspensive », *Defrénois* 1997, p. 813.

Meurisse, « Le déclin de l'obligation *in solidum* », *D.* 1962, Chron. p. 242.

Partin (D.-R.), « L'engagement de codébiteur solidaire adjoint », *RTD civ.* 1994, p. 49.

Raynaud (P.), « La nature de l'obligation des coauteurs d'un dommage. Obligation *in solidum* ou solidarité », *in Mélanges Vincent,* p. 317.

Taisne (J.-J.), *La notion de condition dans les actes juridiques,* Thèse Lille, 1977 .

Valory (S.), *La potestativité dans les relations contractuelles,* Presses universitaires d'Aix-Marseille, 2001.

Viencent (J.), « L'extension en jurisprudence de la notion de solidarité passive », *RTD civ.* 1939, p. 601.

CHAPITRE 23

*L*a cession du rapport d'obligation

Plusieurs formes de cessions du rapport d'obligation sont possibles : cession de créance (1), cession de dette (2) ou cession de contrat (3).

1 • LA CESSION DE CRÉANCE

Il s'agit de la convention par laquelle le créancier (= cédant) transfère sa créance contre le débiteur (= cédé) à un contractant (= cessionnaire).

Ce mécanisme permet au cédant d'obtenir des liquidités avant l'échéance, de ne pas avoir à supporter les problèmes qui peuvent naître de l'exécution, etc. Elle peut simplifier certaines opérations juridiques, par exemple lorsqu'une personne est à la fois créancière et débitrice d'une autre.

Il y a plusieurs types de cessions de créances, détaillées dans le tableau ci-après.

	Conditions	Effets
Cession de droit commun	*Entre les parties* • conditions de droit commun de validité des contrats, contrat consensuel ; • créances susceptibles d'être cédées : toute créance (il s'agit généralement d'une créance de somme d'argent) sauf les créances futures, les pensions alimentaires, les contributions aux charges du mariage, les pensions civiles et militaires et une partie des rémunérations du travail (au-delà d'une somme fixée par la loi). *Vis-à-vis des tiers* • publicité : obligation d'informer le débiteur cédé (art. 1690, C. civ.) : signification par exploit d'huissier ou « acceptation » du débiteur de la cession dans l'acte authentique qui la relate ; – il existe de nombreux aménagements apportés à ce principe ; – portée de la publicité : ■ vis-à-vis du débiteur cédé : le débiteur peut s'acquitter de sa dette auprès du cédant tant que les formalités de publicité ne sont pas accomplies ; ■ vis-à-vis des autres cessionnaires : si la créance a été cédée plusieurs fois, c'est celui au profit duquel la formalité a été faite en premier qui est cessionnaire et non pas celui à qui la créance a été cédée le premier ; ■ vis-à-vis des créanciers chirographaires : tant que les formalités de l'article 1690 n'ont pas été accomplies, les créanciers chirographaires peuvent considérer que la créance est toujours dans le patrimoine du débiteur et peut être poursuivie.	– transfert de la créance et de ses accessoires pour son montant nominal, même si le prix payé est différent ; – le cédé peut opposer au cessionnaire les exceptions qu'il pouvait opposer au cédant ; – le cédant est tenu de l'existence de la créance (art. 1693, C. civ.) et des sûretés qui lui sont attachées mais pas de la solvabilité du débiteur. Les parties peuvent modifier l'étendue de cette garantie dans leur convention.
Cession de titres négociables	Transmission de créances constatées par des titres négociables (titres au porteur, nominatifs ou à ordre).	– inopposabilité des exceptions : le cessionnaire de bonne foi ne peut se voir opposer les exceptions que le débiteur pouvait opposer au cédant ; – la garantie du cédant est souvent plus forte qu'en droit commun.

→

(suite)

	Conditions	Effets
Cession de créances professionnelles **(loi Dailly du 2 janvier 1981)**	– permet à une entreprise de céder à sa banque ses créances sur ses clients pour obtenir ou garantir un crédit ; – pas de notification ou d'acceptation du débiteur cédé.	– transfert de plein droit des créances entre les parties ; – le débiteur ne peut opposer à la banque les exceptions fondées sur un rapport personnel avec le cédant ; – le cédant est garant solidaire des créanciers cédés à l'établissement de crédit.

2 • LA CESSION DE DETTE

Principe d'incessibilité des dettes : elle n'est possible qu'avec l'accord du créancier.

On distingue :

– *la cession imparfaite* : le créancier a toujours la possibilité de recourir contre le débiteur initial, c'est-à-dire contre le cédant. Il s'agit d'hypothèses prévues par le législateur ;

Exemple : art. 1743, C. civ. : l'acquéreur d'un immeuble doit continuer le bail conclu par son auteur ;

– *la cession parfaite :* elle ne peut être que conventionnelle. La dette est transférée au cessionnaire avec tous ses accessoires.

3 • LA CESSION DE CONTRAT

Il s'agit de céder à la fois les dettes et les créances qui découlent d'un contrat.

A - Les hypothèses

La cession de contrat est fréquemment utilisée en pratique. L'exemple le plus connu de cession de contrat est, lors de la cession d'une entreprise ou d'une exploitation, l'obligation pour le cessionnaire de respecter les contrats de travail en cours (art. L. 122-12, C. trav.).

Il existe également des cessions conventionnelles. Néanmoins, la cession de contrat est en principe exclue pour les contrats conclus *intuitu personae* ou pour les contrats qui produisent leurs effets en un seul instant. La cession de contrat est aujourd'hui acceptée dans les autres hypothèses. Elle tend également de plus en plus à être acceptée par la jurisprudence en matière de contrat conclu *intuitu personae*. L'acceptation par la doctrine de la cession de contrat a été difficile dans la mesure où elle suppose la cession à la fois des créances et des dettes. Or, la cession de ces dernières est en principe prohibée. Il s'agit en réalité plutôt de la cession de la qualité de cocontractant[1].

---

1. Aynès (L.), *La cession de contrat*, Economica, 1984, n°s 84 et s.

B - Le régime

Le cessionnaire est tenu du contrat transmis envers le cédé pour la période postérieure au contrat.

Depuis quelques années, la jurisprudence a fait considérablement évoluer le régime juridique de la cession de contrat. La cession de contrat est subordonnée au consentement du cocontractant cédé[1]. Dans l'hypothèse où le cédé a donné son consentement préalablement dans une stipulation du contrat cédé, il n'aura pas à être informé de la cession effectivement réalisée[2]. La doctrine est divisée sur le point de savoir si le cessionnaire est libéré de ses obligations envers le cédé pour l'avenir ; la jurisprudence l'a accepté pour le contrat de crédit-bail[3] mais elle l'a refusé dans d'autres cas, considérant que « *la seule acceptation par le créancier de la substitution d'un nouveau débiteur au premier, même si elle n'est assortie d'aucune réserve, n'implique pas, en l'absence de déclaration expresse, qu'il ait entendu décharger le débiteur originaire de sa dette[4]* »

4 • LA DÉLÉGATION

Elle consiste à ce qu'une personne, le délégant, demande à une autre personne, le délégué, de payer à une troisième, le délégataire, une dette en son nom.

	Conditions	Effets
Délégation imparfaite (droit commun)	– engagement du délégué sans forme particulière ; – acceptation du délégataire.	– création d'une obligation nouvelle entre délégué et délégataire : ■ le délégué ne peut opposer au délégataire des exceptions tirées de ses rapports avec le délégant sauf si le délégataire est de mauvaise foi ou en cas de stipulation contraire des parties ; ■ le délégué ne peut invoquer les rapports délégant/délégataire sauf lorsqu'il s'engage expressément à payer ce que doit le délégant ; – absence de disparition de l'obligation existant entre le délégué et le délégant : le délégataire conserve toutes les sûretés et actions liées à sa créance et ne peut opposer au délégataire les exceptions liées à ses rapports avec le délégué ou découlant du rapport délégué/délégataire.
Délégation parfaite	– ce sont les mêmes que pour la délégation imparfaite mais en plus, il faut une manifestation expresse du délégataire libérant le délégant de son obligation (art. 1275 C. civ.).	– création d'une nouvelle obligation : les conséquences sont les mêmes que pour la délégation imparfaite ; – extinction de l'engagement du délégant envers le délégataire.

---

1. Com., 6 mai 1997, *D.* 1997, Jur. p. 588, note Jamin et Billiau, *Defrénois* 1998, p. 977, obs. Mazeaud.
2. Com., 6 mai 1997, préc.
3. Com., 21 novembre 1995, *Bull. civ.* IV, n° 267, *D.* 1996, somm. p. 336, obs. L. Aynès.
4. Civ. 3ᵉ, 12 décembre 2001, *Bull. civ.* III, n° 153, p. 120, *D.* 2002, Jur. p. 984, note Billiau et Jamin.

BIBLIOGRAPHIE

AYNÈS (L.), « Cession de contrat : nouvelles précisions sur le rôle du cédé », *D.* 1998, Chron. p. 25.

AYNÈS (L.), *La cession de contrat et les opérations juridiques à trois personnes*, Economica 1984.

BECQUÉ, *La cession de contrats*, Travaux de l'Institut de droit comparé de Paris, 1959.

BILLIAU (M.), « *Cession de contrat ou délégation de contrat ? Étude de régime juridique de la préten-due « cession conventionnelle de contrat »*, JCP 1994, I, 3758 ; « *Cession de contrat et consentement du cédé* », *D.* 1995, Chron. p. 1 ; *La délégation de créance. Essai d'une théorie juridique de la délé-gation en droit des obligations,* LGDJ, 1989.

DAURIAC (J.), « Le sort de la créance du délégant envers le délégué au cours de la délégation : à pro-pos d'un arrêt de la Chambre commerciale de la Cour de cassation en date du 16 avril 1996 », *Defrénois* 1997, p. 1169.

DUMAS (J.-P.), « La jurisprudence met-elle en péril la "loi Dailly" ? », *D. aff.* 1996, p. 251.

FABIANI (D.), *La cession judiciaire des contrats,* Paris, 1989.

FREYRIA (Ch.), « Réflexions sur la garantie conventionnelle dans les actes de cession de droits sociaux », *JCP* 1992, I, 3600.

GODON (L.), « La distinction entre délégation de paiement et indication de paiement », *Defrénois* 2000, 1, p. 193, art. 37103.

GRUA (F.), « À propos des cessions de créances par transmission d'effets », *D.* 1986, Chron. p. 261.

HOCQUET-DE LAJARTRE (A.-S.), « La protection des droits du débiteur cédé dans la cession Daillly », *RTD com.* 1996, p. 211.

IZORCHE (M.-L.), « Information et cession de contrat », *D.* 1996, Chron. p. 347.

JAMIN (C.), BILLIAU (M.), « Cession conventionnelle du contrat : la portée du consentement du cédé », *D.* 1998, Chron. p. 145.

LE MAIGAT (P.), « La protection du débiteur cédé face au caractère occulte de la « cession Dailly » », *RD bancaire et fin.* 2002, p. 92.

JEULAND (E.), « Proposition de distinction entre la cession de contrat et la substitution de personnes », *D.* 1998, Chron. p. 356.

LACHIÈZE (Ch.), « Proposition de distinction entre la cession de contrat et la substitution de per-sonnes », *D.* 2000, Chron. p. 184.

MALAURIE (Ph.), « La cession de contrat », *Defrénois* 1976, I, p. 1009, art. 31194.

MARTIN (D.-R.), « Du changement de contractant », *D.* 2001, Chron. p. 3144.

SIMLER (Ph.), « La délégation du maître de l'ouvrage prévue par la loi du 31 décembre 1975 relative à la sous-traitance », *RDI* 1996, p. 149.

VASSEUR (M.), « L'application de la loi Dailly. Escompte ? Cession de créance en propriété à titre de garantie ? Ou bien l'un ou l'autre suivant les cas ? », *D.* 1982, Chron. p. 273.

CHAPITRE 24

*L'*extinction des obligations

Le paiement est la manière la plus courante d'éteindre une obligation (1). L'extinction peut également découler de la remise de dette, de la dation en paiement, de la compensation, de la confusion, de la novation ou de la prescription extinctive (2).

1 • LE PAIEMENT

A - Le paiement volontaire

1) Les parties concernées

a) Le solvens

C'est celui qui paie, c'est-à-dire le débiteur même ou son représentant ou toute personne qui a intérêt à l'acquittement de la dette (mandataire, codébiteur, caution...). Le créancier ne peut refuser le paiement fait par un tiers que lorsqu'il s'agit d'une obligation de faire conclue *intuitu personae*.

Deux conditions pour que le paiement soit valable :

– le *solvens* doit « *être propriétaire de la chose donnée en paiement* » (art. 1238, al. 1er, C. civ.) ;

– le *solvens* doit être capable (art. 1238, al. 1er, C. civ.).

b) L'accipiens

C'est celui qui reçoit le paiement. Il peut s'agir du créancier lui-même ou de son représentant à condition que celui-ci ait reçu le pouvoir d'encaisser ce paiement légalement, judiciairement ou conventionnellement.

2) L'objet du paiement

a) Le principe

Art. 1243, C. civ. : « *Le créancier ne peut être contraint de recevoir une autre chose que celle qui lui est due, quoique la valeur de la chose offerte soit égale ou même plus grande* » :

– *s'il s'agit d'une chose de genre :* le débiteur doit fournir la chose prévue dans la quantité et la qualité prévues. Si la qualité n'est pas prévue, il s'agit d'une qualité moyenne ;

– *s'il s'agit d'un corps certain :* « *le débiteur d'un corps certain et déterminé est libéré par la remise de la chose en l'état où elle se trouve lors de la livraison, pourvu que les détériorations qui y sont survenues ne viennent point de son fait ou de sa faute, ni de celle des personnes dont il est responsable, ou qu'avant ces détériorations, il ne fût pas en demeure* ». L'acquéreur supporte les risques de la chose ;

Art. 1244, C. civ. : « *Le débiteur ne peut forcer le créancier à recevoir en partie le paiement d'une dette, même divisible* » : le créancier est libre de refuser un paiement partiel.

b) Les règles spécifiques au paiement d'une somme d'argent

– le principe est celui du paiement en espèces en monnaie fiduciaire ;

– le paiement par chèque est également possible et même obligatoire dans certains cas (*exemple* : achat de biens et services pour une somme supérieure à 750 €) ;

– le paiement par carte est également possible ;

– principe du nominalisme monétaire (déduit de l'article 1895 du Code civil, *cf.* Chapitre 11).

3) Les circonstances du paiement

a) La date du paiement

• Principe

Le paiement a lieu au terme fixé par les parties.

• Exceptions

– délai de grâce judiciaire (art. 1244-1, al. 2, C. civ.) ;

– moratoire : mesure collective destinée à suspendre les poursuites ou voies d'exécution contre une certaine catégorie de débiteurs dans certains cas (mesure législative ou réglementaire) ;

– paiement immédiat s'il n'y a pas de terme fixé.

b) Le lieu du paiement

• Principe

Le paiement est fait au lieu du domicile du débiteur (art. 1247, al. 3, C. civ.).

• Exceptions

– les parties peuvent convenir d'un autre lieu ;
– certaines exceptions sont prévues par le législateur.

Exemple : dettes d'aliments : paiement au domicile ou à la résidence du créancier (art. 1247, al. 2, C. civ.).

4) La preuve du paiement

a) Charge de la preuve

Le principe est posé à l'article 1315 du Code civil : « *Celui qui réclame l'exécution d'une obligation doit la prouver* » : la charge de la preuve du paiement pèse sur le débiteur. « *Réciproquement, celui qui se prétend libéré, doit justifier le paiement ou le fait qui a produit l'extinction de son obligation.* »

b) Modes de preuve

Lorsque le paiement constitue un acte juridique : la preuve se fait par écrit lorsqu'il porte sur une somme excédant 750 € (art. 1341, C. civ.). Le reçu et la quittance sont les procédés traditionnellement utilisés.

Lorsque le paiement constitue un fait juridique : la preuve peut se faire par tout moyen.

5) Les effets du paiement

a) Effets du paiement ordinaire

Libération du débiteur et extinction de la dette.

Problème de l'imputation des paiements : sur quelle dette s'impute le paiement lorsque le débiteur est tenu de plusieurs dettes envers le créancier ?

– *principe :* le débiteur choisit sur quelle dette s'impute le paiement (art. 1253, C. civ.) ;
– *atténuations :*
■ les paiements partiels étant interdits, la dette la plus faible est éteinte lorsque le paiement est égal au montant de la plus faible des dettes ;
■ le paiement s'impute d'abord sur les intérêts, puis sur le capital (art. 1254, C. civ.) ;
■ lorsque ni le débiteur, ni le créancier n'ont fait de choix, l'imputation se fait d'abord sur les dettes échues (par rapport aux dettes non échues) ; si les dettes sont toutes échues ou toutes non échues, l'imputation se fait sur la dette que le débiteur avait le plus d'intérêt à régler ; enfin, si l'intérêt n'est pas possible à déterminer, l'imputation se fait sur la dette la plus ancienne ou sur les plus anciennes proportionnellement si elles sont d'anciennetés égales.

b) Effets du paiement avec subrogation

La subrogation a pour effet de substituer une personne à une autre pour le paiement de la dette.

• *Sources de la subrogation*

Subrogation conventionnelle	Subrogation légale
• *Subrogation consentie par le créancier :* accord entre le *solvens* et le créancier. 3 conditions : – la subrogation doit être expresse ; – la subrogation doit se faire en même temps que le paiement (il existe des atténuations à ce principe) ; – le paiement doit être le fait d'un tiers (art. 1250-1°, C. civ.). Ce mécanisme est utilisé par les professionnels sous le nom d'affacturage. • *Subrogation consentie par le débiteur :* – la forme notariée est imposée à la fois pour constater l'emprunt fait au tiers et pour la quittance délivrée par l'auteur créancier ; – déclaration expresse dans ces actes, de l'origine et de la destination des fonds.	• *L'article 1251 du Code civil prévoit 4 cas de subrogation de plein droit :* 1°. Au profit de celui qui, étant lui-même créancier, paye un autre créancier qui lui est préférable à raison de ses privilèges ou hypothèques ; 2°. Au profit de l'acquéreur d'un immeuble, qui emploie le prix de son acquisition au paiement des créanciers auxquels cet héritage était hypothéqué ; 3°. Au profit de celui qui, étant tenu avec d'autres ou pour d'autres au paiement de la dette, avait intérêt de l'acquitter ; 4°. Au profit de l'héritier bénéficiaire qui a payé de ses deniers les dettes de la succession. • *Autres textes :* – art. L. 121-12 C. assur. : l'assureur subrogé dans les droits de l'assuré d'un dommage à sa personne contre le responsable ; – art. 29 de la loi du 5 juillet 1985 : la sécurité sociale et le fonds de garantie de l'État sont subrogés dans les droits de la victime d'un accident de la circulation ayant subi un préjudice corporel qu'elles ont indemnisé.

• *Effets de la subrogation*

La créance est transmise au subrogé avec ses accessoires et les actions qui lui sont attachées.

B - Le paiement forcé

1) Les rapports entre créancier et débiteur

Le créancier peut agir contre son débiteur pour obtenir le paiement. Il ne peut agir sur la personne de son débiteur ; il doit par conséquent agir sur son patrimoine.

a) Les conditions de l'action du créancier contre le débiteur

• *Nécessité d'une mise en demeure préalable*

Il s'agit d'un acte par lequel le créancier demande solennellement au débiteur de s'exécuter.

La mise en demeure est nécessaire sauf dans certains cas :

– les parties peuvent en convenir autrement ;

– la mise en demeure est inutile pour les obligations de ne pas faire (art. 1145, C. civ.) ;

– elle ne présente pas d'intérêt pour les obligations de faire ou de donner qui peuvent n'être exécutées que dans un temps déterminé (art. 1146, C. civ.) ;

– pour certains auteurs, elle doit être exclue pour les obligations continues ;

– elle est inutile lorsque l'exécution de l'obligation est devenue impossible par le fait du débiteur ;

– la loi dispense certains créanciers de la mise en demeure (*exemples :* art. 1302, al. 4, 1378, 2001, 474 al. 1er, 1440, 1473, C. civ.).

L'article 1139 du Code civil organise les formes de la mise en demeure : elle peut se faire « *par une sommation ou un autre acte équivalent* », « *telle une lettre missive lorsqu'il ressort de ses termes une interpellation suffisante* » (art. 84 de la loi du 9 juillet 1991).

Les effets de la mise en demeure sont différents selon le type d'obligation :

– *obligation de livrer une chose :* transfert des risques (art. 1138, al. 2, C. civ.) ;

– *obligation de payer une somme d'argent :* la mise en demeure marque le point de départ du cours des intérêts moratoires (art. 1153, C. civ.).

• *Nécessité d'obtenir un titre exécutoire*

La possibilité d'entreprendre une mesure exécutoire ne peut être envisagée sans que le créancier ne dispose d'un titre exécutoire qui lui permettra, le cas échéant, de recourir à la force publique. La formule exécutoire peut être apposée sur les actes délivrés par les officiers publics. Les arrêts et jugements sont de plein droit exécutoires. La loi du 9 juillet 1991 a établi une liste limitative de ces titres exécutoires (art. 3) : actes notariés revêtus de la formule exécutoire, décisions des juridictions de l'ordre judiciaire ou administratif lorsqu'elles ont force exécutoire, extraits de procès-verbal de conciliation signés par le juge et les parties…

b) Les modalités de l'action du créancier contre le débiteur

• *Droit de gage général*

Tous les biens du débiteur garantissent toutes ses dettes :

– art. 2092, C. civ. : « *Quiconque s'est obligé personnellement, est tenu de remplir son engagement sur tous ses biens mobiliers et immobiliers, présents et à venir* » ;

– art. 2093, C. civ. : « *Les biens du débiteur sont le gage commun de ses créanciers* ».

Le droit de gage général n'est qu'une garantie qui donnera lieu à une saisie :

– il donne à son titulaire un droit personnel et non pas un droit réel ;

– il ne lui confère ni droit de préférence, ni droit de suite ;

– la saisie est exclue pour certains biens : créances à caractère alimentaire, biens mobiliers nécessaires à la vie et au travail du saisi et de sa famille, objets indispensables aux personnes handicapées ou destinés aux soins des malades, une fraction des salaires (art. L. 141-1 et R. 145-1 et s., C. trav.), biens rendus inaliénables par la volonté de l'auteur d'une libéralité…

• *Mesures conservatoires*

Article premier, alinéa deuxième de la loi du 9 juillet 1991 : « *Tout créancier peut pratiquer une mesure conservatoire pour assurer la sauvegarde de ses droits.* »

Conditions	Mesures
– créance fondée en son principe ; – autorisation judiciaire indispensable ; – nécessité d'exécuter la mesure conserva toire dans les 3 mois à compter de l'ordre et une procédure sur le fond pour obtenir un titre exécutoire.	Elles ont un caractère provisoire. Elles peuvent prendre deux formes : – saisie conservatoire générale (art. 74 de la loi du 9 juillet 1991) ; – sûretés judiciaires.

• *Mesures d'exécution*

On distingue :

– *l'exécution forcée directe*
■ obligation de payer une somme d'argent : saisie et vente forcée des biens du débiteur (saisie-vente de biens meubles corporels, saisie immobilière…) ;
■ obligations autres que de sommes d'argent : « *Toute obligation de faire ou de ne pas faire se résout en dommages et intérêts, en cas d'inexécution de la part du débiteur* » (art. 1142, C. civ.) ;

– *l'exécution forcée indirecte :* l'astreinte consiste à condamner le débiteur à payer une somme d'argent par jour/semaine/mois de retard dans l'exécution de l'obligation.

Lorsque l'exécution en nature est impossible ou n'est pas souhaitée par le créancier, elle sera remplacée par une exécution par équivalent, c'est-à-dire par des dommages-intérêts compensatoires (= qui compensent l'inexécution) ou moratoires (= qui compensent le préjudice qui résulte du retard dans l'exécution).

Dans certains cas, ce n'est pas le créancier le plus diligent qui obtient son paiement le premier ; il existe des cas dans lesquels un ordre est institué par une procédure générale de règlement collectif du paiement (= procédures collectives) :

– *défaillance d'un débiteur commerçant :* loi du 1er mars 1984 relative à la prévention et au règlement amiable des difficultés des entreprises et loi du 25 janvier 1985 relative au redressement et à la liquidation judiciaire des entreprises ;

– *surendettement des ménages* : loi « Neiertz » du 31 décembre 1989 relative à la prévention et au règlement des difficultés liées au surendettement des particuliers et des familles.

2) Les rapports entre le créancier et les tiers

Pour obtenir le paiement, le créancier a parfois la possibilité d'agir contre des tiers.

a) Mesures de conservation et d'exécution

Il s'agit pour le créancier d'agir contre le débiteur de son débiteur.

• Mesures conservatoires

Conditions : ce sont les mêmes que lorsque le créancier agit directement contre son débiteur.

Modalités : il s'agit d'immobiliser des sommes entre les mains du débiteur du débiteur.

• Mesures d'exécution

Conditions : liquidité et exigibilité de la créance, titre exécutoire.

Modalités : le créancier peut « *saisir entre les mains d'un tiers les créances de son débiteur portant sur une somme d'argent* » (art. 42 de la loi du 9 juillet 1991 = saisie-attribution) ;

Exemple : saisie des rémunérations du débiteur dues par son employeur.

b) L'action oblique

Il s'agit également d'un moyen pour le créancier d'agir contre le débiteur de son débiteur. L'action appartient au débiteur mais est exercée en son nom par le créancier, contre le débiteur du premier.

Conditions	Effets
– la créance doit être exigible et liquide, c'est-à-dire déterminée dans son montant ; – le débiteur doit avoir refusé ou négligé d'agir (= créancier négligent ou insolvable) : l'action oblique doit être indispensable à la sauvegarde du droit du créancier ; – le créancier peut exercer les « droits et actions » du débiteur : il s'agit plutôt des seules actions et encore, pas toutes, car l'article 1166 du Code civil exclut « *celles qui sont exclusivement attachées à sa personne* ». Sont également exclues les actions relatives à des intérêts moraux (*exemple :* révocation de donation) ; – le créancier ne doit pas avoir nécessairement un titre exécutoire (l'action oblique est une mesure conservatoire).	– le débiteur du débiteur peut opposer au créancier toutes les exceptions qu'il aurait pu opposer au débiteur lui-même ; – le créancier ne peut faire valoir des droits qui lui sont propres ; – le jugement n'a pas autorité de la chose jugée vis-à-vis du débiteur. Par conséquent, il est souvent mis en cause par le créancier ; – le patrimoine du débiteur s'accroît au profit de tous les créanciers : le créancier qui exerce l'action oblique n'a pas de droit de préférence sur les valeurs recouvrées.

c) L'action paulienne

Elle permet au créancier d'attaquer en son nom personnel les actes faits par son débiteur en fraude de ses droits (art. 1167, al. 1er, C. civ.).

Conditions	Effets
• *Quant à l'acte attaqué* Il s'agit de tout acte accompli par le débiteur à l'exception : – des paiements ; – des actes liés à la personne ; – du partage ; – des actes passés par un commerçant contre lequel a été prononcé un jugement de redressement ou de liquidation judiciaire. • *Quant à l'appauvrissement* – l'acte d'appauvrissement est celui qui fait sortir un bien du patrimoine du débiteur sans contrepartie. La jurisprudence a ajouté le remplacement d'un bien par un autre d'une valeur équivalente mais plus difficile à saisir. Elle a exclu le refus de s'enrichir ; – le débiteur doit être insolvable ; – la fraude du débiteur : il s'agit de l'intention de nuire ou de la connaissance qu'a le débiteur de nuire au créancier. Le créancier peut prouver la fraude par tout moyen. Les juges du fond sont souverains pour apprécier l'existence de la fraude. • *Quant aux droits du créancier* Le créancier ou son représentant peuvent exercer l'action dès lors que la créance est antérieure à l'acte incriminé, même si celle-ci n'existe que dans son principe ou si celui qui a organisé la fraude avait pour intention de porter préjudice à un futur créancier.	• *Rapports créancier/tiers* – actes à titre onéreux : il est inopposable au créancier s'il prouve que le tiers est de mauvaise foi ; – actes à titre gratuit : l'acte est inopposable au créancier même si le tiers est de bonne foi. L'inopposabilité est rétroactive. Le tiers de bonne foi ne restitue pas les fruits perçus. • *Rapports créancier demandeur/autres créanciers* L'acte reste opposable aux autres créanciers, seul le créancier qui a engagé l'action en bénéficie. • *Rapports débiteur/tiers* L'acte reste valable entre eux.

d) Les actions directes

Il s'agit d'actions exercées par le créancier en son nom personnel contre le débiteur de son débiteur.

• Conditions

Elles tiennent au domaine de l'action directe : « *Pas de privilège sans texte.* » L'action directe n'existe que si le législateur l'a prévue[1].

Quelques-unes sont énumérées ci-après (liste non exhaustive).

---

1. La jurisprudence a néanmoins retenu l'action directe dans certaines hypothèses de groupes de contrats : *cf.* Chapitre 11.

Textes	Créancier c./ débiteur du débiteur	Nature de la créance
Art. 1753, C. civ.	Bailleur c./ sous-locataire	
Art. 1798, C. civ.	Maçons, charpentiers et autres ouvriers d'un entrepreneur c./ maître de l'ouvrage	
Art. 1994, al. 2, C. civ.	Mandant c./ sous-mandataire	Pour l'accomplissement de sa mission
+ jurisprudence	Sous– mandataire c./ mandant	Pour la rémunération et le remboursement des avances et frais
Art. L. 124-3, C. assur.	Victime c./ assureur du responsable	
Art. 12 et s. de la loi du 31/12/1975	Sous-traitant c./ maître de l'ouvrage	
Art. 1er de la loi du 2/01/1973	Créancier d'aliments c./ le débiteur de son débiteur	
Art. 1921 et 1922, CGI	Trésor c./ tout débiteur d'un contribuable	

• *Effets*

L'action directe permet au créancier d'obtenir du débiteur de son débiteur un paiement direct. L'action directe a pour conséquence d'immobiliser la créance : le débiteur du débiteur ne peut se libérer de sa dette qu'entre les mains du demandeur. L'action directe permet au créancier demandeur de se payer sur la créance alors que les autres créanciers ne le peuvent pas : le concours des autres créanciers est évité.

2 • LES AUTRES MODES D'EXTINCTION DES OBLIGATIONS

Mode d'extinction	Définition	Conditions	Effets
Remise de dette	Convention par laquelle le créancier accepte de libérer totalement ou partiellement le débiteur de sa dette. La remise de dette s'analyse comme un contrat à titre gratuit, comme une donation indirecte. Elle obéit au droit commun des contrats.	• *Conditions de fond* Application des règles relatives à la donation ainsi que des conditions générales de validité des contrats. • *Conditions de forme* Pas de condition de forme particulière exigée. • *Preuve de la remise de dette* Application du droit commun de la preuve, c'est-à-dire qu'elle doit être prouvée par écrit.	– extinction de l'obligation et des sûretés qui l'accompagnaient – pluralité de co-débiteurs : •dettes solidaires : la remise de dette au profit de l'un d'eux libère les autres • dettes conjointes (= cautions) : « *La remise ou décharge conventionnelle accordée au débiteur principal libère les cautions ; celle accordée à la caution ne libère pas le débiteur principal ; celle accordée à l'une des cautions ne libère pas les autres* » (art. 1287, C. civ.).

→

(suite)

Mode d'extinction	Définition	Conditions	Effets
Dation en paiement	Le débiteur remet au créancier, à titre de paiement, une chose qui n'est pas celle qui faisait l'objet de l'obligation.	Les mêmes que le paiement.	Les mêmes que le paiement : extinction de la dette et de ses accessoires tels que le cautionnement ou l'hypothèque.
Compensation	Extinction de deux dettes réciproques jusqu'à concurrence de la plus faible. On distingue : – la compensation légale ;	– réciprocité des obligations ; – obligations fongibles (= de même espèce) ; – créances exigibles. Exclusions : créances de restitution d'une chose dont le propriétaire a été injustement dépouillé (art. 1293-1°, C. civ.), d'un dépôt ou d'un prêt à usage (art. 1293-2°, C. civ.), créances alimentaires ou insaisissables (art. 1293-3°, C. civ.), créances de salaire…	– extinction réciproque des dettes jusqu'à concurrence de la plus faible ; – effet automatique « *de plein droit par la seule force de la loi, même à l'insu des débiteurs* » (art. 1290, C. civ.) mais la compensation doit être invoquée par une partie, elle ne peut être soulevée d'office par le juge.
	– la compensation conventionnelle ;	Les parties conviennent d'utiliser le mécanisme de la compensation pour mettre fin à leurs obligations alors que les conditions de la compensation légale ne sont pas remplies.	Mêmes effets que la compensation légale.
	– la compensation judiciaire.	Le débiteur demande au juge de prononcer une compensation lorsque les conditions de la compensation légale ne sont pas remplies. Le juge doit procéder préalablement à la liquidation de la créance si nécessaire.	Mêmes effets que la compensation légale.
Confusion	Il y a confusion « *lorsque les qualités de créancier et de débiteur se réunissent dans la même personne* » (art. 1300, C. civ.). *Exemple* : le créancier hérite de son débiteur.	– les droits du créancier et du débiteur doivent être confondus ; – la même personne doit être à la fois partie de la créance et débitrice.	– extinction de l'obligation dont l'exécution est devenue impossible ; – disparition des sûretés qui accompagnent la créance ; – la confusion n'est pas opposable aux ayants cause à titre particulier qui ont acquis leurs droits avant la confusion.

→

(suite)

Mode d'extinction	Définition	Conditions	Effets
Novation	Convention qui consiste à éteindre une obligation pour la remplacer par une nouvelle.	– les deux obligations doivent être valables ; – nécessité d'un élément nouveau (= *aliquid novi*) : • changement relatif aux parties : ■ changement de créancier ; ■ changement de débiteur ; • changement relatif à l'obligation : ■ changement d'objet ; ■ changement de cause ; ■ changement de modalités ; – intention de nover : la novation ne se présume pas. L'intention de nover doit résulter clairement de l'acte (art. 1273, C. civ.).	– effet créateur (= création d'une nouvelle obligation) ; – effet extinctif (= disparition de l'obligation initiale) ; – la disparition de l'une est la condition de la naissance de l'autre et inversement ; – disparition des garanties et exceptions accompagnant l'ancienne obligation ; – l'ancienne obligation peut survivre dans certains de ses éléments si les parties en conviennent.
Prescription extinctive	L'écoulement d'un délai fait perdre un droit réel à son titulaire parce qu'il n'agit pas (≠ prescription acquisitive : l'écoulement d'un délai fait acquérir un droit réel).	Il s'agit de conditions de délai : – *durée du délai :* • droit commun : 30 ans (art. 2262, C. civ.) ; • nombreuses exceptions : entre 2 mois et 10 ans (*exemple :* art. 2270-1, 2277, C. civ…) ; On ne peut augmenter par convention la durée de ces délais mais on peut les réduire ou les suspendre. – *calcul du délai :* • computation : ■ la prescription se compte par jours (art. 2260, C. civ.) ; ■ le 1er jour est exclu du calcul alors que le dernier est pris en compte (art. 2261, C. civ.) ; • point de départ : jour où l'action en justice est ouverte ; • suspension : un événement a pour conséquence d'arrêter le délai qui commence à courir quand l'événement a pris fin ; *Exemple :* minorité (art. 2252, C. civ.), état d'époux (art. 2253, C. civ.). • interruption : un événement permet d'effacer le temps déjà écoulé. *Exemple :* mise en demeure.	– éteint l'obligation prescrite ; – la prescription ne produit pas ses effets de plein droit ; • le juge ne peut la soulever d'office ; • le débiteur peut y renoncer tacitement ou expressément.

BIBLIOGRAPHIE

Auckenthaler (F.), « Le droit du subrogé aux intérêts de la créance », *D.* 2000, Chron. p. 11.

Bandrac (M.), « Les tendances de la prescription extinctive en droit français », *RID comp.* 1994, p. 359.

Bénabent (A.), « Le chaos de la prescription extinctive », in *Mélanges Boyer* 1996, p. 123.

Cario (R.), « Les modifications conventionnelles des délais de la prescription extinctive », *LPA* 1998, n° 133.

Catala (N.), *La nature juridique du paiement,* 1961.

Chabas (F.), « Réflexions sur la compensation judiciaire », *JCP* 1966, I, 2026.

Chatain (P.-L.) et Ferrière (F.), « Le nouveau régime de traitement des situations de surendettement des particuliers issu de la loi n° 95-125 du 8 février 1995 », *D.* 1996, Chron. p. 39.

Chaumette (P.), « La subrogation personnelle sans paiement », *RTD civ.* 1986, p. 33.

Colombet, « Action paulienne non reçue contre les paiements », *RTD civ.* 1965, p. 5.

Courtier (J.-L.), « L'action directe du sous-traitant : nature et influence de la défaillance de l'entrepreneur », *Rev. huissiers* 1996, p. 650.

Croze (H.), « La loi n° 91-650 du 9 juillet 1991 portant réforme des procédures civiles d'exécution : le nouveau droit commun de l'exécution forcée », *JCP* 1992, I, 3555.

Dauriac (J.), « Le sort de la créance du délégant envers le délégué au cours de la délégation : à propos d'un arrêt de la Chambre commerciale de la Cour de cassation en date du 16 avril 1996 », *Defrénois* 1997, p. 1169.

Drakidis, « Des effets à l'égard des tiers de la renonciation à la compensation acquise », *RTD civ.* 1955, p. 238.

Dubosc (G.), *La compensation et les droits des tiers,* LGDJ, 1989.

Eid (G.), « Les conditions de mise en œuvre de l'action paulienne à la lumière de la jurisprudence de la Cour de cassation », *Rev. huissiers* 1998, p. 839.

Esmein (P.), « Le recours des caisses de sécurité sociale contre le tiers responsable d'un accident », *JCP* 1952, I, 964.

Espagno (M.), « Le paiement d'une somme d'argent sur Internet : évolution ou révolution du droit des moyens de paiement », *JCP* 1999, I, 131.

Fernandez (J.-M.), « La subrogation : nature et régime d'une fiction juridique », *LPA* 1997, n° du 20 juin.

Grua (F.), « Sur les ordres de paiement », *D.* 1996, Chron. p. 172.

Guével (D.), « La confusion ou les confusions : théorie générale ou relativité générale ? », *Gaz. Pal.* n° des 31 oct.-4 nov. 1999, Doctr.

Hiez (D.), « La nature juridique de la dation en paiement », *RTD civ.* 2004, p.199.

Hocquet-De Lajartre (A.S.), « La protection des droits du débiteur cédé dans la cession Daillly », *RTD com.* 1996, p. 211.

Huet (J.), « Aspects juridiques du télépaiement », *JCP* 1991, I, 3524.

Khayat (D.), *Le droit du surendettement des particuliers,* LGDJ, Coll. « Systèmes », 1997.

Lachièze (Ch.), « Proposition de distinction entre la cession de contrat et la substitution de personnes », *D.* 2000, Chron. p. 184.

LAGARDE (X.), « Remarques sur l'actualité de la mise en demeure », *JCP* 1996, I, 3974.

LE BARS (Th.), « La computation des délais de prescription et de procédure. Quiproquo sur le *dies a quo* et le *dies ad quem* », *JCP* 2000, I, 258.

LEOTY (D.), « La nature juridique de la dation en paiement : la dation en paiement, paiement pathologique », *RTD civ.* 1975, p. 12.

LOCHOUARN (D.), « L'évolution des insaisissabilités professionnelles », *Rev. huissiers* 1997, p. 9.

LUCAS DE LEYSSAC (C.) et Lancaze (X.), « Le paiement en ligne », *JCP N*, 2001, p. 506.

MALAURIE (Ph.), « La cession de contrat », *Defrénois* 1976, I, p. 1009, art. 31194.

MESTRE (J.), *La subrogation personnelle,* 1979.

MEURISE (R.), « Dommages et intérêts compensatoires et intérêts moratoires et mise en demeure », *JCP* 1947, I, 667.

PACTET (Ch.), « De la réalisation de la novation », *RTD civ.* 1975, p. 397, 435 et 631.

PAISANT (G.), « La loi du 31 décembre 1989 relative au surendettement des ménages », *JCP* 1990, I, 3457.

PIZZIO-DELAPORTE (C.), « L'action paulienne dans les procédures collectives », *RTD com.* 1995, p. 715.

PUTMAN (E.), « Retour sur le droit de ne pas payer ses dettes », In *memoriam G. Ripert*, *RRJ* 1994, p. 109.

ROMAN (B.), « La nature juridique de l'action paulienne », *Defrénois* 2005, art. 38146.

ROUVIÈRE (F.), « L'envers du paiement », *D.* 2006, Chron. p. 481.

SÉRIAUX, « Réflexions sur les délais de grâce », *RTD civ.* 1993, p. 789.

SIAU (B.), « Actualité de l'action paulienne », *Rev. huissiers* 1997, p. 337.

SIMLER (Ph.), « La délégation du maître de l'ouvrage prévue par la loi du 31 décembre 1975 relative à la sous-traitance », *RDI* 1996, p. 149.

SINAY, « Action paulienne et responsabilité délictuelle à la lumière de la jurisprudence », *RTD civ.* 1948, p. 183.

SOUSTELLE (Ph.), « Le retour de la compétence du juge des référés pour octroyer un délai de grâce », *D.* 1999, Chron. p. 517.

TOLEDO (A.-M.), « La compensation conventionnelle. Contribution plus particulièrement à la recherche de la nature juridique de la compensation conventionnelle *in futurum* », *RTD civ.* 2000, p. 265.

VASSEUR (M.), « Délais préfix, délais de prescription, délais de procédure », *RTD civ.* 1950, p. 439.

Bibliographie générale

AUBRY et RAU, *Droit civil français*, par E. Bartin, Tome IV, 6ᵉ éd., 1942.

AUBRY et RAU, *Droit civil français*, par A. Ponsard et N. Dejean de La Bâtie, Tome VI, 7ᵉ éd., Litec, 1975.

AUBRY et RAU, *Droit civil français*, par N. Dejean de La Bâtie, Tome VI-2, 8ᵉ éd., Litec, 1989.

AYNÈS (L.), MALAURIE (Ph.), STOFFEL-MUNCK (Ph.), *Les obligations*, Defrénois, 2ᵉ ed., 2005.

BÉNABENT (A.), *Droit civil, Les obligations*, Collection « Précis Domat Droit privé », Montchrestien, 9ᵉ éd., 2004 ;

CAPITANT, *Les grands arrêts de la jurisprudence civile* par Terré, Simler et Lequette, Dalloz, 11ᵉ éd., 2000.

CARBONNIER (J.), *Droit civil, Tome 4, Les obligations*, 22ᵉ éd., 2000.

DELEBECQUE (Ph.) et PANSIER (F.-J.), *Droit des obligations – Régime général,* Litec, coll. « Objectif droit », 3ᵉ éd., 2005.

DELEBECQUE (Ph.) et PANSIER (F.-J.), *Droit des obligations Tome 1– Contrat et quasi-contrat*, Litec, Coll « Objectif droit », 3ᵉ éd., 2003.

DELEBECQUE (Ph.) et PANSIER (F.-J.), *Droit des obligations Tome 2– Responsabilité civile – Délit et quasi-délit*, Litec, Coll. « Objectif droit », 3ᵉ éd., 2006.

DRUFFIN-BRICCA (S.), HENRY (L.C.), *Droit des obligations. Examens 2006*, Gualino éditeur, Coll. AnnaDroit, 2005.

FLOUR (J.), AUBERT (J.-L.), FLOUR (Y.), SAVAUX (E.), *Droit civil. Les obligations-1. L'acte juridique*, Volume 1, Dalloz, Coll. « U », 11ᵉ éd., 2004 ; *Droit civil. Les obligations-2. Le fait juridique*, Volume 2, Dalloz, Coll. « U », 11ᵉ éd., 2005 ; *Droit civil. Les obligations-3. Le rapport d'obligation*, Dalloz, Coll. « U », 4ᵉ éd., 2006.

GHESTIN (J.), *Traité de droit civil, Tome II, Les obligations : le contrat : formation*, 3ᵉ éd., LGDJ, 1993.

GHESTIN (J.), JAMIN (C.), BILLIAU (M.), *Traité de droit civil, Tome II, Les obligations : le contrat : les effets du contrat*, 3ᵉ éd., LGDJ, 2001.

GHESTIN, *Traité de droit civil, La responsabilité civile : Introduction*, par G. VINEY, 2ᵉ éd., LGDJ, 1995.

GHESTIN (J.), *Traité de droit civil, La responsabilité civile : Conditions*, par G. Viney et P. Jourdain, 2ᵉ éd., LGDJ, 1998.

GHESTIN (J.), *Traité de droit civil, La responsabilité civile : Effets*, par G. Viney et P. Jourdain, LGDJ, 2ᵉ éd., 2001.

GAZZANIGA (J.-L.), *Introduction historique au droit des obligations*, Coll. « Droit fondamental », PUF, 1992.

LARROUMET (Ch.) (Sous la direction de), *Droit civil. Les obligations, Le contrat, (1ʳᵉ partie), Tome III*, Economica, 5ᵉ éd., 2003.

LARROUMET (Ch.), *Droit civil. Les obligations, régime général, Tome IV*, Economica, 2000, par J. François.

LE TOURNEAU (Ph.) et CADIET (L.), *Droit de la responsabilité et des contrats*, Dalloz-Action, 2004-2005.

MALAURIE (Ph.) et AYNÈS (L.), *Les obligations, 1. Responsabilité délictuelle, 2. Contrats et quasi-contrats, 3. Régime général*, Cujas, 11e éd., 2001.

MALINVAUD (Ph.), *Droit des obligations*, Litec, 9e éd., 2005.

MARTY et RAYNAUD, *Droit civil. Les obligations, Tome 1*, Sirey, 2e éd., 1988 ; *Droit civil, Tome 2* avec Ph. Jestaz, Sirey, 2e éd., 1989.

MAZEAUD (H., L. et J.), *Leçons de droit civil. Obligations*, par Fr. Chabas, Tome II, vol. 1, 9e éd., Montchrestien, 1998.

PLANIOL et RIPERT, *Traité pratique de droit civil. Obligations (2e partie)*, par P. Esmein, V. Radouant et G. Gabldi, Tome VII, 2e éd., LGDJ, 1954.

RENAULT-BRAHINSKY (C.), *Droit des obligations*, Gualino éditeur, Coll. « Carrés Rouge », 3e éd., 2006 ; *Manuel Droit des obligations,* Gualino éditeur, coll. « Fac-Universités », 2e éd., 2002, *QCM-Droit des obligations*, Gualino éditeur, coll. « QCM », 2e éd., 2002.

SÉRIAUX (A.), *Droit des obligations*, Coll. « Droit fondamental », PUF, 2e éd., 1998.

STARCK (Ph.), ROLAND (H.) et BOYER (L.), *Droit civil. Obligations, 1. Responsabilité délictuelle*, 5e éd., 1996, *2. Contrat,* 6e éd., 1998, 3. *Régime général*, 6e éd., 1999, Litec.

TERRÉ (F.), SIMLER (Ph.) et LEQUETTE (Y.), *Droit civil. Les obligations*, Coll. « Précis Dalloz », 9e éd., Dalloz, 2005.

*I*ndex

Cet ouvrage a été achevé d'imprimer en juin 2006
dans les ateliers de Normandie Roto Impression s.a.s.
61250 Lonrai
N° d'impression : 06-1606
Dépôt légal : juillet 2006

Imprimé en France